美国的经济问题

ECONOMICS IN AMERICA:
An Immigrant Economist Explores the Land of Inequality

［美］安格斯·迪顿（Angus Deaton）/ 著

杨静娴 / 译

中信出版集团 | 北京

图书在版编目（CIP）数据

美国的经济问题 /（美）安格斯·迪顿著；杨静娴
译 . -- 北京：中信出版社，2024.4
书名原文：ECONOMICS IN AMERICA: An Immigrant
Economist Explores the Land of Inequality
ISBN 978-7-5217-6409-3

Ⅰ.①美… Ⅱ.①安… ②杨… Ⅲ.①经济－研究－
美国 Ⅳ.① F171.2

中国国家版本馆 CIP 数据核字（2024）第 064966 号

美国的经济问题
著者： ［美］安格斯·迪顿
译者： 杨静娴
出版发行：中信出版集团股份有限公司
　　　　　（北京市朝阳区东三环北路 27 号嘉铭中心　邮编　100020）
承印者： 嘉业印刷（天津）有限公司

开本：787mm×1092mm 1/16　　　印张：17.5　　字数：282 千字
版次：2024 年 4 月第 1 版　　　　印次：2024 年 4 月第 1 次印刷
京权图字：01-2024-1583　　　　　书号：ISBN 978-7-5217-6409-3
定价：78.00 元

致安妮，深怀爱与感激

目录

序言

"希望"与"绝望"：多面美国及其未来

郑永年

〔香港中文大学（深圳）校长讲座教授、前海国际事务研究院院长〕

我们真的"读懂美国"了吗？

我在美国社会生活过多年，也在长期观察美国社会。最近，我一直在想如何思考和理解美国社会的问题。这些年来，我们一直在提倡"读懂中国"，意在让世界读懂中国，但同样，我们自己也需要读懂世界，尤其是美国。

在过去的很多年里，中美两国吵吵闹闹，有些时候甚至出现"剑拔弩张"的局面，给中美两国甚至整个世界带来很大的不确定性。尽管这里面有诸多的因素，但双方互相之间的误解诚然是更为重要的一个。

对很多人来说，读有关美国的书无疑是读懂美国的主要途径。不过，事情并非那么简单。书是人写的，而人是有立场、有背景的。如果不了解写书人的立场和背景，那么读书人就会产生一种"盲人摸象"的效应。同样，人们如果不理解迪顿的研究立场和著述背景，那么很有可能把迪顿的"理解"转化成我们的"误解"；而且，越是像迪顿那样获得诺贝尔奖的学者，越能对我们产生影响。无论在经济学界还是在整个社会科学界，因为我们没有自己的原创性理论，更没有我们自己的"英雄"，所以西方学者很容易成为我们的"英雄"。尤其是今天的中国，对西方理论"英雄"的崇拜已经到了无以复加的程度。这是一个伟大的时代，需要伟大的思想；我们自己没有，只好"求助"于西方。在很大程度上说，这几乎是近代以来的一个"永恒性"现象。

回到迪顿的著述。迪顿不仅对经济学做出了实质性的贡献，而且也一直在启蒙美国社会，在美国社会具有巨大的影响。《美国怎么了：绝望的死亡与资本主义的未来》一书当年被评为《纽约时报》《华尔街日报》的畅销书并不令人惊讶。在人们的眼中，经济学家的文字大都服务于他们自己的那个小圈子，常以"数学"和"模型"来表达自己的思想，对常人来说既难以理解，又苦涩无聊。迪顿的著述则不然。西方那些可以称为伟大的经济学家在证明了自己的专业能力之后，大都走出"八股"而转向关心现实问题。而正是对社会现实的关切才使得他们的思想具有永恒性。无论是《美国怎么了：绝望的死亡与资本主义的未来》还是《美国的经济问题》，都是这样的思想性著作。

迪顿的文字极具冲击力，但更具冲击力的是他的文字带给人们对"美国社会怎么了？"这一问题的深度思考。2024 年 2 月 25 日，美国的共产主义者在多地集聚，通过线上线下会议的形式讨论美国革命共产主义者的成立，布鲁克林的与会者还参加了美国革命共产主义者的首次游行示威。类似的社会政治现象更给我们以无穷的遐想，强化着一些人关于美国"衰落""内战""解体""崩溃"等的想象。但正如我们下面需要解释的那样，迪顿作品或者类似著述所展现的只是美国的一面，或者说这类著述所叙述的是一个"绝望"的美国，但并非其他面向的美国。如果只关切到这一面，那么我们所看到的不是"总体美国"，更不是"真实美国"。

迪顿：美国是"绝望"之地

　　如果从叙事的角度来看美国，到底有几个"美国"呢？且不说我讨论过的"本土美国"和"全球美国"之分，仅仅是美国内部也不难看到不同的美国叙事。几年前，美国进步派作家乔治·帕克（George Packer）写了一篇题为《一分为四的美国》的文章，发表在《大西洋月刊》（*The Atlantic*）（2021 年 7 月、8 月号）上。文章从 20 世纪 70 年代起笔，描绘了美国的四种面貌，总结了四种讲述美国故事的方式。按照帕克自己的说法，这四种叙事代表着四类美国人，而今天的美国社会就是在四种叙事不可调和的矛盾中撕裂的。这四种叙事包括："自由美国"、"聪明美国"、"真实美国"和"公正美国"（或者"不公正美国"）。

　　在帕克的"不公正美国"那里，美国的社会制度俨然是一个固化的等级制度，就像种姓制度一样；而"真实美国"的核心是蓝领工人，由白人、基督徒、民族主义者组成，2008 年共和党副总统候选人莎拉·佩林（Sarah Palin）既是"真实美国"的代表，也是"真实美国"的代言人。在这个范畴内，迪顿所叙述的美国无疑是部分的"不公正美国"和部分的"真实美国"。只不过迪顿没有像帕克所描述的群体那样具有极端的意识形态罢了，而是把重点置于美国的"不平等"上，《美国的经济问题》一书的副标题直接把美国形容成一片"不平等之地"（The Land of Inequality）。实际上，他的前一本书更是把美国说成"绝望"之地。迪顿是英国人，出生在苏格兰，同时也在英格兰接受了教育，然后在 1983 年搬到了美国新泽西州的普林斯顿。迪顿很快就看到了两个美国。诚如他所言，一方面，"深深地敬畏于美国学者和作家所取得的成就，以及美国所蕴含的财富和机会（特别是对移民及其孩子而言）。时至今日，这种敬畏犹在我心"；另一方面，他也看到了美国的黑暗面，"美国的各种不平等现象几乎比地球上其他任何地方都要严重"。

就迪顿如何叙述美国经济而言，1983年和"移民经济学家"这两个背景对其产生的影响很重要。很显然，迪顿"长大成人"时的英国是战后凯恩斯主义盛行的英国，处于福利社会和政府责任大扩张时期；而当迪顿到美国的时候，英美两国开启了新自由主义经济政策，即美国的里根革命和英国的撒切尔革命。迪顿到了美国后所关切的便是新自由主义下的美国，而非战后凯恩斯主义下的美国。新自由主义对英美产生了差不多的经济影响——社会分化，也导致了差不多的结果——民粹主义崛起。因此，人们可以认为，即使迪顿不离开英国，如果他研究新自由主义下的英国，也有可能产生具有同样冲击力的思想。

迪顿的"不平等美国"叙事几乎尽人皆知，不仅美国人知道，全世界人都知道。正如迪顿所引用的那样：根据2022年《福布斯》排行榜，埃隆·马斯克拥有2 190亿美元，杰夫·贝佐斯拥有1 770亿美元；美国家庭净资产的中位数为12.17万美元，约为《福布斯》排行榜上位居第四位的比尔·盖茨财富净值的千分之一；美国收入最高的10%的人口拿走了总收入的将近一半，而收入排名在后50%的人口仅拿走了总收入的14%。这些数据自然说明了美国巨大的收入（或物质）不平等，以及富人和穷人之间、富人和其他人之间的收入鸿沟。迪顿指出，"与我1983年移民而来时的美国相比，今天的美国社会更加黑暗"。今天，当美国从以往的"中产社会"演变成为"富豪社会"之后，类似迪顿那样的"不平等""不公正""绝望"叙事在美国极其普遍。

迪顿也指出，许多美国人其实很讨厌这种不平等现象，并将其视为国家出现问题的表现，甚至认为这是出现问题的根源。他们认为，今天在收入和财富上存在的巨大不平等是一种不公正，没有人需要或应该像最富裕的那群人那么富有，民主与这种不平等完全不相容。

但问题在于，美国人既然讨厌这种情况，那为什么不去改变这种情况？正如美国人不喜欢枪杀事件发生，但为什么不去管制枪支？这个问题是迪顿或者研究"不公平"的学者（无论是经济学家还是其他领域的社会学家）想要回答的。这个群体的学者都相信，美国实际上有能力做得更好，但美国没有去做。为什么？

"不平等"为何在美国难以解决？

没有人设想一个完全公平的社会。不公平是自然的产物，因为"其中一些不平等不无裨益，因为机会真真切切地摆在那里，而有些人总是比其他人更能抓住这些机会"。但是，美国社会有太多让人不明白的地方。"与欧洲相比，美国并不那么执着于帮助那些无法或未曾受益于这些机会的人。事实上，许多人认为二者是相互联系的：在没有安全保障让人们分神的情况下，人们会全力以赴地抓住机会，此时机会能够发挥最大的效率；况且机会如此之多，人们根本不需要什么安全保障"。再者，"在美国，无论是在历史上还是在今天，缺乏安全保障都与种族紧密相连，这是一个长期存在的问题，而美国人对种族问题的看法与其他富裕国家截然不同"；但"即便如此，对弱势群体的保障如此之缺乏，以及与之相应的严酷政治现实，仍使我大为震惊。更令我惊愕莫名的，是我的一位新同事（公开）宣称'政府是窃贼'。在我长大成人的那个国家，我、我父母和我们的朋友都认为政府是仁慈的，是困难时期的朋友。我发现自己很难相信一位杰出的学者会如此愤世嫉俗，如此崇尚自由主义。时至今日，我仍然对他这种情绪化的观点难以苟同，但我已渐渐了解到，美国的州和联邦政府经常会不遗余力地帮助富有的猎食者掠夺普通人，让后者更加穷困，而不是保护后者。诚然，美国的政治体制绝非已经被彻底操控，它也确实为一部分人提供了极其富裕并且十分美好的生活，只不过这'一部分人'已不再是指大多数人"。

迪顿在书中讨论了很多有意思的事情。其中一个就是有关最低工资制的。他发现，尽管大约 70% 的美国人认为联邦最低工资应该提高，但国会未能通过相关立法。迪顿把这归咎于"游说力量在华盛顿的强大势力"。在实践层面，自 2009 年 7 月以来，联邦最低工资保持每小时 7.25 美元不变，但许多州都提高了最低工资水平。共有 29 个州的每小时最低工资水平高于联邦最低工资，从伊利诺伊州的 8.25 美元到华盛顿州的 12 美元不等，西雅图市和旧金山市的最低工资达到了每小时 15 美元。再如医疗保障问题。美国的医疗保障体系消耗了国民收入的近五分之一，超过其他任何一个富裕国家在医疗方面的花费。除美国外的富裕国家为每位公民提供医疗保险，且其公民的整体健康状况也优于美国人。

自然，问题远远不止这些，也不是那么简单。即使在经济领域，一些看似简单的问题在研究过程中也变得十分复杂，甚至困难。迪顿举了诸多例子。例如，在很长时间里，最低工资制研究俨然成为美国学术界的禁区，美国社会（包括学术界）对最低工资制研究持批评甚至攻击态度。无怪乎迪顿发出了"为什么经济学家还没解决这个看似如此简单直接的问题？"的诘问。

"社会达尔文主义 2.0 版"

这种情况其实并不难理解。迪顿的叙事代表了一部分美国群体和一部分美国的现实。如果说迪顿所描述的是他所认为的美国问题或者美国绝望的一面，那么美国还有被视为拥有辉煌成就的模范或者希望的一面。自然，美国并不缺乏和迪顿不同甚至相反的叙事，包括帕克所说的"自由美国"叙事和"聪明美国"叙事。

其实，在我看来，"自由美国"和"聪明美国"可以是一体的，正如"真实美国"和"不公正美国"是一体的那样。"自由美国"是"聪明美国"的平台，只不过这个平台是开放的，向全世界的聪明人开放。这也是美国的现实。美国的强大在于其提供了一个自由开放的平台，包括开放的教育和人才体系、开放的企业系统和开放的金融体系。美国最发达的几个区域包括波士顿湾区、纽约湾区和旧金山湾区，移民和外国人口占了40%。在硅谷，外国人口更是占了60%，美国人反而是绝对的少数。也不难理解，硅谷三分之二以上的独角兽企业为一代和二代移民所拥有。当我们说"美国制造"的时候，其实是各国"聪明人"在美国的制造。但同时，"自由美国""聪明美国"与"真实美国""不公正美国"并不矛盾，而是一体两面，因为"聪明美国"在"自由美国"的成功故事也是另一部分人甚至是大多数人成为"输者"的悲惨故事。

也就是说，迪顿回答了部分问题，但没有回答另一部分，甚至更为重要的问题。不平等不仅是美国的现实，更是美国制度运作所需要的。这一点在马克思时代就已经回答清楚了，并且马克思早就超越了经济学的解释，而指向了资本主义制度及其基础——私有制。就经济思想而言，在西方思想史上，既有从卢梭、马克思起源的对资本主义的批评，也存在着从亚当·斯密到哈耶克的对资本主义的颂扬。法国思想家卢梭于1755年出版了《论人类不平等的起源和基础》。在该书中，他探讨了社会不平等的原因及克服的方法，认为生产的发展和私有制的产生，使人类脱离了"自然状态"，产生了贫富不均的社会现象。在这里，卢梭提出了两个原创性思想：第一，经济发展是近代市场经济的产物；第二，"不平等"也是西方市场经济发展的产物。马克思基本上继承了这个分析传统，一生都在致力于构建一个公平社会，其《资本论》更是迄今为止探讨人类不平等的巨著。但另一方面，从古典自由主义到新自由主义，西方思想更是在巩固、发展和强化对资本主义意识形态的论证，甚至推向了极端化。尽管人们使用着"自由"的概念，但从古典自由主义到新自由主义不是一个更加自由的过程，而是更加保守的论述——一部分人更加自由，另一部分人更加不自由。

如果平衡一下不同的叙事，那么人们就不难回答美国资本主义的"特殊性"。例如，尽管无论从经济发展水平还是技术手段而言，美国都是最有能力发展成欧洲类型的福利社会的，但美国的统治精英偏偏不想发展成欧洲类型的社会。对美国的保守主义者来说，"你所有的就是你自己努力挣来的"（what you have is what you have earned），而对欧洲人来说，"你所有的就是你应当拥有的"（what you have is what you should have）。因此，尽管美国在世界各地强调人权，但美国人的人权观与欧洲人的相去甚远。在美国，尽管宪法规定"人人平等"，但实际上是不平等的。如果说"平等"，那么美国强调的是"机会平等"，而非欧洲人所重视的"结果平等"。正因为"机会"是不平等的，所以结果也不可能是平等的。无论从理论上还是实践上，美国的制度运作都需要一部分"穷人"的存在。

因此，在很大程度上，人们可以把今天的美国社会理解为"社会达尔文主义 2.0 版"，奉行的是"适者生存"原则。"社会达尔文主义 2.0 版"表现为"原始资本主义 2.0 版"（见《美国进入"原始资本主义 2.0 版"对我们意味着什么？》一文）。随着"原始资本主义 2.0 版"的崛起，美国再次进入了"资本主宰社会"（society in capital）的阶段。在这种形态下，人们很容易观察到两种现象的共存：一方面是基于技术进步之上的经济发展，另一方面是基于社会分化之上的治理危机。

我经常在想，较之其他任何概念，通过熊彼特对资本主义分析的概念"创造性破坏"更能理解今天的美国社会。人们也可以用理解歌德《浮士德》的方式来理解美国社会的现状和发展。在这样一个社会中，"破坏"就是通往"创造"之路，一部分人的"破坏"便是另一群人的"创造"。在这样一个社会中，总有人要扮演"神"的角色，也总有人要扮演"魔鬼"的角色。

前言

　　我出生在苏格兰，在那里以及英格兰接受了教育，然后在 1983 年搬到了美国新泽西州的普林斯顿。和其他许多移民一样，我认为美国能让我自己以及家人过上更好的生活。普林斯顿大学看起来像是一个做学问的好地方（事实上也的确如此），而我幼年和青年时期一直生活窘迫，所以对美国的高薪资所带来的安全感充满感激。当年，我曾深深地敬畏于美国学者和作家所取得的成就，以及美国所蕴含的财富和机会（特别是对移民及其孩子而言）。时至今日，这种敬畏犹在我心。

　　但美国也有其黑暗的一面。美国的各种不平等现象几乎比地球上其他任何地方都要严重。其中一些不平等不无裨益，因为机会真真切切地摆在那里，而有些人总是比其他人更能抓住这些机会。与欧洲相比，美国并不那么执着于帮助那些无法或未曾受益于这些机会的人。事实上，许多人认为二者是相互联系的：在没有安全保障让人们分神的情况下，人们会全力以赴地抓住机会，此时机会能够发挥最大的效率；况且机会如此之多，人们根本不需要什么安全保障。在美国，无论是在历史上还是在今天，缺乏安全保障都与种族紧密相连，这是一个长期存在的问题，而美国人对种族问题的看法与其他富裕国家截然不同。即便如此，对弱势群体的保障如此之缺乏，以及与之相应的严酷政治现实，仍使我大为震惊。

更令我惊愕莫名的，是我的一位新同事（公开）宣称"政府是窃贼"。在我长大成人的那个国家，我、我父母和我们的朋友都认为政府是仁慈的，是困难时期的朋友。我发现自己很难相信一位杰出的学者会如此愤世嫉俗，如此崇尚自由主义。时至今日，我仍然对他这种情绪化的观点难以苟同，但我已经渐渐了解到，美国的州和联邦政府经常会不遗余力地帮助富有的"猎食者"掠夺普通人，让后者更加穷困，而不是保护后者。诚然，美国的政治体制绝非已经被彻底操控，它也确实为一部分人提供了极其富裕并且十分美好的生活，只不过这"一部分人"已不再是指大多数人。

在过去二十五年里，我定期为英国皇家经济学会（Royal Economic Society，RES）撰写通讯，反思我所看到的一切，其中有好的一面，也有坏的一面。我的所见所闻有时令我心生敬畏，有时令我深感震惊。这些反思成为本书的基本内容，我又对原文做了更新，并添加了大量新内容。

本书的每一章都与一个特定主题相关。这些文章的初稿是在二十五年中陆续写就的，但在本书中我没有按时间顺序组织它们。我进行了修订，并力图在旧瓶里装上新酒，使其既能够贴合当前的热点话题，又不会改变原来的论点。所有章节都是以 2022 年底的视角写就。不过有些评论也会涉及某些特定历史事件（例如与布什、奥巴马或特朗普的执政期有关的内容，或是关于当时的某项政策，如"星球大战"计划），我很清楚这些内容有其历史背景，但我并不认为它们是老调重弹，因为其涉及的根本性问题在今天仍然具有现实意义。每章的开头均有一段导读，概述了该章的主要内容，并解释了其与全书大主题的关系。

我发现自己一次又一次地回到同一组问题之上，最重要的是不平等问题及其诸多表现形式。我一直关注不平等问题，写过很多关于医疗保障、养老金、股市和国内外贫困问题的文章。作为经济学家，我和数字打交道，也关注数字。我密切关注数据如何塑造我们的认知以及我们的认识应如何基于数据。此外，我也关注数据如何影响政治，反过来又如何受到政治的影响。我认为这就是所谓"数字的政治"。

经济学家会深度参与政策的制定，其参与的程度远胜其他学者。他们的意见得到尊重（这有时是好事，有时则是坏事），他们经常担任制定政策的职务，即使不是积极主动的政策制定者，往往也能施加影响力。美国现任财政部长珍妮特·耶伦（Janet Yellen）就是一位杰出的经济学家，1999 年至 2001 年担任财政部长的劳伦斯·萨默斯（Lawrence Summers）也是经济学家。本·伯南克（Ben Bernanke）是 2022 年诺贝尔经济学奖得主之一，曾是我在普林斯顿大学的同事。2006 年至 2014 年，他在金融危机期间担任美联储主席，后来由珍妮特·耶伦继任。还有许多其他经济学家在总统经济顾问委员会任职，并在世界银行和国际货币基金组织（IMF）担任高级职务。经济学家与政治家及其顾问一起工作，尽管通常是次要角色，但他们能够影响政策，并通过政策影响国家和世界。

已经辞世的经济学家可能比在世的经济学家更有影响力。约翰·梅纳德·凯恩斯（John Maynard Keynes）曾写道："那些实干家，自认为不受任何学理的影响，其实大多是某位已故经济学家的奴隶。那些当权的疯子，以为凭空听到天启，其狂思乱想也不过拾自几年前某个不入流学者的牙慧而已。"[1] 在那些已经去世的经济学家中，现在看凯恩斯本人无疑属于左派，右派则包括米尔顿·弗里德曼（Milton Friedman）和弗里德里希·冯·哈耶克（Friedrich von Hayek）。在我思考华盛顿的经济和政治时，凯恩斯的格言经常浮现在脑海中。

我从未担任过与政策制定相关的职务，但我认识许多有类似经历的人并与之交谈过。我执教和做研究已有 50 余年，而我研究的主题几乎总是与政策相关。我还与世界银行、国际货币基金组织和经济合作与发展组织（OECD）等负责收集数据并提出政策建议的国际组织合作。我曾是美国国家科学院几个小组的成员，研究事关国计民生的重大课题，包括贫困、物价和死亡率。多年来，我在医疗健康和福利方面的工作一直得到美国国立卫生研究院的资助。我还曾担任过经济学界领先的数学和统计期刊《计量经济学》（*Econometrica*）的编辑。

由于经济学和经济学家对涉及众多人口的生计和福祉问题有巨大影响，他们（适得其所地）受到了大量关注和批评。近期出版的几本优秀著作认为，改革已经势在必行，经济学家奉为圭臬的很多东西都是错误的，他们在过去半个世纪里提出的建议对民主资本主义的侵蚀以及专业知识的失信负有很大责任。[2] 这些观点进一步主张，经济学家被赋予了过度的权力来左右世界，而他们把世界搞得一团糟。

我对批评家的高论深表理解，尽管他们所描绘的那份职业经常令我感到陌生。学院派经济学也有很多值得骄傲的地方：它曾经取得了许多重大发现，在过去的三十年里，它变得更具实用性，不再单纯地关注抽象理论，而是更专注于试图阐释真实世界。然而，正如批评者所说，我们也有我们的盲点。我希望这本书能帮助经济学圈子之外的人理解我的职业是如何运作的，理解经济学家如何日复一日地忙于打破世界，然后再试图将其重新拼凑起来。我既不避谈成就，也不掩盖失败。我努力坦诚地面对我们的失败，比如我们对市场和全球化的过度热情，以及我们对自己事业的道德准则所秉持的奇思怪想。

本书的最后两章分别提出了问题，即"搞坏经济的是经济学家吗？"和"经济失败是经济学的失败吗？"，并且试图回答，就我们为何会犯下错误，以及我们错在哪里提出了我的一家之言。

本书带有部分自传性质，我会写到自己和其他一些经济学家。我写到了获得诺贝尔奖的感受，以及我担任美国经济学会理事长的经历，该学会是美国经济学界首屈一指的职业社团组织。我写到了自己在美国医疗体系的亲身经历，这个体系某些地方极其出色，但也存在严重的缺陷和破坏性，其高昂的费用对当今美国的经济和政治问题负有重大责任。我写到了养老金，包括我自己勇闯美国社会保障署的故事，以及养老金和不平等问题是如何紧密联系在一起的。我也写到了如何计量重大事件，以及这种计量如何与政治密不可分。

与我 1983 年移民而来时的美国相比，今天的美国社会更加黑暗。移民的希望不仅已经被现实蹉跎殆尽，更受困于美国经济和政治制度的腐败，这种腐败正威胁着美国的民主。

第 1 章

开篇：快餐店、黑帮 和最低工资

1983 年夏天，我从英国搬到美国新泽西州的普林斯顿并定居于此。不过，早在 1979—1980 学年，我和家人就已经在普林斯顿度过了一年时光。多年以后追忆往昔，有一件陈年旧事令我印象颇深，足以引为本书开篇，那便是一个移民对新泽西州黑手党的恐惧，以及他对于美国是否真的堪称一片养育后代和毕生探索真知的乐土的焦虑。美国久负盛名之处，不仅是其在科学和学术方面的成就，还在于它反复出现的反智主义。

20 世纪 80 年代末的普林斯顿是一个令经济学家备感兴奋的地方。我当时的同事，风华正茂的戴维·卡德（David Card）[①] 和艾伦·克鲁格（Alan Krueger）[②] 刚刚投入后来令他们声名鹊起的关于最低工资的研

[①] 戴维·卡德（1956— ），加拿大裔美国人，劳动经济学领域的著名经济学家，加利福尼亚大学伯克利分校经济学教授。他因"对劳动经济学的实证贡献"而与另外两人共同获得 2021 年诺贝尔经济学奖。——译者注

[②] 艾伦·克鲁格（1960—2019），美国经济学家，曾任普林斯顿大学詹姆斯·麦迪逊政治经济学教授，于 2009 年 5 月至 2010 年 10 月由奥巴马总统提名担任负责经济政策的财政部助理部长。2011 年，他被奥巴马提名为白宫经济顾问委员会主席，并于 2011 年 11 月至 2013 年 8 月担任该委员会主席。2019 年 3 月 16 日，艾伦·克鲁格在美国新泽西州普林斯顿家中去世，享年 58 岁。——译者注

究工作，研究对象是新泽西州和宾夕法尼亚州的快餐店。几年后，在1996年所写的一篇文章中，我描述了他们的工作（对此我深表钦佩），也谈到了这项研究工作引发的反应（对此我则并无钦佩之意）。这让我开始体验到美国的反智主义。卡德于2021年荣获诺贝尔经济学奖[1]（此时艾伦·克鲁格已去世），在为诺奖撰写的官方文章中，卡德和克鲁格的这项研究被大量引用，它不仅在研究风格上开了先河并为当今经济学所广泛采用，而且还表明研究成果一旦对既得利益构成挑战，并引发硬碰硬的激烈政治斗争，会导致怎样的后果。尤其是就这项研究而言，其政策建言如果得到落实，会将收入从富人重新分配给穷人，从资本重新分配给劳动力，从权力大的人重新分配给权力小得多的人。

在2019年所写的一篇文章中，我再度谈到了上面这个话题，这篇文章以及最初所写的那一篇文章经改编后成为本章的第二节和第三节。本章最后一节是一篇全新的后记，写于2021年卡德获得诺贝尔经济学奖之后。

一位移民的第一印象

在外国人的眼中，美国可能是一个非常奇怪的国家。1979年夏天，当我和家人第一次踏足新泽西时，我半信半疑地认为这个地方歹徒横行。这个想法并不是因为看了《黑道家族》（ The Sopranos ），因为这部美剧还要等很久才会上映，它更可能源自我给孩子们读的《丁丁在美洲》，或者来自我小时候从《读者文摘》上看到的有关阿尔·卡彭（ Al Capone ）① 的不同版本的吓人故事。在 20 世纪 50 年代的苏格兰，

---

① 阿尔·卡彭（1899—1947），美国黑帮成员，因斗殴被对手打伤脸部留下疤痕，而拥有"疤脸"的绰号，于1925—1931年掌权芝加哥黑手党，使芝加哥黑手党成为最凶狠的犯罪集团，阿尔·卡彭也成为 20 世纪 20—30 年代最有影响力的黑手党头目。——译者注

我家里几乎没有书，电视机也只有一个台，《读者文摘》就是我了解美国的窗口。

在新泽西州时，我带家人去了普林斯顿附近的一家汉堡王餐厅（当时普林斯顿城区仍傲气十足，禁止像汉堡王这样的快餐厅存在）。彼时，来自英国的我们都觉得美国汉堡是一种健康食品，因为英国的汉堡是用火腿做的（尽管肉饼中只有一小块火腿肉，其他大部分都是凑数用的填料）。正当我把装满食物的托盘拿到桌子上时，我们被一声巨响吓了一跳（我认为那是枪声）。我抬头一看，对面的一个男人把手捂在脸上，指间满是涌出的黏稠的红色液体。一切正如我此前料想的那样。

除了黑帮和新泽西州的安全性，我的另一个担心更带个人色彩。我经常思考反智主义这个问题，或者更确切地说，时常困惑于反智主义和伟大的大学两者之间如何调和并实现共存。多年之后，尤其是当唐纳德·特朗普担任总统时，反智主义的问题看起来更严重，相比之下黑手党则已经近乎销声匿迹。民粹主义者成为新的暴民，他们比黑帮更令人恐惧，而且民粹主义者对移民和知识分子同等憎恨。特朗普是重商主义的热忱支持者（而且显然是发自内心地支持），这一流派提出了一种早已不足为信的主张，即出口大于进口是我们致富的途径。此外，假如特朗普真能聘请一位科学顾问（尽管他从来没有费神挑选过），这位顾问先生或者女士很可能会推荐用水蛭或炼金术（或漂白剂）来治疗新冠病毒感染。2017 年 12 月的税收法案不仅把本属于穷人的财富拿走，重新分配给富人，还对大学捐赠基金征税。其初版方案甚至提议将研究生名义上获得的助教收入作为工资征税，而这部分收入只是一种会计账目处理，用以记录研究生所获的学费减免。大学普遍不受欢迎，2019 年有 59% 的共和党人表示，学院和大学对国家的发展产生了负面影响。虽然这一论调只赢得 18% 民主党人的赞同，但将上面两个数字加在一起来看，情况颇不那么令人鼓舞。[2] 2022 年 2 月，得克萨斯州副州长丹·帕特里克（Dan Patrick）提议取消得克萨斯州公立学院和大学的终身教职。

相对于令人讨厌的知识分子，许多美国人更讨厌移民。在特朗普执政时期，他们尤其反对来自穆斯林占多数和恐怖活动多发国家的移民。而在 2015 年美国四位诺贝尔奖得主中，有三位是来自这些国家的移民。在和我同年获奖的美国诺贝尔奖得主中，阿齐兹·桑贾尔（Aziz Sancar）出生在土耳其，另一位因发现盘尾丝虫病治疗方法而获得诺贝尔奖的威廉·坎贝尔（William Campbell）出生于爱尔兰。由于爱尔兰共和军的活动，我的母国英国长期以来一直被列为恐怖活动多发国家。现在回想起来，往昔真是一段美好的时光：身为美国公民的诺贝尔奖获得者们会被热情地邀请到白宫做客（邀请我的是已经做足功课且充满好奇心的奥巴马总统）。而在 2017 年及其后的几年里，再没有诺贝尔奖得主造访过白宫。这也许是双方的一致意愿，因为那些获奖者对于会见总统毫无热情，恰如总统也根本不想见他们一样。毕竟，特朗普能从经济学奖得主理查德·塞勒（Richard Thaler）那里学到什么呢？塞勒可是主要研究自我控制的。

2017 年 2 月，共和党人汤姆·科顿（Tom Cotton）和戴维·珀杜（David Perdue）在参议院提出一项反移民措施，并得到特朗普总统的支持，这就是《美国移民改革促进就业法案》（简称 RAISE 法案）。该法案意图将移民人数减少一半，并对潜在移民进行择优测试，只选择那些被认为有利于美国的技能型人才。《纽约时报》发布了一版测试，需要拿到 30 分才能达标。我得了 31 分，勉强过关。对我来说，决定性的因素不是我的英国剑桥大学学位（这一项根本就没算在内），而是我的高收入。而如果我不是已经身在美国，我就不会有高收入——典型的第二十二条军规①。

---

① "第二十二条军规"源自美国作家约瑟夫·海勒的同名代表作，指悖论式困境，即那些自相矛盾、不合逻辑的规定，或无法摆脱的困境、难以逾越的障碍。——编者注

不过，我漏掉了一条脚注。如果获得一次诺贝尔奖，则可以获得30分的加分，这样我的得分上升到了61分。然而，不是任何一项诺贝尔奖都能获得加分，诺贝尔和平奖和文学奖在今天的美国显然没有用处。我感到惊讶的是，诺贝尔经济学奖居然算数，也许是因为米尔顿·弗里德曼曾经获过一次经济学奖吧。

反智主义并不是美国固有的传统。创立马萨诸塞湾殖民地的清教徒们非常重视学习，并在抵美几年内创立了哈佛大学。理查德·霍夫施塔特（Richard Hofstadter）在其有关美国反智主义历史的著作中引用了摩西·科伊特·泰勒（Moses Coit Tyler）的一段话："约翰·温斯罗普（John Winthrop）抵达塞勒姆港仅六年后，马萨诸塞州的居民就自掏腰包，创办了一所大学。这样，即使在他们最早开垦的田地里，树桩几乎还没有被风化成褐色，在他们的村子外面，夜晚仍能听到野狼的嚎叫，他们依然设法筹办教育，确保哪怕身处一片蛮荒之地，他们的子弟仍可以马上开始学习亚里士多德和修昔底德，学习贺拉斯和塔西佗，学习《希伯来圣经》。"[3] 伽利略还在比萨工作时，哈佛已经开始了对年轻人的教育。哈佛成立后不久，牛津和剑桥就承认其学位与自己的学位相当。当然，特朗普和他的民粹主义追随者都不是清教徒。

霍夫施塔特讲述了一个兴衰起落的周期故事，从尊崇学术的时代到逐渐远离知识的时代，主要与宗教的兴衰相关。在离现在更近的时期，即20世纪60年代初，苏联人造卫星上天后，美国再次对教育做出了巨大的承诺。我们或许可以希望，一旦民粹主义消退，疫情过去，美国人将再次理解高等教育的价值。甚至可以有一天，受过高等教育，尤其是经济学学术教育的精英阶层，不再被视为导致受教育程度较低的美国工人财富下降的罪魁祸首之一。

说到移民问题，我们经常被提醒说美国是一个移民国家，但是在这个问题上，人们的态度也随着时间推移发生了变化，而且不同地区间存在巨大差异。比如，加利福尼亚州有超过四分之一的人口在国外出生，相比之下，移民人口在全美国人口中的占比只有 15%。由此可以看出，加州对待移民相当友好。在特朗普上任之初，加州便与司法部长杰夫·塞申斯（Jeff Sessions）在法律层面上展开了一场斗争。塞申斯是移民的长期反对者，曾任亚拉巴马州参议员，那里几乎没有移民。

话说回来，那个发生在新泽西州汉堡王里的黑手党故事后来怎么样了？事实证明，我就是那个枪手。当时，一包番茄酱从我的托盘里掉出来，我踩到了酱包一端，把它踩爆了，番茄酱喷到了另一位顾客的脸上。有时候，看上去像血的东西并不是真的血。将真实的体验结合数据来验证你原来固有的信念十分必要。就算新泽西州当时仍有黑手党，他们也不是造成那天"汉堡王事件"的罪魁祸首。正如我在随后的半个世纪里逐渐了解的那样，弱肉强食、敲诈勒索和收保护费的问题在新泽西州远不及在这个国家的首都严重，无论是彼时还是现在。

快餐店的经济与政治

1996 年 8 月 20 日，克林顿总统签署了一项法案，分两个阶段提高最低工资，这是自 1989 年以来类似提高最低工资的法案首次获得通过。在国会，就像此前的最低工资上调法案一样，该法案也赢得了两党的一致支持。在参议院，该法案受到共和党参议员如此广泛的"支持"，以至于作为多数党的共和党的领袖特伦特·洛特（Trent Lott）一直拖着，直到议员们在夏季休会前处理完其他不那么受欢迎的提案后才对该法案进行了表决。选民们对该法案的热烈欢迎（其中 80% 的投票者赞成提高最低工资）以及大多数共和党议员的"热情支持"态度并未感染所有人：曾在蒙大拿州和得克萨斯州担任经济学教授的众议院多数党（共和党）领袖，来自得克萨斯州的迪克·阿米

（Dick Armey）就发誓要"竭尽全力对抗这一法案"。[4]

阿米反对提高最低工资的观点得到美国经济学界大多数人的认同，甚至包括一些左翼人士，例如，约瑟夫·斯蒂格利茨（Joseph Stiglitz）在其1993年版《经济学》教科书中就持有同样的观点。[5]虽然许多经济学家支持提高最低工资（斯蒂格利茨在担任克林顿政府首席经济学家一职时也持支持态度），但90%的经济学家认为，提高最低工资会增加失业率。不过，有一些经济学家对此持有不同观点，其中最著名的是我当时的同事戴维·卡德和艾伦·克鲁格，他们的实证性成果被当时的劳工部长罗伯特·赖克（Robert Reich）（克鲁格曾担任赖克的首席经济顾问）、参议员爱德华·肯尼迪（Edward Kennedy）引用，克林顿总统也用了同样的观点（但未明确指出作者姓名），并由此引发了围绕这项政策展开的学术角力。

卡德和克鲁格在他们1995年出版的《迷思与计量》（*Myth and Measurement*）一书中总结了其研究的主要成果。[6]他们研究了几次最低工资发生变化后的情况，并通过仔细分析自己和他人的数据，也认为适度提高最低工资对低工资工人的就业人数几乎没有影响。其中最著名的案例可能是卡德和克鲁格对相邻的新泽西州和宾夕法尼亚州快餐店就业水平进行的比较，这两个州中只有一个（新泽西州）在1992年4月提高了最低工资。[7]这只是书中列举的一个例子，该书中还有许多其他类似的发现。这些发现引发了激烈的争论（并且目前争论仍在持续）。1996年那场大争论以及各派观点提供了难得的洞见，帮助人们深刻了解美国经济学界，并揭示了在实证性证据对传统信念构成挑战时各方的反应，以及学术研究、方法论和政策之间的关系。

1996年，由于以前无法想象的海量数据的广泛使用，经济学研究开始发生革命性的变化。经济学研究变得更侧重实证，而较少依赖理论。当数据稀缺时，我们必须更多地依赖我们此前关于世界如何运作的知识，并接受这些知识可能不正确或不适用的风险。有了大量数据作为支撑，我们便可以丢弃那些看似薄弱或过时的框架。卡德和克鲁格是此类方法最佳实践者的代表，他们的实证性研究成果如此令人信服并且直截了当，以至于政策制定者和媒体都能清楚地看到其重要性。

我和其他一些人乐见经济学研究转向实际证据，并认为我们的观点是经济学界的普遍共识。然而，我们中的许多人不安地看到，卡德和克鲁格所得出的结论遭到了大量公开和私下的谩骂。卡德和克鲁格的普林斯顿同事在拜访其他机构的经济学家时，受到了极端不友好的接待，一些人公开发表的反对意见甚至更加极端。

在我看来，其中最为恶意的评论来自保罗·克雷格·罗伯茨（Paul Craig Roberts），一位著名的保守派评论员，他在自己的《商业周刊》常规专栏中大力抨击了美国经济学会将其最负盛名的奖项——约翰·贝茨·克拉克奖授予卡德的行为，指责学会将这一奖项颁给了"一位并不相信需求定律这一经济学基石的经济学家"。[8] 罗伯茨对《美国经济评论》（American Economic Review）的审查程序提出疑问，声称相关论文的发表和卡德的奖项评选都受到了"政治正确"的污染，并质疑卡德获奖是"因为这些可笑的发现得到像总统椭圆办公室的工作人员这样的高层人士的支持"。托马斯·索维尔（Thomas Sowell）在《福布斯》上重复了罗伯茨对美国经济学会和卡德的无端指责。在一篇题为《废除引力定律》的文章中，索维尔将卡德和克鲁格的研究发现比作"冷聚变"。[9]

卡德和克鲁格对快餐店的研究还受到美国就业政策研究所（Employment Policies Institute，EPI）的攻击，该研究所向经济学家戴维·诺伊马克（David Neumark）和威廉·瓦舍尔（William Wascher）提供工资表数据，证明最低工资的提高确实减少了就业。《商业周刊》、《福布斯》和《华尔街日报》均援引了这些数据。从媒体报道以及与其他经济学家的对话来看，美国就业政策研究所的攻击非常成功地抹黑了卡德和克鲁格数据的质量。然而，很少有人提到的是，美国就业政策研究所无论是在过去还是现在都接受了商业团体的资助，其当时的负责人积极游说，反对提高最低工资，而其数据（其他研究人员无法获得）与卡德和克鲁格的数据以及来自不同机构的数据并不契合。事实上，诺伊马克和瓦舍尔自行收集的新数据与卡德和克鲁格的发现也并不矛盾。

已故的菲尼斯·韦尔奇（Finis Welch）是这次攻击行动的领导人之一，他是著名的实证劳动经济学家，在得克萨斯农工大学任教。他提供了一些精彩的引述，包括："克林顿政府使用草率的统计研究来支持其论点，而他们引用的所谓证据已经惨遭屠戮"（《全美餐馆新闻》，*Nation's Restaurant News*），以及"艾伦（克鲁格）应该想想那句老话：如果你丢落一个苹果，但它飘了起来，先不要急着得出万有引力定律已经失效的结论，而是应该先质疑你的实验是不是有问题"（《时代》周刊）。同样，时任国会预算办公室（该机构负责评估政府政策的效果）主任的琼·奥尼尔（June O'Neill）在美国企业研究所（American Enterprise Institute）的一次会议上提醒与会者，理论本身也是证据。韦尔奇对卡德和克鲁格著作的评论［发表在《劳资关系评论》（*Industrial and Labor Relations Review*）上］主要为证明后者的数据不足为信，而他的论据可能适用于政府的数据（也许是所有数据？），他最后建议，经济学家不应该试图自行收集数据。[10]

争论的实质，与其说是关于美国经济学会对"政治正确"的屈从，不如说是卡德和克鲁格的证据对传统理论的背离。在论证为顺应"科学"而可能不得不抛弃证据方面，诺贝尔奖获得者詹姆斯·布坎南（James Buchanan）发表在《华尔街日报》上的言论无疑是最佳的例子。他说："正如没有物理学家会声称'水往上流'一样，没有任何一位自重的经济学家会声称提高最低工资可以增加就业。这种说法如果认真地再向前推进一步，就相当于否认经济学中甚至存在最低程度的科学内容，而这将使得经济学家在为意识形态利益摇旗呐喊之外再无作为。令人庆幸的是，只有少数经济学家愿意放弃两个世纪以来的教诲，我们还没有堕落成为一群逐利的随军营妓（camp-following whores）。"[11] 无疑，正统的"科学"得到了超级强有力的捍卫。

25 年后重新审视最低工资问题

虽然已经过去很多年，但关于最低工资的争论并没有淡出人们的视野，人们对它的看法依然充满分歧。美国就业政策研究所仍在运作，并且仍然在抱怨国家提高最低工资水平的法令。卡德和克鲁格的工作继续令经济学家和政治家出现两极分化。曾担任奥巴马总统经济顾问委员会主席的杰森·福尔曼（Jason Furman）最近指出，卡德和克鲁格的研究结果改变了半数业内人士的想法。[12]

艾伦·克鲁格于 2019 年 3 月自杀身亡，年仅 58 岁。在他不幸早终的职业生涯中，他在广泛的领域为经济学做出了持久而富有创造性的贡献。他还曾在美国劳工部和财政部担任政策方面的高级职务，并曾任奥巴马总统的经济顾问委员会主席。他在最低工资领域研究的合著者戴维·卡德目前就职于加州大学伯克利分校，仍然继续在相关领域深耕。与克鲁格不同，他较少参与政策制定。他曾代表哈佛大学在指控该大学招生政策歧视亚裔美国人的诉讼中作证，他的证词也许无关政策，但仍引发公众的强烈兴趣。（哈佛大学在这场诉讼中获胜，但截至 2023 年春季，该案件仍在等待最高法院的裁决，人们普遍预计最高法院将推翻判决，并可能永久性地废止大学招生中的平权行动。①）

卡德和克鲁格的工作，再加上其他人的研究工作，尤其是同一时

---

① 2023 年 6 月 29 日，美国联邦最高法院做出裁决，判定哈佛大学败诉。——译者注

期在普林斯顿大学读研究生的乔舒亚·安格里斯特（Joshua Angrist）的工作，改变了实证经济学。他们的研究摆脱了原来的标准方法（即基于理论建模），转向依赖自然实验，例如当时基于最低工资水平在新泽西州发生变化而在邻近的宾夕法尼亚州未变化所开展的实验。卡德、克鲁格和安格里斯特在寻找其他类似的自然实验方面很有创意，并从中发展出一种通用方法，通过对比两个在政策影响之外其他方面大体相同的群体，研究政策的因果效应。有关最低工资的工作及对自然实验的使用在当时看来就像魔法一般，为调查研究提供了新的可能性。与所有新方法一样，随着时间的推移，其弊端也变得越来越明显。不过，1995 年以来发生的一切，不仅对于最低工资领域的研究十分重要且富有启发性，对于整个经济学的实践也同样启发颇大。

要评估这场实证革命的最终影响，现在还为时过早。然而，毫无疑问，这项工作对最低工资以及经济学家对最低工资的思考产生了巨大影响。虽然自 2009 年 7 月以来，联邦最低工资保持每小时 7.25 美元未变，但许多州都提高了最低工资水平。共有 29 个州的每小时最低工资水平高于联邦最低工资，从伊利诺伊州的 8.25 美元到华盛顿州的 12 美元不等，西雅图市和旧金山市的最低工资达到了每小时 15 美元。许多研究现在使用类似于卡德和克鲁格开创的方法，针对各个城市或州的工资水平变化开展自然实验。[13] 根据我了解到的结果，这些研究成果大多印证了卡德和克鲁格的发现。英国也开展了大量关于（相对较高的）最低工资的研究，在那些大量的研究中，没有一项研究发现就业率因最低工资提高而下降。

即便如此，教科书正统观念的捍卫者并没有放弃。大约 70% 的美国人认为联邦最低工资应该提高，但国会未能通过相关立法，这证明了游说力量在华盛顿的强大势力（在这件事上是快餐业的游说力量）。快餐行业还不断赞助相关研究，以支持保守的立场，即试图以提高最低工资的方式帮助穷人只会对他们造成伤害。美国就业政策研究所一直在努力战斗，其网站上2023年春季的头条新闻标题为《企业因为15美元的斗争而关门大吉》（15美元是那些要求提高每小时最低工资的人当前的目标）。

我的朋友安东尼·阿皮亚（Anthony Appiah）是《纽约时报》的专栏作家，为其"伦理学家"（Ethicist）专栏撰稿。他是一位哲学家，思考和评论公共政策以及读者来信提及的私人事务。最近，他曾略带不耐烦地问我，为什么经济学家还没解决这个看似如此简单直接的问题。也许对于阿皮亚的问题，我们无法回答，或者至少无法泛泛地回答。为什么我们经济学家（也包括其他人）都认为，政策变化的影响总应该是相同的，甚至总是应朝着同一方向发挥作用？事实上，水并不是永远往低处流，在压力足够大的管道中，水会向上流动，而苹果如果落在一桶水中，也会漂起来，但没有人会因此而声称万有引力定律已经被废除。

最近，经济学家开始回归理论研究，探究是否在某些情况下，提高最低工资不会减少就业。这些条件在卡德和克鲁格的《迷思与计量》一书中有所阐述，虽然它们通常被视为个例，与现实世界并不完全相符，但也早已为人们所知晓。如果做汉堡包的厨师或收银员找到其他工作的机会有限，那么雇主可以利用这种情况。雇主可以向这些人支付低于其对公司利润贡献的低工资，这种行为实质上是克扣工人的工资，那省下来的这笔钱就成了雇主利润的一部分。因此，如果最低工资增幅不太大，即增加的那部分最低工资只是减少了利润从工人向雇主转移的金额，那么雇主不会解雇工人，因为雇主仍能从每个工人身上获利，只不过利润比以前少了一点。在这种情况下，用经济学的语言来说，雇主对工人拥有"市场力量"，公司是"独家垄断买方"（monopsonist），这个词是由令人敬畏的英国经济学家琼·罗宾逊（Joan Robinson）于1933年创造的。[14] 这个理论也解释了为什么快餐业会如此强烈地反对提高最低工资。在许多情况下，更高的工资直接来自利润，这是资本和劳动力之间的零和博弈。

20世纪90年代，劳动力市场，尤其是快餐业的垄断现象通常被忽视。我记得自己曾试图引用垄断理论来为卡德和克鲁格的最初研究结果辩护，但被告知"没人相信这些"。不过，在过去的一段时间里，人们对这个想法的兴趣重新燃起，尤其是在人口密度低、雇主相对较少的地方，包括少数快餐店、鸡肉加工厂或州立监狱。美国的地域间人口流动已经有所下降，部分原因是经济发展好的城市的住房成本很高，同时如果多个家庭成员都在工作，人们可能会发现很难举家搬迁，而是只能待在原地维持生计。在这种情况下，十分可能的一种情况是，快餐店拥有市场力量，并利用这种力量至少在某些地方维持低工资水平。这种行为与竞业禁止条款等做法异曲同工，竞业禁止条款同样限制了工人寻找其他工作的能力。[15]

卡德和克鲁格早期的工作经常受到的一种指责便是其对理论的忽视。虽然这一指责可以合理地针对许多开展自然实验或实际实验的实证工作，但并不适用于《迷思与计量》这本书。当今的相关研究已经表明，在重新评估市场力量在美国经济中的作用时，不仅其研究结果，还有理论本身，均被作为评估的一部分而得到了认真对待。垄断是市场力量的一个例子，存在垄断时，生产者可以人为地将价格提高到自由市场水平以上，而买方垄断则是另一个例子，此时雇主可以人为地降低工资。这不再是水是否往高处流的问题，而是一个完全不同的世界。在这个不同的世界中，经济的某些部分并不能用无人拥有绝对权力的竞争性市场来很好地描述，而更像是一场资本和劳动力之间争夺剩余价值的阶级斗争。如果工人难以在地区间流动，他们就很容易沦为拥有权力的雇主的掠夺对象。在这样的经济中，劳动人民有充分的理由为工会的衰落而感到叹息。由此看来，卡德和克鲁格的工作在存在深度利益纠葛的团体，尤其是快餐业（当然还有美国就业政策研究所）中引发强烈的政治反应，这一点并不会令亚当·斯密感到惊讶，正如他写到的那样："我们的商人和制造商们大声叫嚣……要求人们支持他们自己荒谬和压迫性的垄断。"[16]

2021 年 12 月，诺贝尔经济学奖由三位经济学家分享，其中一半授予了戴维·卡德，以"表彰他对劳动经济学的实证贡献"，另一半则联合授予乔舒亚·安格里斯特和吉多·因本斯（Guido Imbens），以"表彰他们对因果分析的方法论的贡献"。[17]颁奖引文将最低工资方面的工作列为卡德贡献的一部分，诺贝尔基金会的网站也刊登了针对新泽西州和宾夕法尼亚州的研究详细且带有精美插图的描述。[18]因为诺贝尔奖只颁发给在世的获奖者，艾伦·克鲁格未能入选。

与 1996 年饱受攻击相比，对最低工资的研究的地位已经大幅提升，尽管时至今日仍只有一半业内人士相信其结果（可能其中就包括诺贝尔委员会的成员）。卡德在加拿大长大，年轻时曾做过挤奶工，一直以严肃的面孔示人，但在接受诺贝尔奖章时，人们看到他面露微笑（因为疫情，颁奖仪式未能在斯德哥尔摩举办，而是移师加利福尼亚州欧文市，与瑞典的盛大仪式相比逊色不少）。我相信，如果艾伦·克鲁格还在，他的面部表情会更加丰富。

我将在第九章再度谈到诺贝尔奖。不过，我最喜欢这件事及其多年来发展的地方，是它从一场攻讦谩骂（毫无疑问也非常有趣）逐步转变为事关公众利益的严肃科学。如果某项发现与我们的固有认知存在矛盾，那么在驳斥和不屑之前，我们需要核查这些矛盾是否也出现在其他方面，然后反思为什么会出现这些矛盾，不一定要求这些矛盾具有普遍性，而是应观察矛盾在什么情况下会发生。正是这种态度引导了有关垄断的研究工作，而相应地，这项工作还需要更多测试和辩论。此外，这也对阿皮亚的问题给出了一个答案，因为它确定了在哪些情况下，我们可以预期更高的最低工资水平不会影响就业。苹果什么时候会向上漂，或者水什么时候能往高处流？今天，人们往往很难搬到新的地方工作生活，同时法院很少再针对垄断行为提起诉讼（尽管垄断仍是非法的），一些雇主可能人为地压低工资，而这很可能是受教育程度较低的美国工薪阶层生活水平长期下降的原因之一。

卡德和克鲁格最初的论文已经成为自然实验运动的一面旗帜。尽管它具有标志性的地位，而且不难解释（请看一看诺贝尔奖网站上新泽西州和宾夕法尼亚州的地图），但很难说它是一种定论。这两个州的一些餐馆相距甚远，而且除了最低工资的变化，还有很多别的因素。鉴于新泽西州提高了最低工资，而宾夕法尼亚州没有提高，所以传统观点认为，新泽西州相对于宾夕法尼亚州的就业率应该会下降。这种观点并不符合实际发生的情况，但这并不是因为新泽西州的表现（新泽西州的就业人数略有增加），实际情况是宾夕法尼亚州的就业率大幅下降。因此得出的结论是，由于这两个州的相似程度很高，如果新泽西州的最低工资没有提高，那么导致宾夕法尼亚州就业率下降的因素也将导致新泽西州的就业水平同等下降。当然，这只是一个对并未实际发生之事所做出的有力假设，并没有直接证据的支持。

这项工作之所以如此重要，也并不单纯是因为最初的研究工作本身，而是因为随后进行的许多类似研究，以及至少某些业内雇主表现出其确实拥有市场力量。仅仅重复实验远远不够，因为我们永远不知道下一个实验的结果是否会有所不同。还记得人们一度认为，所有的天鹅都是白色的吗？但是，重复实验，再加上对正在发生之事的了解，可为预测最低工资何时会减少，以及是否会减少就业，提供科学依据。例如，在其他工作机会很少的地方或者贫困地区，许多员工因为家庭成员必须工作才能维持生计而难以搬迁，那么雇主将拥有市场力量。

至于政治方面，大部分反对意见来自雇主，由他们自己的行业团体或是受他们赞助的政治家和经济学家所发出。他们的愤怒并不是因为自身利益受到威胁，而是因为经济学家和经济理论本应站在他们那一边，而且长期以来一直如此。在他们看来，最低工资方面的研究工作不仅是"错误"的，是"坏科学"（"冷聚变"），而且是一种"背叛"。当然，经济学家中总是会有人站在劳动力一边，有人站在资本一边。但至少最近对经济学的一些批评是，它的许多传统理论和教科书内容都太偏向资本而不利于劳动力，过分重视效率而不是公平，权力的差异被忽视，而这些经济学理念获得广泛接受，在部分程度上导致了工人财富的不断缩水。

第 2 章

美国医疗保障体系
"历险记"

医疗保障为什么如此重要?

美国的医疗保障体系会让来自世界任何富裕国家的移民大跌眼镜。我来自英国,在我的故乡,每个人从出生起就能享受医疗保险,所以当时知道有如此多的美国人没有医疗保险(现在也仍有许多人没有),我惊骇不已。我在带孩子去看病时,不知道如何区分儿科医师和相关其他科的医师,也不知道为什么我应该选择内科医师作为家庭医生。此外,还有那一大堆难以理解的账单。

无论是从一位经济学家还是从一名患者的角度来看,美国的医疗保障系统都让人晕头转向。美国的医疗保障体系消耗了国民收入的近五分之一,超过其他任何一个富裕国家在医疗方面的花费,尽管那些国家为每位公民提供医疗保险,其公民的健康状况也优于美国人。诚然,国民的健康水平不仅取决于医疗保障体系,吸毒和滥用药物、吸烟、饮酒及肥胖会损害人们的健康,并且这与医生的水平高低没有太大关系。话虽这么说,美国的医疗保障体系在履行其应承担的保障义务,尤其是对非老年人口的医疗保障方面,的确做得很差。

如果美国的医疗保障支出在国民收入中的占比下降到瑞士的水平（瑞士拥有全球第二昂贵的医疗保障体系），那么美国每年可少花1万亿美元。这1万亿美元（只是省下来的钱，而不是总额）将足以负担美国的军费开支，还尚有盈余。换一种说法，如果美国拥有像瑞士一样的医疗保障体系，那么平均每位美国人能多活5年，同时每人每年还能领到一张3 000美元的支票。

考虑到美国医疗保障体系如此高昂的成本，它在这本关于经济学和经济学家的书中值得拥有独立的一章。本章中的小插曲阐释了贯穿全书的重要主题，包括：如何借助经济学家的思想来解决公共问题；与代表医疗行业利益的政客和游说团体相比，经济学家的权力多么微不足道；市场是如何运作，又是如何失灵的；政策是如何偶然或有意地决定了谁能得到什么，并影响谁能进入收入排名前1%的群体，谁又只能在底部苦苦挣扎的。

我们将认识肯尼斯·阿罗，他是有史以来最伟大的经济学家之一，也是最早获得诺贝尔经济学奖的经济学家之一。正是他，还有其他一些经济学家，共同找出了市场必须满足哪些条件才能如亚当·斯密很久以前所说的那样服务于公众利益。他还证明了社会很难在兼顾个体成员需求和愿望的前提下做出集体选择。本章将介绍他提出的一些重要思想，那些思想影响了经济学家对医疗保障体系的思考。

医疗保障体系涉及数量庞大的资金，而且政府不可能置身其外，因此医疗业吸引了大量游说者，也是提供政治献金最多的行业之一。在华盛顿，每名国会议员平均要面对六名医疗业的游说者。鉴于美国现行的医疗保障体系难以长期维持，有关医疗改革的讨论一直在持续进行。政治家一方面必须代表选民利益，但另一方面也需要源源不断的竞选资金。因此，公众利益往往会让位于医疗服务提供方的利益，而这又使得医疗服务提供者有更多的资金来维护一个对他们而言颇为有效的系统。

本章通过一些具体事例阐述了上述主题，其中既有个人经历，也有历史事件。"努力成为一个合格的人工髋关节消费者"一节最初写于2006年，那时我刚刚做了髋关节置换手术，而那次手术是我和美国医院的首次"亲密接触"。当时，乔治·W.布什政府正试图把我和其他病人"改造"成更好的消费者。"下好钓钩"一节讲述了奥巴马总统在试图推动医疗体系改革之初所做的努力。由于美国在选举方面存在的巨大不平等，医疗体系的改革面临错综复杂的各方角力，这些角力引领奥巴马总统前往蒙大拿州去钓鳟鱼（顺便"钓取"该州参议员关键的一票）。虽然奥巴马没能钓到鳟鱼，但他的医保改革仍然过关，只不过那是通过收买了"猎食者"（华盛顿的品种，而不是蒙大拿州的灰熊和山狮）[1]达成的结果。更多的人获得了医疗保险，医疗行业也变得更加富有，供应商和他们的说客赢了。"逆向选择、强制令和西蓝花"一节详细介绍了"奥巴马医改"如何制定规则，试图阻止健康人通过拒绝购买医疗保险来搭便车。这些规则旨在解决经济学家们发现并强调的一个问题，也许我们错了。"'当权的疯子'"一节则讲述了特朗普总统掌权后发生的事情。借着共和党在参众两院均占多数席位的东风，白宫确定了两个最高优先事项：减税（这是当代共和党执政后的标准操作）和废除奥巴马医改。

最后，在"犯罪、惩罚与烟草"一节中，我转向了与医疗制度并不直接相关的广义健康问题，探讨了力图改变人们行为（本节的例子是吸烟）的经济和政治手段。正如经常发生的那样，仿佛有一只看不见但又躲不开的手在操控，使得那些试图改善人口健康的有益尝试最终总是导致金钱从穷人向富人转移。

---

[1]　这里指华盛顿的政客，而不是蒙大拿州的政客。——编者注

努力成为一个合格的人工髋关节消费者

虽然我阅读和撰写过许多有关医疗健康的文章，但在美国已经生活了 25 年的我仍然几乎没有亲身经历过美国的医疗保障体系。因此，2006 年 6 月，当我被告知需要进行髋关节置换时，尽管那只是一项被划归中等风险水平的常规手术，我仍然非常紧张，既不知道要花多少钱，也不知道接受的医疗服务水平如何。此类手术后 90 天内死亡率约为 1%，其中约 20% 的死亡与不可预测的术后深静脉血栓形成有关（即经常进行长途航空旅行的乘客熟知的"经济舱综合征"）。不过，这次经历也给我提供了一个难得的机会，可以对一个在当时（还有此前和此后多次）成为美国政策讨论核心问题的主题进行实证研究。

乔治·W.布什政府的多数官员笃信市场的力量，拥抱"消费者主导"的医疗理念，并制订计划激励人们寻找物有所值的服务。他们认为，如果人们自己花钱，市场的"魔力"就可以帮助医疗体系变得更好、更便宜。对我而言，尽量省钱并不是最主要的考虑因素，但我很乐意尝试成为一个合格的消费者，不过前提是这不会增加我的风险。髋关节和膝关节置换在美国是一项大生意。截至 2010 年，已经有 250 万美国人拥有人工髋关节，这一数字是 1980 年的 10 倍；人工膝关节的普及率上升得更快。[1] 由于美国人口老龄化不断加剧，关节磨损也越来越严重，不过许多接受人工膝关节置换手术的人都很年轻，可能是因为他们热衷于锻炼。结合健身房会员人数不断增加而去教堂人数日益下降的事实，也许可以说，双膝跪地祈祷比跑步机对膝盖更友善。髋关节置换手术的费用在全美各地并不相同，但在 2022 年，平均费用估计为 4 万美元。鉴于每年约有 50 万人更换髋关节，因此相关的总费用约为 200 亿美元。[2]

为了做出好的选择，我需要有用的信息，而关于质量或价格的有用信息非常难获得。

虽然《美国新闻与世界报道》(*U.S. News and World Report*) 根据不同维度对医院进行了排名（就像对大学和专业进行排名一样），但并没有关于骨科医生排名的报道。同时，虽然外科医生纷纷为自己打广告和做宣传，市面上也有很多小道消息（比如，"他是给教皇做手术的医生，但现在已经过气了"或是"他过去是业内手最快的人，但现在他得让护士给他端着咖啡"），但是医学界成功地抵制了任何官方指南的出版。虽然我们可以合理地假设，人们可以与一位整形外科医生谈论他的同行，就像可以从同行那里了解到谁是顶尖的经济学家或美国历史领域的大咖那样，但事实并非如此。我在最后遇到了一位值夜班的护士，她在凌晨两点半感觉无聊至极的时候，乐意告诉我医院里哪位外科医生的技术不错，但这段对话发生在我康复期间，对决策的作用有限（至少在我需要置换另一个髋关节或是我最近的手术失败之前没什么用）。此外，我并不清楚那位护士在做评价时看重的因素到底是什么，是医生的手术速度、手术量、个人卫生状况，在手术室播放的音乐好听，还是对护士十分友善。我也不清楚她的建议是否对我有益。毕竟，给护士留下好印象并不是外科医生的主要工作。

我在手术前曾经与几位外科医生交谈过，自然可以判断出自己是否喜欢某位医生或是和其相处时是否舒服，但考虑到我要将人事不省的自己托付给他们，这种了解显然还不够。而无论是他们，还是我的初级保健医生，抑或是我的朋友和熟人，都无法告诉我更多信息。事实上，我在手术前掌握的唯一有用的信息（其有效性得到我亲身经历的有力证实），是那个众所周知且经过充分研究的规则，即选择那些做类似手术比较多的医院和外科医生。我找到一位外科医生，他做过1万例髋关节置换手术，在《美国新闻与世界报道》列出的排名靠前的医院工作；在我更换髋关节的当天上午，这家医院还为其他几十个人更换了髋关节。（我也许应该再多想想一位外科医生得有多大年纪才能完成1万例髋关节置换手术，可惜当时并没有想到这一点。）

有关手术价格的信息显然更容易找到，但事实并非如此。外科医生很乐意告知他们的收费（7 000美元到8 000美元之间），从一开始就很明显，这些费用在某种程度上是可以协商的，就算不是和我协商，也至少是和我投保的保险公司协商。但其他相关服务的价格就不那么一目了然了，包括麻醉师、理疗师、疼痛管理专家的服务，还有最终成为最贵项目的病房"住宿"（与另一位病人合住的双人间）。最后一项的费用超过了每天10 000美元，简直令人难以置信。诚然，我的病房很大，带有浴缸，并且可以欣赏到纽约一条河流的美丽景色，河上穿梭的船只令人心情愉悦。当然，也许对我而言，可以自己调节的吗啡镇痛泵也极大地提升了这种愉悦感。此外，电话和电视是额外收费的。

上面各种项目的实际价格都不是最初的报价。每家保险公司都会和与其交易的每一家医院和医生协商自己的价格，这些价格都是严格保密的。当然，保险公司会告诉客户它会支付哪些费用、不会支付哪些费用，但这份合同就像医院的价目表一样，并不像表面上看起来那么有用。对于"网络内"的供应商，保险公司将报销大部分费用。对于"网络外"的供应商，保险公司则只报销小部分费用，尽管报销的比例通常仍会达到80%或更多。因此，我个人需要承担的费用比例听上去似乎相当有限。然而事实再一次并非如此，因为我投保的保险公司支付的是"保密"价格的90%，而不是全价。举个例子，假如麻醉师给我开出了一张6 000美元的账单（麻醉师显然是一个得罪不起的人，而在我的例子中，他在手术前两天给我发了一封邮件，说他不接受我给出的保险公司报价，然后在手术当天我就要被麻醉进行手术之前，要求我签署一份实验性手术的"知情同意书"），而保险公司认可的价格是4 500美元，并且只报销后者的90%。这种操作会使我个人负担的费用不是600美元（6 000美元的10%），而是1 950美元（保险未覆盖的1 500美元加上保险覆盖金额的10%），后者是前者的

3倍多。或许有办法能够提前知道这些金额，可惜我没找到。在住院前、住院期间或住院后的任何阶段，从来没有人问我是否真的想要我实际"购买"的许多医疗服务中的任何一种。我当时很想给麻醉师一拳，而不是在"知情同意书"上签字。我在昏睡过去之前记得的最后一件事，是怒火中烧地签下了自己的名字。

这就是我所知的全部与费用相关的"知情选择"，或者用更正式的说法："知情同意。"我已故的普林斯顿同事乌韦·莱因哈特（Uwe Reinhardt）将这种选择的情形比作在百货公司蒙着眼睛购物，然后在几个月后收到一张账单，其中一些商品按全价收费，另一些则按全价的一小部分收费，而你事先对自己买了什么或是要花多少钱一无所知。而这还是那些有幸拥有医疗保险的人面临的状况。有将近10%的美国人没有医保，而他们被收取的费用要高得多。莱因哈特举了一个例子，有人历时多年才还清30 000美元的手术费用，而这项手术在有医疗保险的情况下仅需要花费6 000美元。医院在收取费用时依赖债务催收机构的无情追讨手段，这些手段有时候包括在手术后几个月内向每位患者（甚至包括有医保的患者）发送大量医药费账单。这些账单经常是错误的，而要纠正错误需要耗费大量时间和电话机器人做斗争。[3]

布什政府在控制医疗支出快速增长方面最喜欢的工具是医疗储蓄账户。个人（以及他们的雇主）可以每年向这些账户免税存入一定数量的存款，前提是他们要购买高免赔额的医疗保险。他们可以使用这些账户支付自己的医疗费用，同时账户余额可以结转，变成没有得过大病的人的退休储蓄。因为人们是在花自己的钱，所以他们有动力了解价格，并选择最划算的供应商。这项计划的支持者希望，这些账户的存在给供应商带来压力，迫使他们提供相关信息，以允许人们在购买医疗服务时价比三家。

回到2006年，我当然无法获得这些信息，医院直至2021年才

（极不情愿地）被迫公开了价目表。该计划的反对者指出，鉴于绝大部分医疗支出是由一小部分人承担的，而这一小部分人的医疗费用数额巨大，其医疗储蓄账户根本无法负担，因此，即使人们能够更有效地比价，总体节省的费用可能也非常有限。此外，这些账户还相当于对身体健康者提供奖励，并惩罚生病的人。著名经济学家、乔治·W.布什的第一任经济顾问委员会主席格伦·哈伯德（Glenn Hubbard）认为，医疗储蓄账户"可能是对这一代人的医疗保健最有益的事情"，将"为人们提供一种可以从其自身健康中获取经济利益的方式"。[4] 换句话说，这意味着一些人会因自身健康状况不佳而遭受经济上的惩罚，而后者显然并不是一个讨人喜欢的说法。此外，没有一位支持者能够解释这项计划如何支持政府实现其宣称的另一个目标，即缩小富人与穷人之间的健康状况差距。确实，医疗储蓄账户看上去似乎是专为健康的富人和生病的穷人所设计（虽然这也并非事实）。如果该计划在宣传时坦诚表示，只要你能一直保持健康，政府就会在你退休时一次性奖励你一大笔钱，那么即使是狂热的支持者可能也会犹豫。

20 年后，医疗保险持续上涨的价格促使雇主和雇员转向保费更低的医保计划，这些计划具有高免赔额和高个人共付额。因此，对大多数人来说，医疗储蓄账户不再像以前那样具有吸引力。[5] 人们已经拥有强大的动力降低费用。另一方面，即使共付额的小幅增加也可能阻止人们使用廉价但能救命的药物。[6]

言归正传，我新换的髋关节怎么样了？它很好，并且在十六年后依然完好。和几乎所有接受过手术的人一样，我很乐意推荐我的外科医生和我的医院，因为这个手术是值得的。我的钱包怎么样了？它缩水了大约 7 000 美元，其中一些钱可能反映了我选择的供应商的质量溢价。我本来还想知道我的保险公司支付了多少钱，但这是我不知情的"秘密"之一。

我无须排队等待，可以在我自己方便的时候安排手术。相比之下，根据经合组织的报告，2000年，英国髋关节置换手术的平均等待时间为250天，不过到2015年等待时间已经降到了100天左右，略低于16个富裕国家的平均等待期。[7]由于我的雇主提供的是一个改进版的健康储蓄账户（但没有未用资金的结转），我可以使用税前收入支付这7 000美元中的一部分，尽管这完全是因为我预先知道什么时候要做手术。如果我很穷、失业或是没有保险，我可能在经济上破产，或者更有可能的是，仍然忍受着关节炎的折磨，并带着日益疼痛的髋部蹒跚而行。

大约十年后，我在离家较近的另一家医院更换了另一个髋关节。那时我的年龄已经足够大，有资格享受联邦医疗保险，因而这次手术对我的钱包毫无影响。这更像欧洲的情况，只不过不需要漫长的等待。

下好钓钩

安妮·凯斯和我过去常在蒙大拿州西南部度过每年的8月，那里是美国最偏远但最美丽的州之一。我们租了一栋建在悬崖上的小房子，俯瞰麦迪逊河的漫滩，这条河以盛产野生鳟鱼而闻名，周边最大的声音是两只沙丘鹤的鸣叫声，它们每年和我们同一时间造访此地。2009年8月，当一架战斗机沿着山谷呼啸而下，降到与我们房子的露台齐平的高度时，我们和鹤都吓了一跳。紧随其后的是三架一模一样的直升机，它们的飞行速度要慢得多。在清除了当地的一些不安定因素后，安保人员认为，麦迪逊河已经是一个安全的地方，可供奥巴马总统学习飞蝇钓①。作为忠实的垂钓爱好者，我们完全能够理解总统为什么希望玩飞蝇钓，尽管假如我们有一架直升机可供使用，我们应该会去

---

① 飞蝇钓又称飞钓，英文为"fly-fishing"，是北美和欧洲很流行的一种钓鱼方法。——编者注

高山上的原始湖泊里钓那些从未见过人工苍蝇这类诱饵的超大割喉鳟。不过，虽然奥巴马确实是在钓鱼，但拜美国极不平等的政治代表制度所赐，他脑海中盘旋的，可能更多是医疗体系改革而不是鳟鱼。

"不平等"一词通常与收入或财富联系在一起，美国在这两方面的不平等都名列前茅。当然，美国在政治不平等方面也遥遥领先。美国 50 个州各有两名参议员，但各州人口差异很大。怀俄明州是人口最少的州，仅有 58 万人；蒙大拿州人口略超 100 万，是人口第九少的州，尽管其面积巨大（位居第四，仅次于阿拉斯加州、得克萨斯州和加利福尼亚州）。人口最多的四个州分别是加利福尼亚州（4 000 万人）、得克萨斯州（3 000 万人）、佛罗里达州（2 200 万人）和纽约州（1 900 万人）。给参议员定价可能显得不大尊重（尽管对一些现任参议员来说，这种不尊重是他们应得的），但现在，就让我们假设每个参议员对于他（或她）所代表的州都具有 1 亿美元的价值。那么，怀俄明州的每位居民每年可获得 345 美元的"参议员收入"，而蒙大拿州为每人 200 美元，纽约州为每人 10.50 美元，加利福尼亚州每人仅可分得 5 美元。因此，从"参议员收入"这个角度来看，加利福尼亚州的 4 000 万人口极其贫困，怀俄明州的 58 万人极其富有。我们有各种标准来衡量收入的不平等，如果我们将其应用于"参议员收入"，会发现"参议员收入"的不平等与实际收入的不平等几乎无二致。

别再谈什么"一人一票"了。当然，众议院的席位与人口的关系更为密切。因此，总的来说，政治选举制度还不是那么不平等。

这种选举制度的不平等与奥巴马访问蒙大拿州有很大关系。蒙大拿州以不足美国三百分之一的人口数量，在参议院拥有 2% 的选票，因此其实际可以代表的选票是其实际代表人数的 6 倍。阿拉斯加州和怀俄明州可能更能左右参议院选票（这两个州的飞蝇钓也都非常好），但它们的选民都不那么欢迎总统。更重要的是，2009 年蒙大拿州的资深参议员是民主党人马克斯·鲍卡斯（Max Baucus）。他是参议院财政委员会主席，也是所谓"六人帮"（gang of six）参议员中的一员，他们几位有望成为医疗改革的"决定力量"。这几位参议员包括三名共和党人和三名民主党人，都是公认的温和派以及参议院财政委员会的成员。他们共代表了美国 2.8% 的人口，但其中非洲裔美国人和西班牙裔美国人的占比要小得多。

这次医疗改革努力最终落地为"奥巴马医改"，其推进方式在很大程度上吸取了当年克林顿总统的失败教训。希拉里·克林顿的特别工作组中包括多位学术界和医疗界专家（其中也有几位经济学家），该工作组向国会提出了一项计划，但国会在制订计划的过程中几乎没有发挥任何作用，自然也对通过该计划毫无兴趣。这一次，白宫只提出了宽松的指导方针，其余事情则让议员们自己决定。鉴于提供改革所需资金是最困难的问题，而且参议院历来是扼杀改革方案的地方，因此参议院财政委员会成为关键。上面的做法当然有助于改革方案获得一定进展，但同时也削弱了学者和政策分析师的作用，多年来，他们在医疗改革未曾实施的情况下对改革进行了广泛的研究。当然，华盛顿特区许多为政府工作的经济学家都参与了幕后的谈判。

在"奥巴马医改"中，参议院的主导作用意味着谈判对来自医院、医生、医疗保险公司、制药公司和设备制造商的游说势力敞开了大门。而这些资金充足的利益代言人的存在意味着想要进行有效的成本控制是完全不可能的。无论是单一付款人制度，还是任何拥有公共选择权的制度，都不在讨论范围之内，尽管这两种制度都可能有助于控制成本，哪怕只是考虑到它们可以消除保险公司现行的大部分行政支出。根据研究机构"响应性政治中心"（Center for Responsive Politics）的数据，自 1989 年以来，鲍卡斯从反对公共选择权的医疗机构那里获得了总计 310 万美元的资金，[8] 而且他肯定不是唯一获得类似资助的参议员，奥巴马和 2008 年的总统候选人麦凯恩都接受得更多。民意调查还显示，蒙大拿州的民主党人普遍支持公共医疗。

"奥巴马医改"的成功之处在于，它为数以百万计以前没有医疗保险的美国人提供了保险。它的悲哀之处则在于，由于不得不收买所有供应商和保险公司，因此它没有采取任何措施来控制高昂的费用，尽管这已经严重影响了美国经济。

　　同样不在讨论范围之内的，是美国最著名的健康经济学家维克托·福克斯（Victor Fuchs）制订的计划。该计划包括向人们发放可用于医护服务的代金券，这将打破雇主提供医疗保险的束缚，并为成本控制提供激励。虽然国会就终止雇主提供医疗保险的减税提议举行了辩论，但在一场由议员们设计的改革中，这些提议几乎没有得到实施的机会。议员所代表的选民们普遍认为，雇主提供的医疗保险是免费午餐，然而有证据表明，医疗保险成本一直是工资中位数增长的主要阻碍。具有讽刺意味的是，福克斯的计划是他与肿瘤学家和生物伦理学家泽克·伊曼纽尔（Zeke Emanuel）共同制订的，后者拥有医学和哲学双博士学位，在影响这场改革方面处于独特的有利地位。当时，泽克·伊曼纽尔是美国行政管理和预算局局长彼得·奥尔扎格（Peter Orzag）的卫生政策特别顾问，也是奥巴马总统的幕僚长拉姆·伊曼纽尔（Rahm Emanuel）的兄弟，这两人均是谈判的核心人物。（据《纽约时报》报道，拉姆·伊曼纽尔也对蒙大拿州进行了一次飞蝇钓访问，但应该没有战斗机或直升机为他护航。）

　　总统的钓鱼之旅进行得怎么样？由于天气不好，他不得不放弃麦迪逊河，转而前往东加拉廷一条较小但有浓荫遮蔽的溪流。据报道，他下午的导游、利文斯顿甜水飞蝇店的丹·弗米利恩（Dan Vermillion）表示，奥巴马是一位颇有天赋的新手，他碰到过几条鱼，但没能让鱼进网。根据弗米利恩的说法，"你可以说他'赦免'了所有的鱼，但实话实说，奥巴马没有下好钓钩"。[9]他在医疗改革方面做得更好，钓到了一条非常大的"鱼"，通过提供补贴，"奥巴马医改"为大约2 000万美国人提供了负担得起的医疗保险。尽管如此，仍有近 9% 的美国人在 2020 年的任何时候（包括疫情期间）都没有医疗保险。至于费用控制这条"鱼"则仍然是一个逍遥在外的庞大生物，更可能吃掉种群，而不是滋养种群。

综合历史情况考虑，奥巴马取得的成就值得称赞。但驯服费用控制这条可怕的"鱼"仍面临重重困难，即使在疫情之前，它也将近"吃"掉了美国人收入的 1/5，并剥夺了美国人所需要的其他"食物"。要进行改革，就不得不与美国深刻的政治和财富不平等做斗争。面对这种不平等，绝大多数人仅有极低的影响力，而极少数人则拥有极高的影响力。与此同时，相对于回报而言，医疗行业只需要少得惊人的区区一点游说费用，就能够在一个沦丧于金钱的国会中为自己买到巨大的影响力。

逆向选择、强制令和西蓝花

《唐顿庄园》这部好像永远没有结局的英国连续剧曾经在美国的公共电视台上热播，并成为该电视台有史以来最受欢迎的电视剧。纽约地区的观众会在每集播出之前看到一则长达 60 秒的纽约长老会医院的广告。其中一期广告的主角是拳击手丹尼尔·雅各布斯（Daniel Jacobs）。2011 年，他本是一位冉冉升起的拳坛新星，但用他自己的话说，他被一个"包住了我脊椎的巨大肿瘤"击倒。幸运的是，他在纽约长老会医院的医生"技术精湛，他们让我重新振作起来，并使我的职业生涯重焕新生"，于是"在 2014 年 8 月 9 日，我成为 WBA（世界拳击协会）中量级世界冠军"。

纽约公共电视台的观众经济条件应该不错（接下来播放的是维京游轮的广告），但他们中不会有多少人是职业拳击运动员，更不会有几个人脊椎长了肿瘤，并且能够自由地选择医疗服务，就像他们能自由挑选维京游轮的布达佩斯或是曼谷航线一样。这种广告内容和受众毫不相干的情况同样出现在纽约大都会歌剧院（Metropolitan Opera）的歌剧《唐·乔瓦尼》（*Don Giovanni*）节目单封面页广告上，这则广告讲述了一名年轻女子"被医生告知"截肢是最好的治疗方法，但多亏了上面所说的同一家医院，她现在只需要配一个牙套。2022年纽约洋基棒球队的比赛转播由纽约长老会医院的竞争对手纽约蒙特菲奥医疗中心赞助，这家医院的广告以西南部台地为背景，主角是以57岁高龄成功产子的芭芭拉·希金斯（Barbara Higgins）。而大多数棒球迷，显然都是男性。

不过，医院的广告确实是针对消费者的，旨在以一种隐晦的方式鼓动他们向雇主和组织医保的保险公司施压，提供能够覆盖纽约长老会医院或蒙特菲奥医疗中心（视情况而定）医疗服务的保险计划。这样，保险公司在与医院就医院收费价目表谈判秘密折扣的时候会受到来自雇主和雇员的压力，因为人们希望有资格获得他们在广告中看到的奇迹。医院做这些广告的目的是确保自身的折扣率低于竞争对手，据说纽约长老会医院在这方面做得非常成功，因此蒙特菲奥医疗中心后来也开始效仿。《唐顿庄园》剧情所处的时代背景是土地租金的不断下降威胁到英国贵族地主的收入。在美国的电视上，这些广告也有助于改变命运，具体做法是通过影响观众来帮助提高美国医疗服务的价格，从而为成功的医院企业家（包括医生出身的首席执行官们）创造巨大的财富。这些人从帮助人们修复身体变成了摧毁人们的钱包，从致力于保障人们健康变成了致力于追求财富。

市场原教旨主义① 者认为，医疗服务价格虚高应归咎于下列事实：由于道德风险、过度使用和过度提供保险，以及保险（至少是滥用保险）带来的价格控制缺失，医疗市场受到破坏。他们相信，如果

---

① 市场原教旨主义是一个经济学术语，指市场可自动恢复平衡，不需政府以任何方式进行干预。——编者注

消费者承担全部或至少承担更大份额直接支付的医疗费用，即套用人们爱说的，"如果他们利益共享、风险共担"，那么市场力量将降低磁共振仪、质子束扫描仪以及髋关节置换手术的费用，就像它们降低了收看《唐顿庄园》所用的平板电视的费用一样。然后，就像每个人都拥有了一部智能手机和一台平板电视一样，每个人也都可以拥有质优价廉的医疗保障，保险则只需负责保障灾难性的昂贵治疗。这种说法有一定的道理，臭名昭著的高价医疗现象愈演愈烈，确实应部分归咎于保险的存在，但供应商、设备制造商和制药业（以及市场原教旨主义者）坚决抵制对药物、治疗手段和医疗器械的成本效益进行评估也难辞其咎。其他一些国家已经施行了类似评估，例如英国便是由国家健康与保健研究所（National Institute of Health and Care Excellence）负责进行相关评估。

自从阿罗 1963 年那篇著名的论文发表以来，[10] 经济学家就意识到，医疗保险市场一直受困于逆向选择，即健康人口因保费相对于预期支出来说过高而不愿意参保，只有那些身体欠佳的人才会参保，而后者的医疗支出庞大，因此保险费用可能会上升到令人望而却步的水平。这就是臭名昭著的"死亡螺旋"：保费螺旋式上升，保障范围螺旋式下降。我们需要让医疗保险体系涵盖所有人，无论是生病的人还是健康的人，否则这个体系会自我毁灭。然而，向公众解释这个想法一直面临重重困难。熟知原罪理论（认为人具有与生俱来的罪恶倾向）的右翼政客认为这会引发道德风险，即享受补贴价格的个人会过度使用医疗服务。但他们（也许是故意地）忽视逆向选择，即如果医保市场价格高企，那么只有预计将面对高额医疗费用支出的人（那些已经患病的人）才会进入市场。对他们来说，市场是完美的，不完美的是人。在 2008 年大选的初选期间，希拉里·克林顿曾对一项要求人们购买医疗保险的"强制令"表示支持，而巴拉克·奥巴马则谴责这一法令没有必要，而且（预计）不太可能吸引选民。但国会预算办公室曾预测，如果没有这项强制令，人们的逆向选择行为将进一步推高医疗保险的费用。

奥巴马赢得初选和大选后，虽然没有获得一位共和党人投票支持，但他的政府仍成功通过了《平价医疗法案》（Affordable Care Act），其中也包含了上述强制令。不过，"治疗"逆向选择的政策并不执行。"奥巴马医改"面对的第一个可能的严重挑战就集中在这项强制令上，反对者认为，联邦政府强制要求任何人购买任何东西都是违宪的；最高法院法官安东宁·斯卡利亚（Antonin Scalia）曾质疑道，政府是否可以强迫人们购买西蓝花？（也许他认为，如果人们吃下足够的西蓝花就不需要医疗保险了？）

2012年6月，由于首席大法官约翰·罗伯茨（John Roberts）出人意料的投票，最高法院裁定，该"强制令"实际上并不属于强制令（九名大法官中的五名本来打算裁定，该强制令是违宪的），而是一项典型的宪法税收，而奥巴马政府一直否认这一点，可能因为这种表述会对该法案的评估及其通过产生影响。首席大法官罗伯茨因没有抓住机会"杀死""奥巴马医改"而受到保守派的严厉批评。他后来拿自己早已提前计划好的在任期结束后去马耳他岛短期执教的旅行开玩笑，表示"那座岛屿上的堡垒坚不可摧……听上去是个好主意"。[11]

麻省理工学院著名经济学家乔纳森·格鲁伯（Jonathan Gruber）曾对《平价医疗法案》提供建议，虽然他不是核心设计者之一。他说，这项法案故意表述得晦涩难懂，其透明度的缺乏从政治上看实际是一种优势，鉴于"美国选民的愚蠢"，这对法案获得通过至关重要。他只是表达了许多经济学家心中常有的想法，但很不幸，他说这些话的时候被人录了像。[12]那一年的夏天，在蒙大拿州，一位钓鱼向导对我们说，虽然我们是经济学家，但他希望我们不是格鲁伯的朋友。

市场原教旨主义者相信，人们应该可以自由选择不要保险或是购买他们喜欢的任何保险，包括看似诱人的欺骗性保单，这些保险之所以有吸引力，纯粹是因为大多数健康的人并不清楚如果他们生病了医院会向他们收多少钱。根据"奥巴马医改"，这些保单是非法的，因此一些人不得不放弃他们中意的保险（至少他们在不幸需要使用这些保险前对保单很满意）。这种对选择自由的干涉受到右翼人士的广泛批评，而奥巴马宣称没有人必须放弃现有保险的错误说法让情况变得更糟。不过，市场原教旨主义者既不愿承认市场可能会失灵，也不敢放弃对保险公司禁止歧视带病人群的要求（这一要求得到了消费者和医疗业的普遍支持）。经济学家们备受折磨，因为他们无法证明保险是如何运作的，并且发现很难以一种直观易懂的方式来向大众解释保险的缺陷。笃信市场原教旨主义的政客左右为难，他们一方面坚信，政府应不插手医疗服务，并放松对医疗的监管，这将降低价格、增加准入、给人们选择的自由；另一方面，他们又要顾及行业和消费者的要求，即任何人都不能因为既往病史而被拒绝投保。

撰写本节内容之时（2023年），这项强制令仍然有效，人们必须购买医疗保险，但自2018年以来，违反它的处罚金已降为零，虽然一些州已经制定了附带处罚的强制令。然而，至少到新冠疫情暴发之前，还没有出现"死亡螺旋"或保费大幅上涨的迹象。可能人们需要时间来调整自己的行为，也可能即使不用交罚款，人们也认真履行了购买保险的要求。逆向选择显然真实存在，并且已经摧毁了其他医疗保险计划，所以假装它不存在绝非明智之举。与此同时，当然也没有人被强制要求购买西蓝花。

"当权的疯子"

特朗普政府上台时，共和党在参众两院均占据了多数席位。坐拥这种优势，特朗普政府将医疗改革作为2017年的首要立法任务。自从"奥巴马医改"法案冲破共和党的一致反对获得通过以来，共和党人就一直致力于废除该法案，并在 2016 年围绕废除该法案开展了竞选活动。就在辩论进行得如火如荼之时，享年 95 岁的肯尼斯·阿罗去世的消息传来。阿罗曾就医疗保障撰写过多篇睿智而富有洞察力的文章，论述了如果社会试图利用市场提供医疗保障将会发生什么情况。

对于特朗普当政时期的华盛顿，最贴切的描述可能是约翰·梅纳德·凯恩斯提出的"当权的疯子"一词。医疗保障往往涉及巨大的不确定性，患者需要依赖比他们懂得更多的医生。人们不能依靠重复购买来找出满足自己需求的东西。他们需要不带私心的提建议的人，而不是一心想从他们身上赚取收入的服务供应商。正如世界各国经验表明以及阿罗预期的那样，所谓理想的医疗保障系统是不存在的，尽管只有在美国，政府的政策一直试图证明阿罗对市场的看法是错误的，而特朗普和共和党控制的国会显然决心再证明一次。

在特朗普执政早期，经济学家在很大程度上被排除在实权职位之外。经济顾问委员会惨遭降级，不再为内阁级别，任命委员会主席的工作也拖延了很长时间。共和党众议院领袖保罗·瑞安（Paul Ryan）领导下的医疗改革派之所以不遗余力地致力于废除"奥巴马医改"（医改法案在那时已经将医疗保险的覆盖范围增加了 1 600 万人），在一定程度上是因为他们对此抱有坚定不移的政治承诺，但这同样也是因为他们也真心地相信下面的观点，即更多的市场和更少的政府干预会使医疗保障变得更好。瑞安经常提到安·兰德（Ayn Rand）①对他学术思想的影响，声称正是后者的著作《阿特拉斯耸耸肩》（*Atlas Shrugged*）令他对经济学产生了兴趣。安·兰德，而非阿罗，正是这些政客奉为尊主的"不入流学者"。兰德在经典经济学殿堂上并无一

---

① 安·兰德（1905—1982），俄裔美国作家、哲学家。青年时代从苏联流亡美国，是 20 世纪著名的哲学家、小说家和公共知识分子。她的哲学和小说强调个人主义、理性的利己主义（"理性的私利"），以及彻底自由放任的市场经济，开创了客观主义哲学运动。——译者注

席之地，我对其著作是否会出现在多数经济学阅读清单上也持怀疑态度。然而，正如她的一位传记作者所说，"兰德对自由和资本主义的态度助长了当今时代人们对自由市场的热情和全社会对普遍不平等现象的无视。"[13] 兰德推崇贪婪，鄙视失败者和利他主义，因此在构建社会理想的医疗保障体系时，如果说最先应该参考的是阿罗的想法，那么最不值得参考的显然是兰德的理论。

特朗普本人表现出的无知不足为奇。考虑到他曾承诺，将以更低的成本为每个人提供更高质量的医疗保险，他的回答（"没有人知道医疗保障居然如此复杂"）也并不违和。美国公众长久以来一直极度讨厌和极度不信任他们的医疗保障体系，这为那些指责"奥巴马医改"的人提供了肥沃的土壤。长期以来，美国白人一直不愿为非洲裔美国人支付医疗费用，这种不情愿被无良政客利用。当然，因为人们不知道他们什么时候需要医疗服务，也不知道自己到底需要什么样的医疗服务，所以无从得知人们真正想要或愿意支付多高的费用。在接受调查时，46% 的美国人反对"奥巴马医改"，只有 26% 的人反对《平价医疗法案》，虽然后者实际上是前者的官方名称。[14]

谈到自由市场，有些观点认为，在既没有补贴，也没有政府计划的情况下，激烈的市场竞争会令某些技术复杂的商品（如电视机或手机）的成本得到有效控制，并令消费者受益。政府的缺席也可能有助于消灭那些依靠游说获得政府补贴和政府计划而生存的高收费行业。然而，普及性的保险会阻碍费用控制，因为花别人的钱会让患者和医疗服务提供者双方都毫无节制，这样一来，随着时间的推移，非强制性保险往往会自我毁灭，因为低花费的健康人群会退出保险计划，只有高花费的病患人群会留下来。有些人甚至提议，除了灾难性的昂贵治疗，禁止提供其他医疗保险，尽管这样的政策很难吸引那些相信市场魔力的人。阿罗发现的真相随时呼之欲出，即市场无法以社会能够接受的方式提供医疗保障。

共和党人承诺提供选择，宣称人们应该能够选择他们想要的医疗保险计划，而不受政府干预。瑞安称，要让人们"获得高质量、可负担的医疗"（指他们可以买到这样的医疗服务）。按照这种逻辑，我也可以乘坐私人飞机出行，或者像杰夫·贝佐斯、埃隆·马斯克或理查德·布兰森一样，乘坐宇宙飞船旅行。时任众议院监督委员会主席的贾森·查菲兹（Jason Chaffetz）指出："美国人拥有选择权……因此，相比于购买他们喜欢的新苹果手机……也许他们更应该选择投资于自己的医疗保险。他们必须自己做出这些决定。"[15] 根据他的说法，医疗保险也是一种商品，与其他商品别无二致，只不过其每年的成本大约为一部苹果手机的 20 倍，而人们可以自由地选择购买或不购买。拥有选择当然不是问题，只是很少有人意识到，人们可能做出糟糕的选择，或是并不拥有充分的信息从而做出好的选择。同时，这也丝毫没有顾及，我们可能负有一定的集体责任来帮助处于困境的同胞。

特朗普政府希望"复活"那些遭到"奥巴马医改"废止的看似有吸引力的欺骗性保单。理论上，掌握充分信息的消费者会识别出并摒弃这些保单。以"放松管制"的名义允许这些保险计划出售是对靠欺骗致富的保险公司或保险顾问的一种安抚。不是所有人都同意这种说法，事实上，以乔治·施蒂格勒（George Stigler）、罗纳德·科斯和米尔顿·弗里德曼为代表的芝加哥经济学派的大部分观点都可以总结如下：困扰阿罗的问题要么并没有那么严重，要么有比问题本身还糟糕的解决方案。与上述观点一脉相承，特朗普政府的改革者也几乎不谈收入分配问题，以及谁有能力支付、谁没有能力支付的问题。

维克托·福克斯是美国另一位伟大的健康经济学家，曾在敦促阿罗撰写 1963 年的论文中发挥了作用。目前，98 岁高龄的他仍然愉快（并多产）地陪伴着我们。他在很久以前就指出，有充分理由证明，不同国家应该有不同的医疗保障体系。美国人不像欧洲人那样追求平等，对政府的信任度也远远低于欧洲人。因此，也许美国的医疗体系应该更以市场为基础。然而，福克斯也认为，考虑到每年约 1 万亿美元的超额支出，美国人为自己的独特"品位"支付的代价显然过高。美国人的预期寿命在所有富裕国家中垫底，甚至在新冠疫情之前，美国人的预期寿命就已经在持续缩短，美国是相对富裕的国家中唯一出现这种情况的。工薪阶层正死于自杀、吸毒和酗酒的流行，还正在面对心脏病死亡率上升的问题。政府和私人部门的混合体系造就了一台设计精密的机器，这部机器可以让少数人在政客的保护下越来越富有，但却令人震惊地无法改善，甚至是维持普通民众的健康。由于许多美国人拥有由雇主"提供"的医疗保险，并且相信这对他们来说是"免费"的，他们不知道医疗费用正在压低他们的工资，也不知道这正在摧毁工薪阶层的工作。

在其论文的最后，阿罗写道："很明显，社会的普遍共识是，将对医疗行业放任不管作为一种解决方案绝不能被容忍。"[16] 在这篇论文中，仅有少数几句话未能经受住时间的考验，这句话也许可算其中之一，尽管这句话没有任何错。

犯罪、惩罚与烟草

就在我写本节内容的时候（2022 年底），一场"司法大战"正在进行，其裁决将决定萨克勒家族是否应该因其掌管的普渡制药公司对强止痛药奥施康定的误导性营销而支付罚款，这款止痛药对数十万人的成瘾和死亡负有直接或间接的责任。2022 年 2 月，萨克勒家族曾表示愿意支付 60 亿美元的和解费，这笔费用可能不到该家族获得利润的一半。我们以前曾有过同样或者类似的经历。针对阿片类药物诉讼的和解方案有先例可循，那就是烟草制造商 1998 年 11 月与各州达成的诉讼和解。当时，烟草制造商同意在未来向 46 个州支付总额超过 2 000 亿美元的款项，另外 4 个州则已提前达成单独的和解协议。

根据我的判断，烟草和解方案得到了广泛的支持。我那些不是经济学家的朋友认为，烟草公司的行为应该受到严厉惩罚，并认为，实际上他们逃脱得太容易。这种观点基本不会因下列事实而有什么变化，即和解费用并不是从烟草公司高管的口袋中掏出来的，甚至在很大程度上也不是来自公司的股东，而是来自未来不得不支付更高烟价的烟民。普遍的看法是，烟民也是罪有应得，并且由于和解方案导致每包香烟涨价大约 45 美分，他们会更有动力戒烟，因此他们无疑应该心存感激。

烟草的消费者和烟草制造商一道被妖魔化（这与今天美国大麻合法化的趋势形成了奇怪的对比，因为大麻显然是更危险的东西[17]）。一些州政府似乎也乐于惩罚吸烟者，例如：2000 年 3 月，纽约州将自己的香烟税增加了 55 美分，将当时一包香烟的税金提高到近 4 美元。（到 2022 年，香烟税已涨至每包 4.35 美元，从而使得烟价涨到了每包 12.85 美元；2000 年至 2022 年，烟草价格总体上涨了约 60%。）几位经济学家指出，烟草和解方案实际上是政府、烟草公司、反烟草运动人士以及（尤其是）律师之间达成的一项协议，出钱的则是那些受害者，即烟草消费者。如果这是事实，加之考虑到各州如何使用其收到的和解费用，那么和解案方代表了一种不同寻常的逆向转移，即从吸烟者（比一般民众更贫穷、受教育程度更低的纳税人）到律师和普通纳税人的转移。该和解方案最显著的特点之一是，它得到了不同人群的一致支持，包括那些反对征税的人（他们认为这不是一种税，而是一种惩罚）以及那些反对向穷人征税的人（在这种情况下，这是为了他们自身的利益）。

美国州长协会（National Governors Association）提供了各州计划如何使用这笔和解费用的详细信息。几乎所有州的预算中都包括主要的健康相关项目（和解协议的既定目标之一），有些项目旨在减少烟草消费，但多数项目并不那么具体，例如为儿童提供医疗保险或为老年人提供处方药福利。拥有烟草种植业的州，包括印第安纳州、马里兰州、北卡罗来纳州、南卡罗来纳州、弗吉尼亚州和西弗吉尼亚州，计划将大部分资金用于补偿烟农。其他一些州则更有想象力：佐治亚州计划资助农村经济发展，密歇根州和内华达州计划资助大学奖学金项目，北达科他州计划将 45% 的资金用于改善供水，南达科他州则将资助本州公共电视台进行数字广播技术转型。许多州的预算中包含大量教育经费（教师工资），而在其他州，这笔钱进入了"预算稳定基金"或一般储备金，在康涅狄格州，它甚至被用于"城镇税收减免"，很可能是财产税的减免。没有证据表明有任何一个州曾考虑过，虽然通过提高烟草价格来阻止吸烟行为可能是一个好主意，但这项收入的一部分可用于抵消吸烟者实际收入的下降，或是用于提供烟草的替代品。

包括哈佛大学的戴维·卡特勒（David Cutler）、乔·纽豪斯（Joe Newhouse）和麻省理工学院的乔纳森·格鲁伯（没错，正是前面讲的那位格鲁伯）在内的一些健康经济学家认为，公众的看法完全正确，各州与烟草公司达成和解方案是一个好主意，即使对吸烟者来说也是如此，因为吸烟者因此得到的收益远远大于他们付出的成本。[18] 他们的计算方法很复杂，但简要总结起来便是：考虑到烟草价格上涨每年挽救了价值 15 万美元的生命，这样做尽管有违吸烟者的意愿，仍然改善了他们的境况。作者承认，他们这样相当于否认了人们知道什么对自己最好，但依然捍卫自己的观点，辩称他们并不认为吸烟者是在为自己做出理性的选择。然而，就算人们确实并不总是知道什么对自己最好，但这与把个人的自主权转让给一群哈佛大学和麻省理工学院的经济学家显然不能画等号。

一些人可能会说，这是一个很好的例子，说明了经济学家迟来的认知，即门外汉（更不用说心理学家）的观点比经济学界的传统认知更有价值。然而，倘若不是经济学家，其他人恐怕很难接受生命有价的观点。同时这种计算基于的理论认为，人们在面对风险程度不同的活动时会做出理性的选择，而恰恰是这个原则，被认定并不适用于人们面对烟草做出的选择。还有一种基于经济收益的大胆算法，即从已缴纳税款中减去因吸烟减少而避免的死亡的价值，从而计算出经济效率的提高。

在所有这些辩论中，似乎只有烟草业游说团体有意为吸烟者辩护，而这个辩护显然也大打折扣。毫无疑问，经济学家曾经认为的经典信念仍有许多可圈可点之处，包括：人们知道什么对自己有好处，金钱和死亡率不是衡量福祉的唯一标准，吸烟给许多人带来好处。对于那些几乎没有其他生活享受的人来说，在艰难的一天中，抽空吸一支烟可能是难得的放松时刻。几乎没有证据表明，人们并未意识到吸烟的危害。而我们现在却告诉人们：不要吸烟了，戒掉它，但如果你们能帮我们少缴财产税，那么我们可以让你们继续吸。如果你生活在美国，并且很穷、受教育程度很低，还喜欢吸烟，那么你必须向受过良好教育和更幸运的人付钱以获得这种特权，然后还要对此心存感激。就算吸烟者确实做出了错误的选择，这种家长式专制也无疑是一种令人深感不安的对自由的侵犯。

我并不否认烟瘾的存在，也不否认戒烟的困难。一些吸烟者可能确实乐见借助香烟涨价来戒烟。然而，价格上涨对那些不能或不愿戒烟的人没有任何用，和解费本应该用于资助戒烟服务，而不是让某些人少缴财产税。我真诚地相信，阿片类药物诉讼的最终和解方案会做得更好。

第 3 章

国内贫困
和国外贫困

美国是在第二次世界大战后开始对外援助的，最初是帮助欧洲国家进行战后重建，历经数十年发展变迁后，今天专注于改善全球健康状况和消除贫困。在美国，对外援助曾常常被视为一种反共产主义的斗争工具。随着其目的改变以及苏联的解体，对外援助越来越成为一个颇具争议性的话题，无论是在公众辩论中，还是在经济学家的分析中。最近一段时间的关键问题是气候变化，以及如何将对外援助与气候政策结合起来。

美国最早的对外援助计划是 1948 年的"马歇尔计划"。根据该计划，美国在四年内拿出约 5% 的国民收入来帮助欧洲国家，包括联邦德国、英国和法国，进行战后重建。一年后，杜鲁门总统提出了一项持续的援助计划，目标是"通过减少发展中国家的贫困和促进其生产而为美国创造市场"，以及"通过帮助各个国家在资本主义制度下实现繁荣而减少共产主义的威胁"。[1]肯尼迪总统成立了美国国际开发署（USAID），以巩固落实"杜鲁门计划"。肯尼迪强调了美国与全球贫困国家之间的不平等地位，指出"在一个穷人占大多数的世界里，我们作为最富有的人负有经济义务"。[2]如今，美国国际开发署已经成为一个国际人道主义和发展机构，致力于减少贫困、推动健康和发展。

其目前的预算不到政府总支出的 1%，约占国民收入的 0.25%。

世界银行是一个多国拥有和运营的多边机构。它成立于 1944 年，最初职能是为重建提供贷款，但随着时间的推移，它开始致力于消除贫困现象。在世界银行位于华盛顿特区的总部中庭，有一个巨大的雕像，上刻"我们的梦想是一个没贫困的世界"。传统上，世界银行行长由美国政府任命。美国是世界银行最大的股东，持有其近四分之一的股份。因此，虽然世界银行不是美国政府下属机构，但如果没有美国的批准，世界银行很难做出重大决定。虽然中国的经济总量在进行购买力平价调整之后（这是应做之事），已经超过美国，但中国持有的世界银行股份只有美国的四分之一左右。

世界银行设定的使命在很大程度上受华盛顿现阶段观点的影响。其成立早期，世界银行像许多富裕国家和贫困国家一样，热衷于政府制定的国家计划。到了里根时代，世界银行逐步开始相信，只要给予市场足够的自由，它就能创造奇迹。近年来，世界银行的侧重点又已经发生了转变，紧跟国际发展领域的最新思潮，特别是非政府援助组织的最新关注重点，无论是基础设施建设、帮助儿童上学、推动合理定价，还是关注贫困、改善治理、促进妇女平权和优先考虑健康。根据章程，世界银行不得干预政治，尽管正如后来人们终于明白的那样，政治才是关键。如果被治理的对象没有和政府签订合同，那么发展就不可能发生。根据合同，前者纳税，后者提供服务。外部各方虽然对创建或维持此类合同无能为力，但很容易破坏这些合同或阻止它们的形成。

现在，无论是美国国内还是在国际上，还有许多其他政府和非政府机构提供发展或人道主义援助。慈善机构，特别是比尔及梅琳达·盖茨基金会（简称"盖茨基金会"），已经日益发挥重要作用。盖茨基金会宣称，它"秉承所有生命价值平等的信念"，并表示"在发展中国家，基金会主要致力于提高人们的健康水平，使他们有机会摆脱饥饿和极端贫困"。[3] 在美国，盖茨基金会的关注重点是教育。

在接受民意调查时，很大一部分美国人表示应该减少对外援助支出，尽管当被问及时，他们严重夸大了支出的金额。他们显然对这个话题了解不多，其所提出的削减开支的建议可能只不过是更希望将美国人的利益置于外国人的利益之上。

经济学家一直深度参与有关国际发展和全球贫困问题的思考。发展经济学这一分支随着战后援助的流动不断壮大，并受到世界各地新国家独立浪潮的推动。许多新独立的国家对后殖民经济战略的建议持有浓厚的兴趣，当今许多资深经济学家都曾在这些国家担任顾问。世界银行设有首席经济学家一职，许多杰出的学者曾担任该职务，包括诺贝尔经济学奖获得者约瑟夫·斯蒂格利茨和保罗·罗默（Paul Romer），以及后来出任美国财政部长的劳伦斯·萨默斯。美国财政部有一位负责国际事务的副部长，负责监督政府在世界银行和国际货币基金组织中的利益，这一职位也一直由杰出的经济学家担任。

本章的第一部分探讨了我们应该如何在关注国内需求的基础上看待非洲、亚洲或其他地方的贫困问题。我并不知道这些问题的答案，虽然我一度以为我是知道的。这是一个开启讨论的绝佳话题，因为无论是在实践还是在理论方面都存在分歧，也因为它为我们可能做些什么奠定了基础。本章第二部分带我们重温了乔治·W. 布什政府首个任期的早期阶段，介绍了政府和学术界有关援助的争论。第三部分探讨的是一个经常被人们遗忘的话题，即从外部帮助某个国家的人并不是一件容易的事。这并不像看上去那么简单，并非单纯只是"给他们一些钱"。在本章的最后，我重新审视了国内贫困和国外贫困的问题，阐述了特朗普执政时期美国是否有像非洲和亚洲穷人那样贫困的人口这一颇具争议性的话题。在此我想再次强调，衡量标准是关键。因为美国官方的贫困衡量体系存在缺陷，而且政治因素阻碍了对其进行改进，所以"江湖骗子"和"政治走卒"们得以自由发布相关数据，并宣称这些数据具有合法性。

再议"罗宾汉"[1]

看到世界其他地方存在如此普遍的贫困和匮乏,我们应该如何看待美国国内的贫困和物资匮乏现象?反之亦然。在进行思考时,可以遵循的一个原则是扪心自问:谁会因为多了一点点额外的福利而受益最大(这里的"谁"涵盖了世界上的每一个人,无论他们生活在哪里或哪个国家)?同时还应认识到,那些过得相对较好的人需求没有那么迫切。这是一种"世界主义"(cosmopolitan)的观点,因为它将全世界作为一个整体考虑。这也是一种"优先主义"(prioritarian)的观点,因为它更优先考虑那些收入较低的人。[4]一个人可能是优先主义者而非世界主义者,他优先考虑的是自己同胞中的穷人,而很少甚至完全不关注生活在其他国家的人。同样,一个人也可以是世界主义者,忽略国界并认为它在道德上无关紧要,但并不认同优先主义,而是遵从其他道德体系。

许多伦理学家都是"平等主义者"(egalitarian),他们认为不平等越少越好。信奉世界主义的平等主义者强调减少极端贫困的道德重要性。著名哲学家约翰·罗尔斯[2]认为,按照正义的要求,对政治和经济安排的判断应该看其最糟糕情况的影响,这是一种强烈的优先主义。罗尔斯本人不接受同样标准适用于全球的观点,虽然其他一些哲学家持这种观点,并认为要实现全球正义,确实需要消除全球最严重的贫困问题。[5]

世界主义和优先主义对我们许多人来说都很有效,指导着我们自

---

[1] 罗宾汉是英国民间传说中的英雄人物。——编者注

[2] 约翰·罗尔斯(John Rawls,1921—2002),美国著名政治哲学家、伦理学家,20世纪70年代西方新自然法学派的主要代表之一;获得普林斯顿大学哲学博士学位,曾在哈佛大学担任哲学教授,著有《正义论》《政治自由主义》《作为公平的正义:正义新论》《万民法》等名著。——译者注

身的思考或是慈善事业，也主导着世界银行和美国国际开发署等国际援助机构的理念。即便如此，我仍开始逐渐相信，出于道德和实践的原因，我们需要对此进行认真反思。

根据世界银行的全球统计，在过去 40 年中，生活在极端贫困中的人口减少了一半多，从 20 多亿人减少到新冠疫情前的 6.5 亿人。[6] 这数亿人中没有一人生活在美国，但这一"事实"受到了质疑，我将在本章的最后一部分讨论这一点。尽管世界人口增长，加之全球经济增长长期放缓，特别是在 2008 年金融危机之后这一趋势更加明显，极端贫困现象仍然不断减少。然而，全球化虽然有益于发展中国家的众多贫困人口，但同时也给包括美国和欧洲在内的富裕国家的部分民众带来了伤害。对于我们这些更担心全球贫困问题，并持世界主义兼优先主义观点的人来说，这似乎是可以接受的成本，因为那些利益受损的人本来就比那些获益者更富有（更健康）。

世界主义观点促使许多人（包括我）将慈善捐赠从国内转向国外。寄给贫困国家的美元能带来更大益处，因为收到钱的人拥有更迫切的需求，而且由于贫困国家物价水平更低，会使得美元在这些地方的购买力翻上一倍甚至数倍。正如任何出国旅游的人都可以证实的那样，1 美元兑换成卢比（或比索）后，在印度（或墨西哥）买到的食物或是住宿比在美国国内花 1 美元能买到的更多。相比之下，美国国内的捐赠更"贵"，而且因为捐款被用于那些已经相对富裕的人，所以其能带来的好处比较少。

我们自己在做出相关判断时摇摆不定的立场，就像红苹果里有一条正在啃噬果肉的虫子。我这样的人是全球化最大的受益者之一。我们在我们的父辈从未梦想过的更大和更富有的市场上销售我们的服务。最明显的一个好处是，我得以自由地离开故乡英国，搬到新泽西州。从这一点来说，我不能算一个公正的旁观者。像我这样从全球化中受益匪浅的人至少应该警醒，其他人可能会对此有不同的看法。对于那些因为全球化而生活艰难的人来说，这个进程似乎并没有那么美好。与此同时，虽然和目前的生活水平相比，我曾经很穷，甚至穷到将大部分精力都花在担心金钱问题上，但从来也没有穷到接近世界上最贫困人口所处境况的地步。

还有其他一些令人不安的事实。过去 50 多年来，受教育程度较低的美国人的物质条件几乎没有得到改善。对于没有四年制大学学历的美国男性来说，自 1970 年以来，实际工资中位数一直呈下降趋势。尽管如此，他们的生活难道不是仍然比在越南河内、印度达卡或墨西哥蒂华纳的工厂（这些工厂曾经设在俄亥俄州或印第安纳州）中的工人好上太多？毫无疑问，至少从物质条件来看，大多数情况下确实如此。但对许多人来说，美国劳动力市场的底层是一个残酷的环境，数百万美国人，包括黑人、白人，其中也有西班牙裔人口，生活在日人均收入只有几美元的家庭中。可以说，他们的生活水平堪比世界银行所定义的印度或埃塞俄比亚的贫困水平，甚至更糟。[7] 在美国，低收入水平的人寻找栖身之所远比在印度或埃塞俄比亚等温暖地方困难得多。除了物质生活水平，美国制造业的崩溃还摧毁了许多人的社会和家庭生活，使得他们的贫困问题远远超出了物质贫困的范畴。

美国引以为豪的机会平等，哪怕过去确实真的存在，现在也已经不像过去那样真实可触。在全球化浪潮中失去工厂的城镇同样失去了税收，并发现难以支撑学校教育，而这正是帮助下一代人逃离困境的途径。与从前相比，人们现在搬到经济更繁荣的地方不再容易，因为那些地方的住房成本大幅上涨。精英学校一方面通过取悦精英来赚取运营经费，一方面通过取悦少数族裔来纠正对后者长达上百年的剥削。这些做法固然无可厚非，但当白人中的工人阶层看到自己的孩子在这个新秩序中根本找不到位置时，他们怎么可能会不感到愤怒呢？

更糟糕的是，在没有大学学历的美国人中，所谓因绝望而死亡的人数急剧增加，即因自杀、酗酒，特别是因意外过量服用合法药物

（处方）和非法药物而死亡的人数。[8] 美国的总体死亡率一直在攀升，甚至在新冠疫情暴发之前就已如此，没有四年大学学历的美国成年人的预期寿命已经持续下降了十年。我们固然可以合理地争论物质生活水平的衡量标准是否合理，无论是质疑数据中是否包括了所有收入来源、最贫穷的人到底花费多少，还是质疑通货膨胀是否被夸大、生活水平的提高是否被低估，抑或是各地的学校是否真的那么糟糕。然而，我们还是很难解释为什么美国会有如此高的死亡率，尤其是在世界各地自杀率下降之际，美国的自杀人数却不断上升。

同时，在道德层面，也有许多人不同意一视同仁地对待本国同胞和其他国家的公民。无论你是否自愿选择成为美国人，美国公民的身份都伴随着一系列其他国家公民没有的权利和责任。我们有义务纳税，同时也有权享受福利。我们可以将此视为一项相互保险计划。如果受到外部攻击，我们有相互保护的责任，但至少在最近一些年，这一责任不成比例地由那些从全球化中受益最少的美国人承担。虽然军队中的大多数军官都拥有大学学历，但事实上，普通的男女士兵很少有人拥有大学学历。[9] 国家的保险计划，例如社会保障或医疗保险，可以被视为一种承诺，即我们不会容忍同胞（至少部分同胞）遭受某种程度的健康或经济贫困之苦。

所有这些都并不与真正的世界主义观点相矛盾，按照这种观点，我们承认对每一个人均肩负义务，但对国内所肩负的义务与国外的义务并不相同。[10] 如果我们仅仅衡量物质生活水平，将全世界所有人的物质生活水平从高到低排序，并优先考虑后者，那么就无法达成正确的平衡。这样做不仅遗漏了福祉的其他组成部分，也遗漏了作为某一个国家而不是另一个国家公民所拥有的独特权利和责任。

当然，许多美国人从来都不是世界主义者，也许优先考虑物质贫困者的世界主义在精英人群，尤其是学术精英或世界银行、联合国等国际机构的工作人员中所占的比例过高。如果事实如此，我们需要更好地贴近我们身边的普罗大众，因为正是他们通过纳税、工作和心甘情愿地提供服务支持着我们。

就算在理论上是一个顽固的世界主义兼优先主义者，你也无法回避现实问题。抛开每个人独有的个人道德体系不谈，我们并没有一个所谓的"世界政府"（world government）① 可以强制执行全球优先制度，联合国或世界银行等机构的实权太弱，无法做到这一点。如果帮助的是国内同胞，通常情况下你离得足够近，可以亲眼看到并判断效果，如果受救助者不喜欢某些东西，捐助者总是有办法得到民主的反馈。但对于乍得或塞拉利昂的援助支出则不然，因为捐助者远在异国，看不到他们的援助用在哪些地方，所以钱已经被花掉往往是援助成功的唯一证明。在捐助者眼中根本不可能有失败，哪怕受赠者正饱受困苦。在缺乏有效反馈机制的情况下，"我们"无权告诉"他们"，他们的所需是什么。

全球化显然使发展中国家的数百万人受益，优先主义者自然有权为这一成就感到高兴，哪怕其中一些收益是以牺牲美国工人的利益为代价的。但受益者不会在美国选举中投票，而美国工人会。全国选举制度的设计并不是为了支持全球优先主义。任何一个民粹主义政府当选，其对改善全球穷人的生活都不会有多少兴趣。因此，成功的全球优先主义存在自我毁灭的风险。对于那些认为我们对世界其他国家的穷人有所亏欠的人（包括我自己在内），我们需要在那些戴着"MAGA"（让美国再次伟大）② 帽子的人拿着干草叉找上我们之前，更好地照顾自己同胞的利益。

---

① "世界政府"是一种政治实体理念，其必要条件是现有的国家要削弱和放弃某些权力，在现有的国家上新增一级行政级别，或为不同国家提供独立国家无法提供的协调。——译者注

② "让美国再次伟大"（Make America Great Again）是一些美国政治家使用的竞选口号。共和党总统候选人罗纳德·里根在 1980 年美国总统选举时使用这一口号，后来共和党总统候选人唐纳德·特朗普在 2016 年美国总统选举中再次使用。——译者注

经济学家和决策者对援助与发展问题的争论

保罗·H. 奥尼尔（Paul H. O'Neill）在乔治·W. 布什第一届政府期间于 2001 年到 2002 年担任财政部长。他的职业生涯横跨公共和私人部门，在进入财政部之前，曾担任美国铝业公司（Alcoa）的首席执行官。他在加州州立大学弗雷斯诺分校获得了文学学士学位，后进入政府部门任职，从计算机分析师做起，并于 20 世纪 70 年代中期一步步升为美国行政管理和预算局副局长。他是经济保守派，对市场和美国企业界能够解决几乎任何问题的能力抱有坚定信念。他将这一信念与对贫困人口，特别是贫困人口健康的关心结合起来。由于致力于改善美国铝业工人的职业健康以及社区中的健康相关问题并成功取得进展，他赢得了广泛的尊重（不包括布什政府中的强硬派）。他曾与 U2 乐队主唱兼致力于救助事业的活动家波诺（Bono）一起进行了一次非洲巡演，虽然这对他来说并不算出乎意料之举，但鉴于他美国财政部长的身份，这确实不同寻常。奥尼尔的举止无可挑剔，他总是彬彬有礼，并且具有真正的求知欲。他热爱阅读，喜欢分享自己的观点并通过争论来捍卫自己的观点。

奥尼尔入主财政部后决心采取坚定的保守路线。美国不再对陷入金融危机的国家进行救助，要允许市场发挥作用。政府的国际目标不再是对外发展援助在国内生产总值中所占的份额；相反，项目将严格根据结果进行评估，贷款将被赠款取代（这是因为许多贷款项目不断展期，因此只是名义上的贷款）。尽管财政部坚持反对增加援助的立场，白宫却采取了不同的立场，宣布大幅增加援助资金。受到更大攻击的是奥尼尔的救助政策。当巴西遭遇危机时，奥尼尔评论说，美国不会提供贷款并任由其最终进入瑞士银行的私人账户。这种观点不仅使危机恶化，而且使美国的援助变得不可避免（或许本来可以不必援助）。"把款项存入瑞士银行"可不仅仅是一个带有冒犯意味的笑话。

世界银行 2020 年的一项研究发现，世界银行的援助支出与精英在海外账户中的财富增长密切相关，平均约有 10% 的援助款被抽走了。[11] 世界银行最初拒绝公布相关结果，而其当时的首席经济学家皮内洛皮·戈德堡（Pinelopi Goldberg）也辞职重返耶鲁大学。

奥尼尔执掌财政部期间，经济学领域出版了两本关于全球化与发展的重要图书。其中一本是威廉·伊斯特利（William Easterly）的精彩著作《经济增长的迷雾：经济学家的发展政策为何失败》(*The Elusive Quest for Growth: Economists' Adventures and Misadventures in the Tropics*）。这本书对发展失败的描述可读性很强（而且往往非常有趣），其间穿插着世界各地真实而令人心碎的有关贫困的小故事。[12] 该书对无效措施的分析更为有力，比其针对应该采取哪些措施开出的"处方"（即"激励措施至关重要"）更精彩，但正如我要在下面论证的那样，有充分的理由表明，"没有答案"才是正确的答案。伊斯特利还试图向读者解释经济学家是如何使用他们所谓的"工具"来解决因果关系难题的。事实上，由于他的表述非常清楚明了，也非常有趣，因此聪明的读者可能会（正确地）了解到，这些深受经济学家喜爱的方法论其实只是一种烟幕弹，实质上是为了表达："你不够聪明或训练有素，所以信我就行，因为我是科学家。"伊斯特利曾长期在世界银行担任宏观经济小组负责人，后来转到纽约大学任教（据说是因为写了这本书）。理所当然的，伊斯特利对发展援助失败的描述对保罗·奥尼尔来说极具吸引力，他多次引用这本书中的内容来证明自己反对援助的立场："你读过伊斯特利的书吗？"

另一本书是约瑟夫·斯蒂格利茨 2002 年出版的著作，该书抨击了国际货币基金组织，书名是经典弗洛伊德式的《全球化及其不满》(*Globalization and Its Discontents*）[13]。斯蒂格利茨的书在当时并未获得经济学界的广泛推崇，尽管其中的许多论点现在看来颇具先见之明，尤其是其中有关不受限制的资本流动的风险以及全球化给华尔街带来好处的观点。虽然斯蒂格利茨是克林顿政府成员，曾担任经济顾问委员会主席，后来又担任世界银行首席经济学家，但他将矛头对准了与他共事的人，包括当时在财政部任职的劳伦斯·萨默斯，还有长期担任国际货币基金组织高级官员的斯坦利·费希尔（Stanley Fischer）。斯蒂格利茨的书成了一部"圣经"，其"信徒"不是美国财政部，而是反全球化运动的参与者，包括许多极左翼边缘人士，他们引用这本书的内容来佐证自己的观点，即全球化加剧了世界贫困和不平等。由于这些团体对该书的支持，以及缺乏可靠的数据作为论据，这本书在主流经济学界并不受欢迎。斯蒂格利茨的书在国际货币基金组织（即他在书中作为反面例子加以分析的组织）内部引发了极大的不满，该组织发表了一封由肯·罗格夫（Ken Rogoff）撰写的公开谴责信，后者当时离开哈佛大学加入该组织不久，是国际经济学领域的全球领军人物之一。[14]

世界银行针对上述问题的立场有所不同。对于这本书，世界银行的回应是在其网站上发布了一场会议的完整视频（召开这次会议的初衷是针对书中提出的问题进行非公开讨论）。会议内容呈现了更平衡的信息。[15]斯蒂格利茨的书很容易招致攻击，书中自以为是的"后见之明"令人恼火，对斯坦利·费希尔的正直的攻击是一大错误（即使费希尔不是业内最受爱戴和尊敬的一位成员，也不应该这么做），而且其中的陈述也并未得到适当的核实。所有这些都非常令人遗憾，因为这些明显的缺陷让他的批评者得以回避他所讨论的那些极其重要的问题（他在那些领域拥有无与伦比的权威性），即国际货币基金组织和世界银行的治理，国际货币基金组织是代表其成员国的利益行事还是代表了华尔街的利益，资本无限制流动是否真的可取，以及自由市场原教旨主义者在国际货币基金组织中应扮演的适当角色（当时这些人在很大程度上控制着国际货币基金组织）。此后的二十年里，斯蒂格利茨以及其他人的批评变得越来越有实际意义而非相反，而我们今天能够拥有一个与当年大不相同的国际货币基金组织，至少应该部分归功于这些批评。

保罗·奥尼尔的观点（以及他喜欢辩论的态度）导致他在 2002 年底被免职。但关于援助有效性的争论仍在继续，并升级为伊斯特利与哥伦比亚大学的杰弗里·萨克斯（Jeff Sachs）[①]及联合国千年计划之间的又一场战争。萨克斯在 2005 年出版的《贫穷的终结》（*The End of Poverty*）一书由 U2 主唱波诺作序，这本书阐述了他希望如何实现书名所表达的愿景和计划。[16] 伊斯特利为《华盛顿邮报》撰写了这本书的书评。[17] 伊斯特利的评论赞同萨克斯关注的道德力量，指出他的叙述确实鼓舞人心，但也对他提出了一系列批评，包括毫无根据的乌托邦主义、让人回忆起 20 世纪五六十年代的发展规划、"令人头昏眼花的行业术语"，以及轻信外部主导的大规模"大推动"计划（"big-push" program）可以解决其他国家的贫困问题。这篇书评引来了萨克斯充斥着辱骂、轻蔑和人身攻击的回应，伊斯特利也再次反驳，开口便是："至少他没有攻击我的秃顶。"[18]

萨克斯的书是一部非同寻常的文献。它的一部分是自传，讲述了萨克斯之前为帮助陷入危机的国家所做的成功和不成功的尝试（"如果他们听我的就好了"），另一部分则是一份既宏大又详细的计划，目的是在世界范围内消除贫穷。阅读这本书让人仿佛回到了五十年前，当时经济学家刚开始思考发展问题，并认为需要"大推动"才能使各国实现持续的经济增长。即便如此，如同亲自聆听萨克斯的演讲一样，人们很难不感到一种必须做点什么的冲动。在书的最后一章，萨克斯指出，尽管许多人质疑他的愿景能否实现，但人们当年也曾经对圣雄甘地、纳尔逊·曼德拉和马丁·路德·金说过同样的话。

---

① 杰弗里·萨克斯是美国经济学家，专长于发展经济学，以担任拉丁美洲、东欧、南斯拉夫、苏联、亚洲和非洲的经济顾问而闻名。从 2002 年到 2006 年，他担任联合国秘书长科菲·安南的特别顾问及联合国千年计划的总负责人。——译者注

这场争论不亚于一场狂欢。伊斯特利取笑萨克斯与波诺和安吉丽娜·朱莉①这样杰出（也可以说最近才崭露头角）的"经济学家"混在一起，萨克斯的自嘲则足以让任何批评者相形见绌。MTV（全球音乐电视台）播放过一部名为《安吉丽娜·朱莉和萨克斯博士在非洲的日记》的电视片，该片目前仍可在 YouTube 上观看，这引发了网民们的诸多猜测，有人提醒萨克斯最好小心，不仅要当心伊斯特利，还要当心朱莉当时的伴侣、后来的丈夫，著名影星布拉德·皮特。2002 年 9 月 11 日，华盛顿的国家大教堂举行了全球贫困反思日活动，在上午和下午的礼拜之间，安排了一场由"穷人经济前景的预言者"杰弗里·萨克斯所做的免费公开演讲。

对外援助用处不大甚至有害的想法长期以来一直是极右翼人士的"专利"，他们似乎对贫困问题漠不关心，无论是国际还是国内的贫困问题。伊斯特利为这种论点开辟了新的空间，即在相信援助不起作用的同时也可以显示出关怀。虽然很难确定，但我个人感觉这种想法已经取得了长足发展，至少在美国是这样。尼娜·芒克（Nina Munk）在其关于杰弗里·萨克斯的精彩著作《理想主义者：杰弗里·萨克斯和他对终结贫困的探索》（*The Idealist: Jeffrey Sachs and the Quest to End Poverty*）中讲述了她自己的故事。在长期寻找有价值的写作话题后，她最初充满钦佩地开始这本书的写作，但跟随着萨克斯在非洲的足迹，她在当地见证了一场又一场由援助引发的灾难。萨克斯引以为豪的"千年村计划"（Millennium Villages Project, MVP）本应是"大推动"发展理念的成功展现，却留下了一系列破坏和意想不到的后果。[19]

"千年村计划"是萨克斯检验"大推动"理念的尝试，他希望借此证明，虽然一次性、单方面的干预措施不太可能使一个极度贫困的

---

① 安吉丽娜·朱莉，美国著名女演员、慈善家、社会活动家、联合国儿童亲善大使，曾任联合国难民署高级专员特使。——译者注

非洲村庄实现可自我维持的增长，但在卫生、基础设施、教育和农业等多方面同时进行干预则不然。这种想法并不荒谬。例如，要是没有道路能将芒果运往市场，没有健康的工人照料树木，也没有法院解决商业纠纷，那么提供肥料来种植更好的芒果并不会带来什么好处。"千年村计划"在非洲的 15 个村庄试点施行，旨在表明，通过在多领域提供援助，人们可以在 5 年内摆脱贫困。芒克个人的负面印象与更翔实的数据评估结果相互呼应。这项计划关于试点村庄婴儿死亡率的成果发表在《柳叶刀》上，但随后面对汹涌而来的批评不得不撤稿，令该杂志感到非常尴尬。[20] 这也许不像该杂志 1998 年发表的关于自闭症和疫苗的论文[①] 那么糟糕，但也已经够糟糕了。

弱国、穷国与援助问题

在故乡苏格兰，我从小就被教育要将警察视作朋友，并在需要时向警察寻求帮助。当十九岁第一次踏上美国的土地时，我有一次走到一位正在时代广场指挥交通的纽约市警察身旁，向他询问去邮局最近的路，收到的是他一连串脏话辱骂的回答，你们可以想象我有多么吃惊。那是 1965 年的夏天，我很幸运地在一家著名的英国服装商那里找到了一份暑期工作，这家服装商拥有在冠达邮轮（Cunard）玛丽王后号和伊丽莎白女王号上销售服装的特许权，它们每周往返于南安普敦和纽约之间。我的部分职责是将每周的收据邮寄回伦敦，通常是从洛克菲勒中心的邮局寄出，但那天恰逢 7 月 4 日（美国国庆日），那

①　1998 年 2 月，英国肠胃病学家安德鲁·韦克菲尔德在《柳叶刀》发表了一篇论文，称麻腮风疫苗可能影响儿童大脑发育并引发自闭症。这篇论文激起了轩然大波，并催生了一场公共健康安全的大恐慌。不久之后，英国媒体曝光称，韦克菲尔德曾操控实验数据，而且收取了试图证明疫苗不安全人士的钱。几年后，《柳叶刀》综合各方调查研究结果，确认自闭症与麻腮风疫苗无关，并撤下了这篇论文。——译者注

家邮局关门了。那位警察的辱骂让我感到既尴尬又困惑，我开始想别的办法。我设法在一家便利店找到了邮票（当时在英国还没有便利店卖邮票），然后"成功"地把这些文件塞进了一个我误以为是邮筒的垃圾桶里。直到后来的一次旅行中，我才知道了美国的邮筒和垃圾桶的区别，并意识到自己犯了大错。

与美国人相比，欧洲人往往以更积极的眼光看待自己的政府。对美国人来说，联邦、州和地方政客德不配位和不受欢迎是司空见惯的事。然而，与许多贫困国家的政府相比，美国政府仍然堪称一个运作良好的政府。而外国援助最重要但最不受重视的后果之一便是，这种援助往往会使受援国政府的不作为情况更加严重。

美国的联邦、州和地方政府向民众征收税款，作为回报，政府提供服务，没有这些服务，美国人就无法轻松生活。与大多数发达国家的公民一样，美国人认为法律和监管体系、公立学校、老年人的医疗服务和社会保障、道路、国防和外交，以及政府对研究（特别是医学研究）的高额投资是理所当然的。当然，并不是所有这些服务都达到尽善尽美的水平，也不是每个人都对其同等重视；但鉴于大多数人都需要纳税，如果对纳税人上交的税收的使用方式冒犯到一些人，就会引发激烈的公众辩论，同时定期选举也可以让人们改变政府的优先事项，至少在体制运转良好时会是这样，而过去多数时间内，体制确实是运转良好的。即使在新冠疫情期间，政府虽然面临很多批评，但仍取得了巨大的成就，特别是疫苗空前的研发速度。各州政府绕过美国混乱不堪、支离破碎的医疗体系，在没有该体系帮助的情况下在市政厅、社交中心和大型疫苗接种点分发疫苗。

所有这一切如此显而易见，几乎无须多说，至少对我们这些生活在政府有效运作的富裕国家的公民来说是这样。但世界上大部分人口并没有这样幸运。非洲和亚洲的许多国家的政府缺乏收取税赋或提供服务的能力。作为统治者的政府和被统治者的人民之间的契约在富裕国家尚难称完美，在贫困国家往往根本不存在。纽约警察只是在我无知地打断他提供重要服务的时候表现得粗鲁无礼，而在世界其他许多地方，警察则会掠夺他们应该保护的人，勒索他们的钱财，或是代表权势阶层迫害他们。

即使在像印度这样的中等收入国家，公立学校和公立诊所也存在大规模（不受惩罚）的缺勤现象。私人小诊所的医生为人们提供他们（认为自己）需要的东西，例如打针、输液和抗生素，但国家并未对其进行监管，许多医生都没有合格的资质。国家没有能力自行提供良好的医疗，也没有能力充分监管私营医疗服务。

纵观整个发展中世界，儿童死亡的原因单纯是他们出生在错误的地方，他们不是死于罕见和无法治愈的疾病，而是死于一些常见的儿童疾病，过去近一个世纪以来，我们已经可以有效地治疗这些疾病。如果一个国家不能提供常规妇幼保健服务，或是不能提供可靠的清洁水供应，那么该国的儿童仍将面临死亡的威胁。同样，如果一个政府治理能力缺失，那么它必将无法正常实施监管和执法，企业也将难以正常运营。如果没有运作良好的民事法庭，就无法保证创新企业家能够从他们的想法中获得回报。家族企业可以依赖自己人的忠诚和信任，但当试图扩张到需要雇用非家族成员之时它们就会面临困难。

国家能力的缺位，即无力提供富裕国家人民认为理当享有的服务和保护，是造成世界各地贫困和匮乏现象的主要原因。同时，若是没有有效运作的国家与积极参与的公民共同努力，没有公共产品、国家服务和为其提供资金支持的税收，我们几乎没有机会实现增长，从而消除全球贫困。

不幸的是，富裕国家往往会帮倒忙。外国援助，即富裕国家向贫穷国家的转移支付，无疑发挥了很大作用，特别是在提升穷国的健康水平方面功不可没。如果没有这些援助，那么这些地方今天活着的许多人可能早已去世。不过，外国援助往往会破坏受助国国家能力的发展。这在许多非洲国家体现得最为明显，这些国家的政府直接接受外援，而且援助的金额相对于政府支出而言很大（通常超过政府支出总额的一半）。如果没有外部资金支持，政府必须在国内筹集资金，这就需要与纳税人及其代表（如议会）订立某种契约，由人民出钱，政府提供国防、教育或卫生等公共服务。现在，由于外国捐助者提供了资金，政府不再需要此类契约，因此也无须对其人民负责。如果说这些政府需要对一些人负责，那就是对捐助者负责；但在实践中，这一点也未能做到，因为捐助者在本国公民的压力下（他们无可指摘地希望帮助穷人，但无法了解援助是否真的有帮助），需要把捐助款花出去，就像穷国政府需要这些钱一样，前者的迫切程度甚至超过了后者。

那么，绕过穷国政府直接向贫困的人提供援助怎么样？最初的效果可能会更好，尤其是在那些政府间援助很少惠及本国贫困人口的国家。而且，让全世界所有人的生活水平都超过世界银行划定的全球极端贫困线只需要少得惊人的一笔钱，相当于富裕国家每个成年人每天只出不到1美元。

然而，这并不是一个永久的解决方案。穷人需要政府来改善生活，从短期来看，绕过政府可能会让情况有所改善，但这会使真正的问题得不到解决。贫穷国家不可能永远让外国运作其医疗服务体系。外援破坏了穷人最需要的东西：一个为了今天和明天而与他们携手努力的有效政府。

我们至少可以做一件事，那就是呼吁我们自己的政府停止做那些让贫困国家更难走出贫困的事情。减少援助是其中之一，尤其对于那些外援是政府资金主要来源的国家，此外还可以做很多，例如限制武器贸易、改善富裕国家的贸易和补贴政策（这些政策经常歧视贫困的农民）、提供与援助无关的技术咨询，以及研发更好的药物来治疗在贫困人群中流行的疾病。我们不能通过让已经软弱无力的政府更加软弱的做法来帮助该国的穷人。

美国的贫困问题如何变成了假新闻

在谎话连篇的特朗普总统当政期间，我们许多人都担心国家统计数据是否真实可信。政府报告的与贫困相关的数据受到检视，以确定基础数据是否存在漏洞。从这部分的数据看，人口普查局公布的官方贫困数据似乎并没有遭到扭曲，尽管其他地方存在很多问题，包括政府内部和外部的一系列误读和错误陈述。

右翼评论家经常引用罗纳德·里根 1986 年的说法，即在林登·约翰逊 1964 年与贫困的战争中，贫困取得了胜利。这种说法一直被用作攻击福利法案和诋毁政府行动有效性的大棒，但 20 世纪 60 年代至 70 年代初的实际情况表明，这种说法显然是错误的，因为那段时期美国的贫困率迅速下降。而这种说法后来之所以成立，只是因为美国衡量贫困的方式存在缺陷。贫困率是根据收入低于官方贫困线的人数来计算的，官方贫困线会定期更新，以反映通货膨胀的情况。这固然有其合理性，但在什么可算作收入方面存在问题。按照规定，只有税前收入被算作收入，政府福利计划发放的补助金不计入收入，即使发放这些钱的目的就是减轻贫困。（在 20 世纪 60 年代贫困的衡量标准被设计出来时，穷人既不纳税，也不领取福利。要改变统计方法需要政治上的共识，而政治共识在美国从未存在过；或者，这至少需要当权的政府真正关心贫困的衡量标准，而到目前为止，尚无一届政府对此给予过足够的关注。）总而言之，食品券不算作收入，新冠疫情期间政府寄出的帮助人们维持生计的支票也同样不算在内。

因此，无论以扶贫为目的的现金转移政策在减少贫困方面多么成功，其效果都不会出现在官方统计中。统计缺陷总是有可能演变成政治冲突，因为它们会引来评论家提出偏激的解决方案，正如里根所做的那样。美国现行的贫困衡量标准意味着通过向穷人提供金钱救济永远无法赢得反贫困的战争。这种统计上的愚蠢设计在政治上很难得到纠正，并不断招致恶意的解读和误解。[21]

特朗普的经济顾问委员会持有与里根完全相反的观点。按照他们的说法，这场战争没有失败，而是取得了胜利。在一份大肆宣扬工作要求有益之处的报告中，标准的保守派立场被推翻，该报告宣称，多亏了美国的社会安全保障体系，反贫困战争"基本上已经终结并取得了成功"。[22] 虽然论点不同，但结论殊途同归。里根称，政府试图帮助穷人的努力只会让事情变得更糟。特朗普则宣称，我们不需要担心穷人，因为我们已经消灭了穷人。特朗普政府的伎俩是将贫困线降低到几乎没有人能触及的极低水平。他们的论点是，消费价格指数（CPI）存在缺陷，上涨速度太快，每年比"实际水平"高出约1%，因此，如果重回最初的贫困线，并使用增速较缓的CPI对其加以调整，那么今天"修正"后的贫困线远远低于官方的贫困线水平。按照这种计算方法，美国确实几乎没有人的收入低于贫困线。

当然，不是所有人都认为美国已经消除了贫困。应美国政府的邀请（这一邀请是奥巴马当政期间发出的，但在特朗普执政期间才兑现），联合国派遣了极端贫困和人权问题特别报告员菲利普·奥尔斯顿（Philip Alston）前往美国进行实地调查。2018年6月，他向联合国人权理事会报告了自己的调查结果。[23] 这份报告读起来骇人听闻。它记录了美国部分地区超乎寻常的极度贫困问题，从有些人被迫露宿在洛杉矶街头的帐篷营地，到有些人因为地方当局拒绝提供服务而被困在未经处理的污水淹没的庭院，再到许多城镇普遍通过对穷人征收罚款和没收款来为自己筹措资金。所谓反贫困战争已经变成了一场针对穷人的战争。

我和其他许多人认为，由于美国的社会安全保障体系漏洞百出，极端贫困在美国比其他富裕国家更为普遍。鼓励工作的福利政策改革虽然对一些穷人有利，但对最贫困的人口不利，因而扩大了贫困人口内部的不平等，伤害了最贫困的那群人。凯瑟琳·爱丁（Kathryn

Edin）和卢克·谢弗（Luke Shaefer）的杰出著作《两美元过一天：美国的福利与贫穷》（*$2 a Day: Living on Almost Nothing in America*）和马修·德斯蒙德（Matthew Desmond）的著作《扫地出门：美国城市的贫穷与暴利》（*Evicted: Profit and Poverty in the American City*）都详细记录了底层生活的苦难。爱丁和谢弗认为，美国有数百万儿童每天的生活费不足 2 美元。

在 2018 年 1 月发表于《纽约时报》上的一篇评论文章中，我（考虑到获取数据很困难，也许过于鲁莽地）将美国的贫困率与世界其他国家的贫困率进行了比较。我使用了世界银行的"贫困计算网络"（PovcalNet），[24] 该网站在当时允许用户指定一条贫困线，然后提供世界上任何一个国家或所有国家生活在这条贫困线以下人口的比例。当时，按照该网站的估计，美国有 530 万人生活在世界银行设定的全球贫困线以下，即每人每天生活费不足贫困线所规定的 1.90 美元。在我的专栏文章中，考虑到美国的物价上涨以及身处寒冷国家需要更多衣服和住房等物品支出的因素，我采用了富裕国家的贫困线标准，即每人每天 5.00 美元。根据我在世界银行网站上所做的估算，如果以富裕国家 5.00 美元的贫困线标准大致对标贫穷国家 1.90 美元的标准计算，则美国的"全球性贫困"人口比塞拉利昂或尼泊尔还多，美国和中国的贫困人口比例几乎相同。欧洲国家的贫困人口比例则要低很多，而那里的社会安全保障体系也覆盖得更全面。

不出意料，我文章中的计算结果遭到了右翼和左翼人士一致的谴责。右翼方面，美国传统基金会（Heritage Foundation）发布了一份报告，认为美国的"全球性贫困"人口只有 25 万，并认为贫困应该归咎于穷人的"自我挫败和自我限制性行为"。[25] 在这里，爱丁、谢弗和德斯蒙德的特写报道充分体现了其价值所在。看过他们记录的令人毛骨悚然的故事，我发现自己很难接受"美国没有贫困"的观点。这些故事包括妇女为了生存而出售孩子的社会保障号码（购买者利用这些号码假装自己有孩子，以达到偷税漏税的目的），还有带孩子的母亲由于可供选择的栖身之所极其有限，有时不得不在孩子的安全或无家可归之间做出选择。我很难相信处于这种困境中的人们还有余力接受贫困调查，而正是通过这些贫困调查，他们才得出了美国贫困人口较少的推论。毋庸置疑，世界银行使用的数据遗漏了穷人的一些收入。但这同样适用于其他国家，世界银行是唯一在名义上使数据具有可比性的全球贫困估计数据来源。

我同样也受到了左翼人士的谴责，他们厌恶美国有任何人和非洲或亚洲最穷的人一样贫穷的想法。我的批评者中有许多是我在前面讨论过的世界主义兼优先主义的信徒。但对于他们的质疑，同样有极其具体的证据。小说家兼旅行作家保罗·索鲁（Paul Theroux）一生大部分时间都在非洲旅行和生活，他在《美国深南之旅》（*Deep South: Four Seasons on Back Roads*）一书中描写了美国南部的生活，并利用这段经历为《纽约时报》撰写了一篇文章。[26] 他描绘了"南卡罗来纳州、亚拉巴马州、密西西比州和阿肯色州的城镇，它们看起来就像津巴布韦的城镇一样，同样被忽视和深陷困境"。他指出，克林顿基金会大肆宣扬"携手合作伙伴拯救非洲大象"，而面对自己所在的阿肯色州的赤贫现象却无动于衷。我怀疑，如果我们放弃基于收入的衡量标准，并使用戈登·格雷厄姆（Gordon Graham）颇具说服力的"贫困"概念，那么索鲁对非洲和阿肯色州的类比相当贴切。格雷厄姆的关注点不在于金钱，而是在于生活质量本身，以及被贫困摧毁的美好生活的一个或多个组成部分，如成就感、体验和人际关系。[27]

上述联合国的报告遭到美国驻联合国代表妮基·黑利（Nikki Haley）的愤怒驳斥，她声称，"让联合国来审查美国的贫困状况显然是荒谬的"，[28] 美国的官方回应是，奥尔斯顿的数据有误。[29] 但奥尔斯顿使用的唯一数据来源是美国人口普查局提供的极端贫困估计数，尽管在这场混战中，我曾一度被指认为是提供这些数据的罪魁祸首。

美国政府使用的数据是传统基金会在谴责我时计算的结果，基于我采用的 5 美元贫困线，而不是大约 20 美元的官方贫困线。随后，也许纯属巧合，美国政府以联合国人权理事会未能给予以色列适当待遇为由退出了该理事会，因此黑利没有出席这份报告的发布会。黑利像特朗普的经济学家那样指出，特朗普政府知道如何解决极端贫困问题，那就是让人们努力工作来获得福利。这当然是一种合法的政治观点，但用传统基金会的数据取代人口普查局的数据（有证据表明，人口普查局的官员曾试图阻止这种行为[30]），或是武断而随意地修改 CPI，这些做法实在太过分了。也许它们不像拒绝接受合法选举结果那么糟糕，但它们的大方向颇为一致。

左派精英的假设是，只要能减少中国的贫困，那么加剧美国的贫困问题就不是问题，尽管他们不愿意直白地说出这一残酷事实。这就是在单纯以物质生活标准衡量福利时，世界主义兼优先主义者的主张。索鲁认为，这种立场为在这一过程中大发横财的企业高管们提供了一种方便的道德掩护，让他们可以通过一系列行为来展现自己的美德，包括参观乐施会在达沃斯的帐篷（充满乐趣，有人想来吗？），通过捐赠来减少全球贫困，或是捐出自己的遗产助力该目标的实现。相反，提供捐助来帮助美国工作流失的地区减少贫困（阿肯色州，有人想来吗？）会令人极度不安，并且肯定会引发人们关注那些导致美国国内贫困现象的企业行为。

第 4 章

数字的政治：
修正价格问题？

曾经有人问我现在已故的同事乌韦·莱因哈特为什么喜欢教授会计学,他曾解释说:"民主国家需要问责制,而会计是确保责任可溯最可靠的一个方法。"这句至理名言既适用于旨在保持公司诚信的公司核算,也适用于旨在确保政府诚信的国民核算。本章的内容正是关于一项极为敏感的政府指标——消费价格指数(consumer price index,CPI)。

CPI 是反映消费价格平均水平的一项指标,其上涨速度被用来衡量通货膨胀。这是美国政府公布的最受关注的经济指标之一。通货膨胀是美联储决策者调控的一个主要目标。高通胀会给许多人带来痛苦,正如我在 2022 年曾经写到的那样,未能控制高通胀将被视为总统及其政府失败的标志。CPI 还被用作调整或"指引"私人以及政府签订的数百万份合同的基础,从薪资合同到离婚协议,再到养老金和社会保障金。超过 6 900 万美国人每月领取社会保障金支票;这些支票面额一般在 2 000 美元至 4 000 美元之间,同时其金额每年都会调整,以跟上 CPI 反映的通货膨胀水平。美国的官方贫困线最早于 20 世纪60 年代划定,随后每年也会根据 CPI 进行调整。如果 CPI 的计算有误,那么当 CPI 的涨幅被夸大时,会有过多人口被视为贫困人口,当 CPI

涨幅被低估时，被视为贫困人口的人则会过少。

一旦负责统计的官员公布了政客们不喜欢的数据（政客们显然都极度厌恶通货膨胀），人们总是会忍不住责怪发布坏消息的人。在某些国家，统计官员甚至面临被解雇或是进监狱的威胁。[1]更常见的反应是直接质疑，或是借媒体或学术界代理人之口质疑数字背后的核算方法。

如果事实与政治之间存在明确的界限，那么可以很容易地对这些质疑进行驳斥，但事实并非如此简单清晰。官方统计数据的构建依赖于人们对世界如何运作的假设和隐含理解，因此，即使我们深入挖掘最详尽的数据构建细节，有些时候也总是必须由人来做出选择，而这些选择将由衡量标准所接近的理想概念决定。不同的人对什么是"完美"的价格指数有不同的看法，因而理想概念有时候会由人们的哲学和政治立场所决定。在计算价格指数时存在的一个深刻分歧是，价格指数是否应该简单地定义为物价的平均水平（人们花比较多的钱购买的商品拥有比较高的权重），或者统计学家是否应该更进一步，设法计算出"生活成本"指数。这两个概念通常比较接近，有时候是相同的，但也有一些时候不一样。

正如我们将看到的那样，统计机构要为它们提供的数据负责，但政客总是毫不犹豫地要求它们改变方法，以产生更"理想"的数字。这种行为显然像捏造账目一样，应该受到谴责，不过有时候，情况更为复杂。统计机构可能会犯错，而这些错误可能引发政治方面的影响。因此，即使统计机构没有犯错，政客们也可能声称存在错误，并试图重塑数据，以实现自己的目的。有时候，学院派经济学家也会介入争议，并帮助解决争议；但正如我们将看到的那样，有时候，他们的介入会让情况雪上加霜。

本章的第一部分记述了20世纪90年代中期的一场争议，其后果至今仍影响着我们，不仅影响我们如何衡量通货膨胀，还影响我们对贫困的衡量。事实上，随着政治两极分化的加剧，我们现在几乎已经达到了右翼人士和左翼人士分别选择不同通胀指标的状态。由于价格和通货膨胀对于看待和解释经济形势非常重要，这种各自选择指数的情况使得右翼和左翼仿佛生活在不同的世界——一边是经济大获成功的世界，一边是经济岌岌可危的世界。

"保守"的修正

CPI 是由美国劳工统计局计算并公布的。只有少数专家了解它的具体计算方法，相关工作很少进入公众视线。但 1996 年爆发的一场激烈争论，使其成为众所瞩目的焦点。争论的主要参与方包括下列几个群体：政府经济学家、学院派经济学家和（主要是保守派的）民选官员。收集价格、求平均值，然后公布结果，这些看似一项枯燥的技术性工作。但正如所有政府统计数据一样，这项工作也从未真正摆脱政治的影响。统计数据事关国家，而政治不仅决定了收集哪些数据和为什么收集它们，还决定了收集数据的每一个细节。

故事从美联储开始，美联储的研究表明，劳工统计局估计的 CPI 上涨速度过快。他们认为，这部分是因为 CPI 计算中没有充分考虑经济学家所说的替代偏差因素。替代偏差是指在不是所有商品价格都以相同的速度上涨时，人们往往会减少较昂贵商品的购买，而购买更多比较便宜的商品，这种行为在一定程度上缓解了物价上涨对生活成本的影响。由于 CPI 是基于固定的一组商品和服务的成本计算得出，因此未能反映出这种调整性的替代。这种批评并不是说 CPI 作为一种基于平均价格的衡量标准是错误的，它只是表示如果我们关注的是生活成本，那么只计算平均价格水平是不够的，生活成本指数并不等同于"平均价格"指数。

美联储还批评说，更重要的是，劳工统计局未能考虑商品和服务质量随时间推移而不断改善的情况。举一个简单的例子：假设一种性能更好的新型汽油问世，可以让车主用每加仑汽油行驶以前两倍的路程，那么在油价没有变化的情况下，驾驶成本将降低一半，而这种质量改进带来的成本降低应该在计算整体价格指数时得到反映。在上面的例子中，商品质量提高完全等同于购买数量的增加，因此一个简单的解决方案是在价格指数计算中只计入其一半的价格。然而，我们会看到，大多数质量改进的情况都不是这么一目了然，因此计算生活成本要比计算开车成本困难得多。

由于大量联邦福利支出（包括社会保障金在内）都与 CPI 挂钩，当时的美联储主席艾伦·格林斯潘在 1995 年 1 月对上述批评意见的支持很快就被立法者捕捉到。如果劳工统计局能够被说服，并降低 CPI 的增长率，那么预期中的大量政府支出将永远不会出现，同时任何政客都不需要为削减势力强大的选民团体（如美国老年人）的福利承担责任。大约三分之一的联邦预算赤字与 CPI 有关，格林斯潘计算出，若 CPI 增长率每年降低 1%，则与该指数挂钩的政府支出将大幅减少，在自 1995 年起的五年内，联邦预算赤字将减少 550 亿美元。无论如何，一些政客讨厌福利支出，或者至少讨厌为了支持这些支出而征税。现在，终于出现了一个减少福利支出的方法，而且这种方法还可以被称作技术性解决方案。

时任众议院议长纽特·金里奇（Newt Gingrich）随即发出威胁。他声称，如果劳工统计局不"修复"CPI 的问题，他将废除该机构。金里奇表示："所有专业经济学家都同意，我们有一小部分官僚人员的计算出了错。如果他们在接下来的 30 天内不能改正这些错误，我们会让他们彻底出局，会将其责任转交给美联储或财政部，并告诉后者把事情做好。"[2] 显然，金里奇被视为当今"对抗性政治"的创始人之一绝非偶然现象。

当然，这些违规的官僚人员并没有被彻底清除，相反，参议院财政委员会任命了一个专家委员会来评估这个问题。这个消费价格指数研究咨询委员会成员包括了一些美国最杰出和最著名的经济学家。该委员会由斯坦福大学的迈克尔·博斯金（Michael Boskin）担任主席，他曾担任布什总统经济顾问委员会主席。委员会成员包括 IBM 的艾伦·达伦伯杰（Ellen Durenberger）、西北大学的罗伯特·戈登（Robert Gordon）以及哈佛大学的兹维·格里利奇斯（Zvi Griliches）和戴尔·乔根森（Dale Jorgenson）。委员会的报告证实了格林斯潘的分析，估计近几年 CPI 的上涨速度存在 1.5% 左右的上行偏差，并预计如果不进行修正，未来几年内每年将出现 1.0% 左右的偏差。[3] 根据美联储的分析，只有一小部分偏差是因为未能用较便宜的商品和服务替代比较昂贵的商品和服务。该委员会认为，新商品纳入指数的速度太慢。其中，劳工统计局未能尽快将手机添加到其指数商品组合中的做法给人们带来了很多乐趣（和尴尬），尽管这种商品对于争议结果的重要性值得怀疑。顺便说一句，手机在 20 世纪 90 年代中期还很少用于商业用途之外，而商业用途并不是消费价格指数的构成部分。麻省理工学院的杰里·豪斯曼（Jerry Hausman）估计，美国通用磨坊食品公司（General Mills）推出的新品牌麦片苹果肉桂燕麦圈每年可为消费者带来 6 000 万美元的价值，麦片产品价格在 CPI 中的总体上涨水平可能被高估了 20%。[4] 公允地说，豪斯曼的计算虽然堪称"统计戏法"的大胆壮举，但其假设未能让多少人信服，或者更确切地说，他的估计结果更多依赖于他的大胆假设，而不是来源于数据。[5]

该专家委员会的主要结论是，大部分偏差源于劳工统计局未能充分了解商品和服务质量的持续改进。

直至今日，如何衡量质量改进的问题仍然未有定论。不过，由于克林顿总统和多数党共和党就一项在不修正 CPI 的情况下平衡预算的计划达成共识，"修复" CPI 的政治紧迫性不复存在。向下修正 CPI，如同任何其他向下修正社会保障金或医疗保险的提案一样，会遭到强大的老年游说团体以及众议院大多数共和党人和民主党人的反对。

与此同时，劳工统计局的经济学家在两位杰出人物——专员凯瑟琳·亚伯拉罕（Katharine Abraham）和价格指数研究主管布伦特·莫尔顿（Brent Moulton）的英明领导下，对专家委员会的论点做出了有力的反击。[6] 根据我的观察，劳工统计局在争议中明显是获胜的一方。在有充分理由的前提下，劳工统计局已经针对商品和服务质量改进这一因素做出了实质性（且仔细）的修正，而专家委员会对此几乎不认可。[7] 将劳工统计局的分析与专家委员会的分析进行比较颇具启发性，委员会的分析乐于假设诸多商品巨大的质量改进效应，虽然他们通常给这些假设加上了（一个或许无意中精心选择的）形容词，即"保守地"。实际上，这些假设既没有以对商品和服务质量改进影响的可靠估算为基础，也没有文献或任何类型的先例研究作为依据。

这里谨以专家委员会报告中的一个分析为例。报告称："有关除家电和影音产品以外的家居用品，目前还没有可用的研究来提供指导。家具、窗帘等产品的选择范围加大，消费者可在 CPI 未涵盖的产品、织物和门店中选择替代品。这一商品领域出现了许多新产品，同时家具和织物比以前更耐污，也更不易被儿童意外损坏。同类别商品还包括肥皂和清洁产品，这些产品已经有了巨大的更新换代。我们认为，保守地估计，存在每年 0.33% 的偏差率，即在过去 30 年中有 10% 的总体偏差。"[8] 同样用法的"保守地"一词在报告中出现了十次（包括在分析医疗和有线电视时），并且全都同样缺乏证据支持。

经济学家非常了解价格指数，也非常了解替代商品。更值得一提的是，他们有一些精心设计、熟练运用的修正方法，尽管在将这些方法应用于特定的亚人群①（例如年龄较大、花钱方式也不同的社会保障金领取者）时存在困难和争议。

---

① 亚人群是指区别于普通人群的按某种特点和属性分出的一个特定人群。——编者注

不过，对于如何衡量商品和服务的质量变化，甚至在确定何为商品和服务的质量方面，尚未有定论。确实存在一些简单明了但属于特例的情况，比如汽油，性能更好的汽油相当于数量更多的汽油这一说法没有错。人们也针对特定商品进行过研究，如计算机和汽车等，我们可以收集有关数据（例如，更快的计算速度、更高的每加仑汽油行驶里程数或更少的死亡人数），并进行相应修正，对此劳工统计局在适当的时候已经进行了修正。但还有一些更复杂的问题，例如医疗，尽管医疗水平对健康的贡献显然相当大，但经过几十年的研究，其贡献率仍无法确定。如果我们把死亡率的下降都归功于医疗水平提高，那么它目前的价格虽然高但与其贡献相比仍然显得极为便宜。然而这种归因显然是错误的，因为它忽略了吸烟率降低、营养改善和卫生条件改善的影响。[9] 即使考虑到医疗保障的贡献，以此为由减少养老金也并不恰当，因为告诉老年人由于医疗水平提高，所以他们活得更长久，而这表明医疗服务费用并不像看上去那么昂贵，这实在是一个奇怪的逻辑。当然，博斯金的专家委员会并没有建议这样做，但将预期寿命增加和犯罪率下降（这两个因素都未包括在 CPI 中）作为理由，以此证明因采用 CPI 作为调整养老金支付的指标，美国老年人得到了过度补偿。

　　在此我并不是想证明，博斯金领导的委员会对商品和服务质量改进的估计是错误的，我也理解，缺乏证据并不意味着证据不存在。正如一位委员会成员所说，也许一个含糊不清的数据总是好于一个明显错误的确切数据。和委员会一样，我同样相信许多商品和服务的质量都有所改善：我的年纪足够大，还记得当年没有自助取款机时，我们不得不在银行排着长队等待柜员给我们取钱。我（几乎）肯定更愿意在 2022 年的医院，而不是在 1970 年的医院接受治疗。然而，就算髋关节置换手术的效果是 20 年前的两倍，我仍然不愿意在两个髋关节都受损时，被告知我只需要更换一个髋关节，也不愿意被我的保险公司告知，他们只愿意支付一半的费用。

更好的医疗不像更好的汽油。你即使愿意，也不能再以 1970 年的价格获得 1970 年的医疗服务，也不能选择从 2022 年的医疗护理中放弃不值得花钱的那些改善。正如委员会所假设的那样，生活成本与价格水平确实不是一回事，即使两地的物价完全一样，明尼苏达州冬天的生活成本也远远高于迈阿密。因此，也许这里的原罪是，尽管劳工统计局和整个经济学界都同意应衡量生活成本，但他们能够合理预期的最好结果便是衡量价格水平。这一结论本身就是几十年来有关生活成本指数的学术研究结果，该研究最初源自科纽斯（A. A. Konüs），他于 20 世纪 20 年代在苏联做了一些关键的工作。很久以后，我也对这项研究做出过一些贡献，并一度坚定地支持生活成本论，[10] 但由于上面所说的这场争论，我的想法开始改变。

如果劳工统计局这样的机构做出了专家委员会建议的那种随意修正，那么没有什么可以阻止它做出其他随意而屈从政治利益的修正。长期以来，各国政府一直试图干扰统计部门对 CPI 的计算，2010 年前后阿根廷发生的一切就是一个经典的例子。

归根结底，所有的数据构建都带有不可避免的政治因素。但正因为如此，我们的统计系统必须能够捍卫其理论和证据基础。如果我们足够诚实，那么我会说经济学家目前并不知道如何解释大多数类型的商品和服务的质量改进，因此我们距离提出在全面民主辩论中具有说服力的方法还有很长的路要走。当时担任美国财政部长的罗伯特·鲁宾指出，价格指数方面有很多专家，因此，"国会在采取行动时，必须反映这些专家就消费价格指数变化达成的广泛共识，以使其更好地反映通货膨胀"。[11]

1996 年的争议，在我看来，本质上是试图以账目造假的方式来降低福利支出成本，但幸运的是，我们的统计学家坚守住了立场。如果美联储的研究显示的是 CPI 低估了通货膨胀，那么就不会有委员会，也不会有什么建议，至少在国会共和党占多数席位的情况下不会。但是，对于那些出于其他原因希望减少福利支出的人来说，一项可能导致福利支出减少的统计调整无疑具有不可抵御的诱惑。

博斯金的"修正"至今仍被右翼评论家们频繁引用。一个常见的简单例子是将每年以CPI衡量的通货膨胀率减少1%。虽然物价的上涨速度确实不像官方记录那样高，但实际生活成本的上涨幅度远高于官方公布的统计数据，生活成本在十年间增长了10%，50年来共上涨了64%。贫困人口增长的速度也比统计数据显示的要快得多（见上一章末的讨论）。如果数据被修正，则20世纪70年代初以来有据可查的工人阶层实际工资的停滞就变成了一种统计错觉。毫无疑问，这些工资现在已经无法购买当时那么多的商品和服务，尽管根据上文所述的论点，我们忽视了质量改进使他们生活变得更好的事实。拥有质量更好的商品和服务就等于拥有更多相同的商品和服务，这种说法很难让人一下子接受。就算是现在的窗帘防火性能更好，我还是需要大到足够遮住窗户的窗帘；如果我需要更换两个髋关节，那么无论新更换的髋关节多么好用或先进，我也只能两个都换，而不是只换一个。因此，专家委员会的修正建议不仅毫无事实依据，而且根本毫无意义。

价格和地域

欧洲人来到美国后最先受到的震撼便是美国地域的广袤性。更让人深切感受到这种广袤性的，是一种在欧洲非常少见的情况，那就是在乘飞机飞行几个小时之后，你下飞机会发现，周围的一切几乎和你上飞机时所看到的没什么两样。虽然你可能看到高山、棕榈树或是感受到温差，从而确认自己来到了不同的地方，但至少有一点你不会发现任何差异，那就是CPI。

CPI能告诉我们与去年或几十年前相比，价格水平发生了什么变化，但不会告诉我们缅因州和得克萨斯州之间的价格差异。许多联邦统计数据和计划都与CPI有关，但与本地价格水平无关。联邦贫困线在美国任何地方都是一样的，与当地的生活成本无关，虽然纽约曼哈顿（拥有160万人口）的生活和消费成本远高于堪萨斯州曼哈顿（拥有5.41万人口），更不用说和蒙大拿州曼哈顿相比了，蒙大拿州曼哈顿的人口数量仅有2 086人（不包括附近加拉廷河的数百万条鳟鱼）。

1995年，美国国家科学院的一个专家咨询小组曾就如何衡量贫困提出过建议，其中之一是应根据不同地方的生活成本差异调整贫困线。这在当年是不可能做到的，因为当时的统计系统无法计算出这样的价格指数。与此形成对比的是，欧盟统计局定期计算各个成员国的平均价格水平，以计算不同国家的实际生活水平，并以此作为欧盟内部的富裕国家向贫穷国家进行转移支付的基础。

在缺乏更好数据的情况下，该专家咨询小组建议使用不同地区的房价构建当地的价格指数，并忽略其他商品价格的差异，虽然其他商品的支出加在一起在人们的支出中所占的份额更大。这是因为，一盒玉米片或一双耐克运动鞋在任何地方的价格都相差不多，但住房的价格却不一样。

长期以来，包括美国劳工统计局在内的各方一直不愿分地区计算价格指数。劳工统计局的一位负责人曾担心地方议员施加政治压力，出于自身目的要求他们改变当地的价格指数，以便使其选民有权获得更大的联邦福利。这就像用于划定国会选区边界的人口普查一样，人口普查的数据一直存在政治争议，并经常为此对簿公堂。纽特·金里奇因为全国CPI数据问题威胁要关闭劳工统计局已经够糟糕的了，但分州统计CPI还会更糟糕50倍，虽然并非所有州长都像金里奇那样咄咄逼人，但别忘了还有市长和其他各级官员呢。无论是出于这个原因还是其他原因，多年来有关CPI的统计政策一直没有发生变化，也没有收集新的数据。一些私人部门会给出不同地区的价格指数，以便报销员工（通常情况下）短期的差旅费用，但这些指数与普通人群的支出模式无关。短期造访某地的人的酒店和餐饮消费会远远高于当地居民的日常支出。

不过，通过分析和一些个人的努力，情况仍然慢慢发生了变化。已故的西北大学教授、经济学家丽贝卡·布兰克（Rebecca Blank）曾是美国国家科学院贫困问题专家咨询小组成员，后被奥巴马总统任命为商务部成员，并曾担任代理商务部长一职，后来她重返学术界，担任威斯康星大学麦迪逊分校的校长。由于人口普查局是商务部下属部门，布兰克得以帮助推进尚未完成的改善贫困衡量指标的工作。在戴维·约翰逊（David Johnson）的领导下，人口普查局主要根据国家科学院报告的建议制定了衡量贫困的"补充"指标。新的补充指标（并非官方贫困线指标）纳入了依据住房租金差异构建的各地价格指数。这项新指标还进行了其他更重要的修正，特别是调整收入统计标准，将个人收到的政府福利金纳入个人收入，并从收入中扣除了缴纳的税款。

时至今日，人们终于有可能统计出不同地区除住房成本之外的价格差异了。商务部的另一个部门，负责国民经济核算的经济分析局创建了所谓的"区域价格平价"（RPP），该价格平价指数反映了所有消费价格的差异，而不仅仅是住房租金差异。其构建方式与"购买力平价"（PPP）相同，后者是用于比较国家间价格水平的价格指数。购买力平价在经济计量方面有着悠久而辉煌的历史，最著名的是宾夕法尼亚大学的佩恩世界表（Penn World Table）。该表由宾夕法尼亚大学的艾伦·赫斯顿（Alan Heston）、欧文·克拉维斯（Irving Kravis）和罗伯特·萨默斯（Robert Summers）于 1976 年首次创建。购买力平价计划后来被联合国所采用，目前由世界银行主持计算，佩恩世界表的大本营也已经迁至荷兰的格罗宁根。

区域价格平价使用了劳工统计局收集的 CPI 数据，但由于它们是旨在比较多个地方价格水平的指数，因此构建方式与 CPI 不同。有了这些"多边"指数，我们需要确保，如果明尼阿波利斯的实测价格水平比洛杉矶高 1.0%，而洛杉矶的价格水平比阿尔伯克基高 1.0%，那么明尼阿波利斯市的价格水平一定比阿尔伯克基高 2.0%，或者更准确地说是 2.01%（因为 1.01 乘以 1.01 等于 1.0201）。有说法称，劳工统计局对构建这种标新立异的统计指标感到不安，不过它还是对经济分析局的工作提供了支持，经济分析局聘请贝蒂娜·阿登（Bettina Aten）组建了一个团队来构建这个全新的指数，阿登曾与艾伦·赫斯顿在构建新版佩恩世界表时合作过。

2012 年的区域价格平价表明，不同地区的价格水平存在巨大的差异。夏威夷州和纽约州的价格水平是最高的，阿肯色州和密西西比州的价格水平最低；2012 年，纽约州的价格水平比密西西比州高了36%。在城市价格水平方面，纽约、纽瓦克和泽西城比佐治亚州罗马市高了将近 50%。我们在比较不同城市的价格水平时会发现，如果某个城市的收入水平是另一个城市的两倍，那么其价格水平就会比后者高出约三分之一。各个地方的住房租金水平差异最大，不过其他商品的价格也存在显著差异，汽油就是其中之一。2022 年初，汽车行业组织美国汽车协会（AAA）报告称，全美各地的汽油价格存在差异，油价最便宜的是俄克拉何马州（2.87 美元），最贵的是加利福尼亚州（4.66 美元）。由于各地的工资水平存在差异，因此以工资为基础的服务（餐饮、理发、医疗等）的价格水平在各地也不相同。房屋租金的变化实际上与建造房屋的成本无关，而是与房屋所占土地的价值有关，土地的成本还影响了许多其他地方性项目，如零售店面和酒店。

这些数据向我们揭示了不同地方的平均价格水平，但它们作为代表不同地方生活成本的指标还远远不够完整。这是因为这些数据没有反映出下面的事实，即在不同的地方达到相同的生活水平有时需要不同种类的商品和服务，因此，即使在所有商品和服务价格都完全相同的两个地方，生活成本也可能存在差异。密尔沃基人比纽约人需要购买更多的冬季燃料，而且在许多农村地区，没有汽车很难生活和工作。生活成本确实取决于价格，但它同样取决于其他因素，比如气候或公共交通的便捷性。

在物价较高的地方，人们会觉得不那么富裕吗？如果能够自由地从高物价地区搬到低物价地区，他们也许不会有这样的感觉，但人们很难在一夜之间搬家。我使用了盖洛普的数据来评估不同地方人们对生活水平的评价，并发现区域价格平价越低，人们对生活的评价也的确越高。正如我们所料，家庭收入对人们的幸福感有很大影响，但我们如果综合考虑价格水平和收入水平，会发现更重要的是实际收入（实际收入的定义是在当地价格水平下，一个人的收入能买到多少商品和服务）。与名义收入相比，实际收入是衡量富裕程度的更好指标，区域价格平价很好地弥合了这二者的差异。这自然很有道理，但它回避了一个问题，那就是人们为什么愿意住在他们所住的地方，如果某地的居民总体而言比另一个地方的更幸福（例如，大学城往往是幸福感比较高的地方），那么人们为什么不搬去某地呢？美国的地域间流动已经放缓，近年来搬家的人比以前少得多，这部分是因为在许多最具吸引力的城市，房价已经变得难以承受。我们需要注意，不能想当然地以为人们可以免费从一个地方搬到另一个地方。

收入不平等到底是怎么回事？鉴于收入高的地方物价水平也高，实际收入的分配是否比名义收入分配更平均？答案是肯定的，但二者的差别很小。最大的收入不平等存在于地区内部的不同人群之间，即纽约的穷人和富人之间，或是迈阿密的穷人和富人之间，而不是存在于不同地区之间。这并不是说不同地区的实际收入差异不重要，经济繁荣的城市与经济衰落的城市之间的不平等本身就是一个重要问题。

上面所述的补充贫困指标从未被纳入官方贫困线。事实上，考虑到该指标的复杂性，它可能很难用来确定个人领取福利金的资格。官方的贫困衡量标准虽然存在诸多缺陷，其中包括没有考虑不同地区的价格水平差异，以及更糟糕的，忽略了个人缴纳的税款和收到的政府福利金，但其目前仍在使用，并且这种情况不太可能很快改变。即便如此，新的指标仍被广泛用于分析，包括官方文件的分析。它被用来评估大衰退（Great Recession）[①]以及政府采取的应对新冠疫情措施的影响。使用该指标进行分析得出的结果优于官方指标的分析结果，但这不是因为考虑了不同地区的价格水平差异，而是因为官方指标忽略了社会安全保障体系在危机过后补贴了人们的收入。

即使人们已经充分了解某项糟糕指标存在缺陷，它仍可以存在很长一段时间，虽然最近两次危机（大衰退和新冠疫情）可能更加凸显了这些缺陷。这甚至可能有助于产生最终可以引发变革的政治动力。

政府统计数据不可避免地带有政治性，因为它们被用来衡量政策的执行效果，而政策又经常受到质疑。除此之外，"客观事实"的概念毫无帮助，无论是对于价格、贫困还是其他大多数问题都是如此。构建统计数据的决策往往也有政治考虑，即使在那些看起来完全属于技术性的层面上也是如此。承认这一点并不是为了质疑统计数据，而是理解统计数据的先决条件。除此之外，围绕国家统计数据展开的民主性辩论有其必要性和正当性。如果没有人关注或质疑某一个统计数据，恰恰说明它可能既不重要，也不必要。

---

① 大衰退：指 2007 年 8 月由美国次贷危机引发的金融海啸所最终导致的全球经济衰退，被视为自 1930 年以来最严重的世界经济衰退，也是二战结束后全球经济首次收缩。——译者注

第 5 章

收入不平等

根据 2022 年《福布斯》排行榜，埃隆·马斯克拥有 2 190 亿美元，杰夫·贝佐斯拥有 1 770 亿美元。美国家庭净资产的中位数为 12.17 万美元，约为《福布斯》排行榜上位居第四位的比尔·盖茨财富净值的千分之一。美国收入最高的 10% 的人口拿走了总收入的将近一半，而收入排名在后 50% 的人口仅拿走了总收入的 14%。这些数据说明了美国巨大的收入（或物质）不平等，以及富人和穷人之间、富人和其他人之间的收入鸿沟。许多人讨厌这种不平等现象，并将其视为国家出现问题的表现，甚至认为这是出现问题的根源。他们宣称，今天在收入和财富上存在的巨大不平等是一种不公正，没有人需要或应该像最富裕的那群人那么富有，民主与这种不平等完全不相容。

其他人则没那么担心，或是一点都不担心，其中包括一些经济学家和一些哲学家。一个常见的论点是：如果每个人都拥有充足的物质，因而不存在贫困问题，那么高收入和高财富就不再是道德问题。[1] 除此之外，巨大的财富有时来自创新，马斯克、贝佐斯和盖茨正是创新致富的例子，大多数美国最富有的人也是一样，而他们的创新使得所有人受益。如果不是因为创新有可能带来巨大财富，也许这些创新就不会发生。当然，也许创新无论如何还是会发生。

本章讨论的是收入或物质福祉上的不平等现象，以及经济学家、政治人物和公众如何看待与思考这些不平等。

还有另一种不平等，它与收入无关，而是关乎人们在社会中的相互关系，尤其是关乎地位的差异。这种不平等包括男性和女性之间、不同种族和族裔群体之间、城乡之间、不同性取向者之间，或是在拥有大学学历和没有大学学历的人口之间，在机会方面存在的差异。物质不平等和关系不平等是相互关联的，但二者并不重合。例如，极端的物质不平等很可能会导致关系不平等，如果一个社会存在地主阶层和农奴阶层，或是钱能决定政治，那么没有财富的人对于如何治理国家便几乎没有发言权。生活在不同国家、拥有不同财富但彼此不了解或不交流的人之间也是不平等的，但他们之间不存在关系不平等。我会在下一章重点阐述关系不平等问题。

本章第一部分对比了大西洋两岸对不平等问题的不同态度：在英国剑桥（我在那里逐步成长为一位经济学家），不平等问题位于学术思考和讨论的重要位置；而在芝加哥，对不平等问题的担忧被视为杞人忧天的无益之举。在随后部分，我将聚焦在美国发生的事情，介绍有关不平等的话题如何从公共辩论的边缘走向舞台中心。在本章的最后部分，我力图简要阐明我自己目前对物质不平等的看法，包括为什么它可能是好事或者坏事，以及我们可以怎样最好地应对它。

芝加哥和剑桥在不平等问题上的分歧

今天，许多人已经对资本主义丧失了信心，也不再对经济学家有任何信心或信任，经济学家被视为资本主义的辩护者。经济学是不是转错了方向？我们这些并不认同新自由主义或米尔顿·弗里德曼等芝加哥经济学派的人，是不是放任自己被推向了盲目信任市场的方向？如果剑桥的影响力再大一些，芝加哥的影响力再小一些，世界是不是能变得更好？我在这里所说的剑桥，当然是指英国的剑桥大学。

半个世纪前，我在剑桥成为一名经济学家。那时，哲学家还会与经济学家交流，有关经济中的不平等、正义和幸福等问题还会被讨论、讲授和受到认真对待。哈佛大学的哲学家约翰·罗尔斯1971年的著作《正义论》引发了广泛的讨论，当时在剑桥的阿玛蒂亚·森、安东尼·阿特金森（Anthony Atkinson）和詹姆斯·莫里斯（James Mirrlees）都曾思考过正义及其与收入不平等的关系，并撰写了相关文章。阿玛蒂亚·森在加尔各答读大学一年级时受到了肯尼斯·阿罗的《社会选择与个人价值》一书的启发，当地的一家书店只有一册这本书，书店老板同意把它借给阿玛蒂亚·森和他的朋友几天。[2] 在剑桥，阿玛蒂亚·森撰写了多篇文章，涵盖社会应如何自我组织、相对贫困与绝对贫困，以及功利主义及其替代方案等议题。

莫里斯针对我们应该容许多少不平等的问题提出了（一个版本的）解决方案。在他的版本中，人人都是平等主义者，在理想情况下都希望建立一个人人都获得相同实际收入的社会。即便如此，他们也明白，如果借助税收和再分配手段过度推动平等，人们的工作量和生产量就会减少，从而导致总收入下降。他通过研究得出的方案是一种所得税制度，力图尽可能好地平衡起作用的关键因素（一边是平等，另一边是激励）。[3] 莫里斯（我的朋友兼苏格兰老乡）因为这项研究工作获得了1996年诺贝尔经济学奖。莫里斯还研究了如何"修正"市场价格，以诠释价格对富人和穷人的不同影响，该想法主要服务于贫困国家的政策，其中许多是新近独立的国家，正在积极寻求经济学家的建议。[4] 在这些刚刚摆脱了殖民主义的美丽新世界中，似乎一切皆有可能，甚至包括公平的政策制定。最初一段时间，在这些理念遭受贫困国家政治现实的暴击之前，它们被纳入世界银行用于评估可能贷款项目的手册中。[5]

阿特金森一生都在研究贫困与不平等问题，并撰写了大量文章。他的理论阐释了一些接近本书核心思想的内容，即衡量指标既不能够也不应该摆脱价值观（或政治）而独立存在。只有关注不平等的人才会看到它，因此，在一个极端，那些不关心不平等问题的人眼中，不平等根本不存在；而在另一个极端，那些极度关心最不幸者的人眼中，不平等现象无处不在。人们衡量不平等的方式在很大程度上向我们揭示了他对这个问题的个人感受。[6]

阿玛蒂亚·森、莫里斯和阿罗都曾获得过诺贝尔经济学奖。阿特金森也理应获得这一荣誉，但他并未获奖，也许是因为他英年早逝。2015 年我获得诺奖时他还在世，我真希望当时能与他分享这一奖项，那将是我再高兴不过的事。

与此同时，美国孕育诺贝尔经济学奖最多的另一个温床——芝加哥经济学派走的是一条截然相反的道路。任何人都不应该怀疑米尔顿·弗里德曼、乔治·施蒂格勒、詹姆斯·布坎南和罗伯特·卢卡斯对经济学和政治经济学的学术贡献，以及罗纳德·科斯和理查德·波斯纳（Richard Posner）对法律和经济学的学术贡献。这几位中只有波斯纳尚未获得诺贝尔奖。话虽如此，同样也很难想象任何一个学派能像芝加哥学派那样，对不平等问题如此漠不关心。

就算担心不平等问题，也最好默默接受它，这就是芝加哥学派的观点。监管、税收或政治行动都不太可能有帮助。毕竟，政客和其他人一样，也需要照顾自己的利益。为解决不平等这个痼疾而开出的"政治药方"往往（也许总是）比疾病本身更糟糕。虽然制定了有利于穷人的累进税和福利制度，但政府不仅可以，而且的确经常通过制定帮助富人掠夺穷人的法律，或者通过保护其亲信手中或受其青睐的行业和职业，来加剧不平等。政府监管机构可能会被其负责监管的公司"俘获"而监守自盗，就好比要求狐狸看守鸡舍。如果在一个国家中，政府更关注金主而非选民的需求，我们将看到上面的情况。对于像我这样深受凯恩斯影响，成长于剑桥的人来说，这些都是陌生但显然极其重要的理论。我并不是要支持这种理论；我承认这些理论很重要，但不相信政府从来都一无是处。

在最极端的情况下，芝加哥经济学派将金钱作为衡量福祉的唯一标准，不平等并不重要，效率才是唯一重要的事情。唯一的非正义便是令经济效率低于其应有的水平，而且，由于再分配不可避免地会带来损失，即专业术语所称的"无谓损失"（deadweight loss），因此以"正义"为名进行再分配究其本质实际是一种不正义之举。得益于科斯和波斯纳对法律的影响，法庭裁决越来越多地反映了这种思维。

我记得自己初到美国之时，因为在计算中试图考虑公平因素而被严厉斥责为"不够专业"。本着莫里斯和阿特金森的精神，我致力于设计一种税收制度，从而既能够通过某个税种（例如商品税）为国家筹集资金，又能够保障最贫困人口的收入。"一个索然无味的社会问题"已经是我得到的最善意的评论，此外还有谆谆告诫：如果我希望在他们的大学做演讲，最好谈论其他话题。这些反应与我自己最早看到乔治·施蒂格勒在 1959 年提出的观点时的反应如出一辙，他的观点称"经济学的专业研究使人在政治上趋于保守"。[7]当我在剑桥读到这句话时，我以为这肯定是一个印刷错误。显然不会有人相信这种言论，我从未见过保守派经济学家，也不知道还会有这样的人。在 20世纪 60 年代的剑桥，费边社会主义①者已经是右翼中的极端人士了。

---

① 费边社是英国一个由中产阶级知识分子所发起的社会主义团体。该团体以古罗马名将费边作为名称来源，师法费边有名的渐进求胜的策略。其奉行的思想被称为费边主义或费边社会主义，其实质在于把资本主义社会传统的自由政治与社会主义传统的民主政治相结合，从而推行和平宪政和市政社会主义的道路。——译者注

今天，无论是经济学家，还是其批评者和公众，都已普遍认为施蒂格勒是正确的，经济学本质上是保守的。支持商业的右翼基金会多年来一直资助"司法教育计划"，参加这些计划的法官被带到豪华度假村，接受没有明显政治偏见的经济学培训，他们（很可能真诚地）相信，了解市场会使他们更好地理解商业利益，并消除任何关于公平的"不专业"。我的一位朋友既是保守派经济学家，也笃信宗教，他喜欢说"公平"是一句粗话，应该从经济学中删除。由此看来，随着美国人开始反对美国式资本主义的过度行为，反经济学思潮的兴起也实属情有可原。

芝加哥经济学派和弗里德曼的观点至今仍然拥有广泛的影响力。弗里德曼将大部分不平等轻飘飘地称为自然现象：有些人喜欢努力工作致富，而另一些人则喜欢享受闲暇；有些人喜欢为子孙后代积蓄财富，而另一些人则更关心自己眼前的享受。任何试图减少这种不平等的行为都无异于"惩善扬恶"。他相信机会的不平等，但强烈反对征收遗产税，认为它是"一种糟糕的税"，这样是"对美德征税"和"鼓励浪费性支出"。2017 年，727 名经济学家对这种观点表示支持，其中除了弗里德曼，还包括其他三位诺贝尔经济学奖得主。[8] 这些经济学家在弗里德曼本人早些时候起草的一封公开信上签名，认为遗产税会助长罪恶，打击美德。弗里德曼喜欢国家之间的税收竞争，并支持避税天堂，因为它们限制了政府征税的能力。他多次辩称，试图限制结果的不平等不仅会扼杀自由，而且最终会导致更大的不平等。只要不对自由市场横加干涉，它就会带来自由和平等。

但现实似乎与他的预期大相径庭。

相反，自由市场给我们带来的是萨克勒家族通过引发和推动阿片类药物的泛滥，为自己聚敛了 140 多亿美元的财富，而阿片类药物泛滥已导致数十万美国人死亡。在美国军队对阿富汗赫尔曼德省狂轰滥炸以打击塔利班的海洛因供应时，生产创可贴和婴儿爽身粉的强生公司在塔斯马尼亚种植罂粟并助长了阿片类药物的泛滥。私募股权公司发现，它们可以通过买断救护车服务和在医院急诊室中配备自己的医生来赚钱，这些医生会向患者收取"意外"费用，哪怕患者的医疗保险覆盖了该医院。[9] 从 2022 年 1 月开始，急诊室（和手术室）不再允许收取意外费用，但救护车服务的意外费用仍可继续收取。一个人在需要叫救护车的时候，显然不是寻找最好服务或讨价还价的最佳时机；相反，那时的你非常无助，是捕食者眼中的完美受害者。

私募股权公司持续不断地买下经营不善的公司，并在获得法院许可的情况下（这些许可令也许正是由曾接受了"经济学培训"的法官颁发的），剥离工人的合同医疗和养老金福利，然后将剩余部分作为持续经营的企业出售。借助这种操作，实物资产恢复了效率，工人利益被牺牲，以换取市场效率的更大"正义"。[10] 前面的所有分析并不是为了否认私人权益资本的合法作用，即收购管理不善的公司并使其恢复盈利能力。不过，这种行为只有在充分竞争的市场才会发挥效用，而私人权益资本活跃的医院、救护车甚至监狱等行业并不是充分竞争的市场。如果私人权益资本在某个地方买下绝大部分门店，从而形成本地的单寡头垄断，效果也同样不会好。

这种越轨行为并非反常现象，在一个不受监管的市场上，尤其是当资本背后有法律和政治势力的支持时，这恰恰是我们可以看到的现象。当消费者（原来被称为患者）不会做出反应或转向另一个供应商时，垄断者就可以收取高价。因此，晕倒在路边的伤亡者是完美的受害者。回过头来看，自由的市场，或者至少是政府允许和鼓励富人寻租的自由市场，并不会带来平等，而是会带来以普通民众为猎物的攫取型精英阶层，这一点并不奇怪。关于自由的乌托邦言论导致了非正义的社会反乌托邦，而这并非初次出现。存在寻租者的自由市场并不等同于竞争性市场；事实上，这二者往往恰恰相反。

一个尤其令人不安的例子是军队。在本亚明·阿普勒鲍姆（Bin-yamin Applebaum）对经济学专业所做的批判性审视中，这是最好的案例之一。[11] 阿普勒鲍姆讲述了弗里德曼及其前门生沃尔特·奥伊（Walter Oi）如何不顾将军们的意愿，发起了一场以志愿兵制取代征兵制的运动，并最终获得成功。这场运动获得尼克松总统的支持，很难说在多大程度上是因为他被弗里德曼毋庸置疑的非凡口才说服，也许他只是顺水推舟，利用这些论点做了一件他出于其他理由本来就想做的事。不管怎样，这都成为弗里德曼本人最为自豪的成就——将市场机制引入军队，我怀疑多数经济学家目前仍然对此持赞成态度。但从那些受教育程度较低、机会较少的人中抽取军人真的是一个好主意吗？2015年，只有8%的士兵拥有四年制大学学历，而在军官中拥有大学学历的比例为84%。[12] 在美国，那些没有大学学历的人正在遭受苦难，并且对民主越来越怀疑，因此我们最终可能不得不依靠军队来帮助保护民主制度。此外还有证据表明，人口中的不平等会破坏团结，而这将蔓延到军队，并损害军队的战斗能力。[13]

在美国，受教育程度较低和受教育程度较高人口之间的不平等正在加剧，同时这种物质上的不平等正在向关系不平等蔓延。安妮·凯斯和我曾研究过这两个群体在工资、劳动市场参与、婚姻、社会孤立、疼痛、自杀、药物致死和酗酒等方面的差异。[14] 受教育程度较低的人听命于受过良好教育的精英并为他们而战，而后者将选择他们在何时何地、和谁战斗。他们走上战场，以便精英阶层的子弟、那些私募股权基金大佬的孩子不必服役。我们已经失去了和不同于我们的其他人群的社会联系以及对他们的尊重，这种联系和尊重在不同阶层的人一起服役时曾经存在过。当代最伟大的经济学家之一，罗伯特·索洛于1941年中断了他在哈佛大学的本科学业，作为列兵入伍。他讲述了自己的军中经历，那些与（若非从军他根本无缘得见的）形形色色的美国人共同奋斗的经历，成为他一生中最美好和最重要的经历之一。他的讲述既令人感动，又具有启发性。[15] 他的经历为当今美国的两极分化和不同人群间缺乏相互理解提供了解药。索洛也是一位剑桥（指马萨诸塞州剑桥市）经济学家，[①] 在其长期职业生涯中，他一直笔耕不辍，坚定地驳斥芝加哥经济学派的观点。

截至本章内容撰写之时，2020 年大选和 2021 年 1 月 6 日特朗普支持者袭击国会大厦事件的影响仍余韵未消。到目前为止，已有数十名军人（其中大多数是退役军人）受到了指控，我们仍应该感到庆幸，因为现役军人没有出现大规模的暴动，尽管大多数现役军人来自最狂热地支持特朗普的地区。

芝加哥经济学派让我们对市场有了有益的尊重，也让我们比以前更警醒，明白政府可以做得更好，但它也让经济学家忽视了市场的缺陷以及市场能做什么、不能做什么。并不是所有东西都可以用来交易。经济学专业过于迷信金钱就是一切，一切都可以用金钱来衡量。哲学家从未接受过金钱是衡量好坏唯一标准的观点，也从未接受过只有个体重要，社会并不重要的观点。经济学家们花在阅读和倾听这些声音上的时间太少了。

美国重新意识到不平等问题

多年来，美国的学者、政治家、媒体和广大公众很少讨论收入不平等问题。不平等问题只是在最近才成为公众关注的焦点，而理解这背后的原因大有好处。

我在前面已经谈到过，作为一名移民，看到公众对不平等问题如此缺乏关注和争论，我感到非常惊讶。当然，这个问题还是有一些人

---

① 马萨诸塞州剑桥市是哈佛大学和麻省理工学院所在地。索洛获得了哈佛大学的博士学位，并在麻省理工学院从事研究工作。——译者注

关注的。我在普林斯顿大学的同事艾伦·布林德（Alan Blinder，他后来曾担任美联储副主席）与我同龄，他的博士论文是关于收入不平等及其对支出模式的影响。他没有发现收入不平等对支出模式有什么影响，主要是因为从 20 世纪 50 年代到 70 年代中期，不平等现象几乎没有变化；用亨利·阿龙（Henry J. Aaron）的名言来说，研究收入不平等就像观察草的生长那样乏味。[16]

当时在政治上，收入不平等问题也没有什么吸引力。美国人对充斥英国小报的"肥猫"①的故事既不感兴趣，也没觉得不安。相反，他们对此相当认同，并衷心希望自己有一天也能变得"肥胖"。民主党政客试图谈论不平等或再分配问题，但这些被富人的代言人斥为"阶级斗争"。我们被告知，美国人相信美国梦，即只要足够努力，每个人都能够致富；重要的是机会平等，而不是结果平等，而美国据说正是一片机会平等的土地。

数据显示，美国的收入不平等现象自 20 世纪 70 年代中期开始加剧，政治也开始随之改变。1975 年以后，收入不平等的加剧甚至在华盛顿各机构提供的常规家庭调查数据中也表现得很明显，但直到 2003 年，皮凯蒂（Piketty）和赛斯（Saez）才在其开创性的研究中记录下了最高收入人群收入的巨大增长。他们的研究没有使用随机选择的家庭的调查数据，而是研究了所得税记录。[17]虽然美国最高收入人群的收入不菲，但这些幸运儿数量很少，几乎不可能出现在样本数只有几万人的普查中。相比之下，税务局则不会放过任何一个人，至少是我们这些遵纪守法的人中的任何一个。

皮凯蒂和赛斯发现，自 1913 年开始征收所得税以来，最高收入人群（收入排名前 1% 的人群）的收入在总收入中所占的比例在一个世纪中呈现出长 U 字形趋势。最初，经历了 19 世纪末的"镀金时

---

① 指有钱有势的人。——译者注

代"①，这一数字达到较高水平，但在两次世界大战中向下滑落，在第二次世界大战后达到最低水平。到了20世纪70年代（即研究收入不平等就像观察草生长那样乏味的时代），这一比例没有什么大的变化，但随后，最高收入人群的收入在总收入中的份额开始不可阻挡地激增，最终回到了其最初的高度，进入了今天的"新镀金时代"。

他们对最高收入人群收入增长的记录引发了对不平等其他方面的研究，如工资中位数停滞不前以及全球化和自动化对收入分配处于中间位置的人群的影响。不知不觉中，草地已经变成了一片丛林。

2013年，奥巴马总统曾谈到"危险且日益严重的收入不平等和缺乏向上流动性"所引发的"我们这个时代的决定性挑战"。[18] 2012年经济顾问委员会主席艾伦·克鲁格发表了一次广为人知的演讲［内容基于经济学家迈尔斯·科拉克（Miles Corak）的研究工作］。他在演讲中指出，收入不平等程度高的国家（如美国）同样也是机会平等程度最低的国家。这揭穿了我们一直当作事实的一个谎言，即在一片机会丰富的土地上，收入不平等并不重要。恰恰相反，收入不平等似乎阻碍了机会。这种情况很容易理解，因为富人们会为自己和自己的子女攫取最好的机会。当然，针对这些数据也有其他的解释，包括低流动性本身就是导致高度不平等的原因等。不管怎么说，此前这些问题无人讨论，现在演变成激烈的争论。

新闻界开始经常就不平等现象发表评论。《纽约时报》推出了主题为"大鸿沟"（The Great Divide）的系列文章，由斯蒂格利茨定期撰稿，探讨不平等的有害影响。《华尔街日报》率先发起了反击。经济学家阵营的意见并不统一。1998年，当收入不平等的小树已经茂盛成林，马丁·费尔德斯坦因（Martin Feldstein）仍评论道："收入不

---

① "镀金时代"在美国历史上指从19世纪中期到1990年左右这段时间。这是美国经济快速增长的时代，由于美国的工资远高于欧洲，大量欧洲移民涌入，美国工业化迅速扩张。——编者注

平等并不是一个迫切需要解决的问题。"[19] 人们可以对数据提出疑问，例如，有人认为真正重要的是支出而不是收入，而支出不平等的加剧程度并不像收入不平等那样明显。但我们没有最富有人群支出的数据，除了一些耸人听闻的报道，诸如为了贝佐斯的巨型游艇顺利下水，鹿特丹的一座著名桥梁被迫拆毁，或是富豪们为了能在贝佐斯、马斯克和布兰森拥有的宇宙飞船上占据一席之地而展开激烈竞争。但不管怎么说，高收入还能带来其他诸多好处，而不仅仅是有钱可花。

有人可能会问，由于排除了税收和转移支付或政府在医疗保健方面的支出，不平等是否遭到了夸大（答案为：是），或者，这些因素是否扭曲了不平等发展的走势（答案为：否）。不过，如果用不断上涨的医疗费用来证明最不富裕的人群其实过得没那么糟糕，那无疑太具讽刺意味了。美国医疗保险费用因医疗行业的反竞争行为和游说而严重膨胀，并且其他国家的经验证明，目前的医疗保障只需现有医保费用的一小部分便可覆盖。因此，对于领取医保福利的工薪阶层来说，这项福利的价值远低于他们的成本。英国的收入不平等程度比美国低得多，如果将国民医疗服务的费用分摊并计入个人收入，收入不平等程度还会更低。单一支付方（single-payer）国民医疗保险是一个很好的均衡器，有助于降低不平等，因为所有人分担健康不佳的风险，并且不允许不平等的疾病负担转化为收入或财富的不平等。

经济学家格里高利·曼昆多年来一直在哈佛大学教授基础经济学课程，他也一直直言不讳地捍卫不平等，宣称在华尔街上"赚到"的钱或是付给 CEO 们的高薪（有时是 CEO 自己付给自己的）具有社会价值。他勇气可嘉地为那些显然站不住脚的做法辩护，如给予私募股权公司税收优惠，允许它们将合伙人的收入视为资本收益从而享受较低的税率。[20] 有一次，我在位于华盛顿的自由意志主义智库卡托研究所（Cato Institute）演讲时问台下的听众：苹果公司的史蒂夫·乔布斯离世时，大众普遍深感悲痛，如果换成某位著名银行家辞世，是否仍会这样？一位听众告诉我，大众并不了解银行家所做的事对社会有什么重要性。我想，在金融危机期间和之后，大众已经可以清楚地了解银行家的所作所为以及他们如何大赚黑心钱却逃脱了惩罚。

今天的"镀金时代"与原来的"镀金时代"有许多相似之处。在一个世纪前的"镀金时代"，极端不平等影响了政治，有些政治举措是为了消除不平等，有些则是为了强化不平等。多丽丝·卡恩斯·古德温（Doris Kearns Goodwin）在其为塔夫脱总统和西奥多·罗斯福总统撰写的联合传记中记述了西奥多·罗斯福总统"捣毁托拉斯"的行动，该行动旨在约束银行业、石油业和铁路业大型托拉斯的非法市场力量；西奥多·罗斯福总统认为，托拉斯以破坏竞争并使相当一部分人口陷入困境的方式积累了巨大的财富。[21]

（对我而言）更心有戚戚的是伍德罗·威尔逊对不平等的反应，这在斯科特·伯格（Scott Berg）所写的传记中有记载。[22] 在担任普林斯顿大学校长期间，威尔逊对学院实际上由富人拥有这一事实感到愤怒，而威尔逊的前任巴顿喜欢声称自己经营着美国最好的"乡村俱乐部"，并表示"普林斯顿大学是一所有钱人的大学，而有钱人上大学通常不是来学习的"。威尔逊试图使大学民主化，并使学生们专注学业，但他被校友和校董事会击败，因为"富人"在董事会中占有很大比例。从普林斯顿辞职两年后，他当选为美国总统，成功地将一系列反不平等措施纳入法律，包括降低关税、创建美联储（以在金融危机期间保护国家，使其免受银行家的侵害），以及永久性地征收所得税。正是得益于最后一项法令，先是西蒙·库兹涅茨（Simon Kuznets）、然后是皮凯蒂和赛斯才得以记录最高收入群体所带来的不平等问题。然而，我们永远也不会知道这些政策是否本来能够减少不平等，因为突然爆发的（第一次）世界大战（"世界大战"这个名字正是威尔逊所造）横扫了一切。

威尔逊向财富和收入不平等宣战，但并未触及种族不平等。他在美国南部长大，入主华盛顿后，他非但没有消除种族歧视，反而扩大和强化了这种歧视。一个世纪后，威尔逊第二次遭到普林斯顿大学的除名，他的名字从公共和国际事务学院中被除去。他第一次被除名是因为挑战了物质不平等，而现在遭到除名则是因为接受和制造了种族不平等。

理解和驯服不平等

说起美国当前存在的问题，包括近年来民粹主义的兴起，甚至2021年1月6日特朗普支持者占领国会的行动，最常被提到的罪恶之源便是不平等。但是，不平等问题的本质是什么？它如何破坏或是促进了增长？它在危害民主方面又扮演了什么角色？不平等是否会导致死亡，例如迫使人们自杀或是陷入"绝望的死亡"？不平等是否像全球变暖或空气污染一样，损害了我们所有人的利益？如果确是这样，消减不平等的最佳方法是什么？

我经常被问到这些问题。但说实话，这些问题中没有一个是有益或可以回答的问题，甚至不能称为适定问题①。如果说不平等是导致某个经济、政治和社会进程的原因之一，那么它同时也是一个后果。这些社会进程有些是好的，有些是坏的，其中有些确实非常糟糕。只有先区分好的与坏的（以及非常糟糕的）进程，我们才能充分理解不平等以及应对不平等。我们如果想要寻求改善，那么必须识别有害的进程并对其加以控制，而不是单纯通过调整累进税收制度来减少收入不平等，即使这可能是解决方案的一部分。

不平等并不总是等同于不公平，目前令许多美国人不满的，实质

---

① 适定问题原为数学领域术语，指满足下列三个要求的问题：（1）解必须存在；（2）解必须唯一；（3）解能根据初始条件连续变化，不会发生跳变，即解必须稳定。——译者注

上是不公平而非不平等。如果人们认为经济和政治制度损害了他们的利益，民粹主义甚至暴力似乎成为合理选择。美国的创立者正是那些痛恨不公的先辈，他们反对在没有利益代言人的情况下被迫纳税。今天，许多美国人感到自己生活在一个自己无力控制的政府统治之下，并认为这个政府正在损害他们的利益。如果 2020 年的选举不能带来迟来已久的救济，那就让政府见鬼去吧！

大多数人并不反对创新者通过推出惠及所有人的产品或服务致富，虽然大多数人同样认为他们应该纳税。当今世界上有些最严重的不平等现象可以追溯到 1750 年左右开始的工业和卫生革命。最初，改进措施只惠及了欧洲西北部的少数几个国家。随后，改进措施逐渐传播开来，改善了世界各地数十亿人的生活。在这个进步中，既有赢家，也有输家。在英国，随着实业家们日渐富有，手工纺织工变得一贫如洗，许多人在城市里过着难以忍受的日子。除此之外，一些关于工业革命的报道认为，先进国家的进步不可能长期持续，除非它们以损害贫困国家，特别是殖民地和附属国为代价。[23] 这些进步所带来的国家内部和国家之间的不平等，伴随着进步本身而来。事实上，进步哪怕不伤害那些被排除在外的人，也很少能平等地惠及每一个人。

今天，美国一些最富有者的财富之源是大型科技公司，包括亚马逊、微软、谷歌、脸书、特斯拉和苹果。其他一些人，如创立沃尔玛的沃尔顿家族或迈克尔·布隆伯格，开创了新的和更好的做事方法，如沃尔玛的库存管理模式、彭博的财经资讯和软件。在一个世纪前的"镀金时代"，石油、钢铁和铁路都是当时的创新。无论是当时还是现在，这些财富似乎只是对其带来的社会福利的回报，至少在最初是这样。但后来，当创新者停止创新，从施善者变成了"强盗大亨"，从"创造者"变成了"接受者"，问题随之出现。他们可能会利用自己的地位和财富来阻止下一代创新者，包括说服（或资助）政府制定有利于自己的规则。

这是资本主义运作的方式之一。在有望获得巨大财富的鼓舞下，新企业家们致力于开发一些通用技术的新应用，如计算机和互联网，并建立利润丰厚的创新型公司。创造性破坏的浪潮冲走了许多仍沉浮于上一波浪潮的既有公司。新公司一旦占据主导地位，就不再有创新的动力；相反，它们乐于求稳，并凭借自己的财富，在年轻的竞争对手成为威胁之前收购这些竞争对手，或是积极申请专利或通过游说来挫败竞争者对其地位的威胁。[24] 仅2021年一年，Meta（脸书的母公司）在游说上就花费了2 000多万美元，在总游说费用榜单上排名第七，比任何其他单一公司（而不是公司协会）都高。亚马逊公司落后它两位，Alphabet（谷歌的母公司）则跟随在其后不远处。[25] 而在谷歌公司成立初期，华盛顿完全找不到它的身影。

一种观点认为，如果不平等来自对社会有益的创新，那么它就是好的，如果创新者确实需要激励，那么我们应该注意不能杀鸡取卵。对于这种观点，存在很多争议。如果事先已经明确知道他们创造的大部分财富将归政府所有，那么埃隆·马斯克还会创办特斯拉，杰夫·贝佐斯还会创办亚马逊吗？人们对此有不同的看法。不过，没有人会不认同另一种截然不同的观点，即巧取豪夺导致的不平等是坏的，无论这种行为是否得到了官方的批准。

当公司，或是像美国药品研究和制造商协会（PHRMA）、全美房地产经纪人协会（National Association of Realtors）、美国商会（U.S. Chamber of Commerce）及美国医院协会（American Hospital Association）等公司协会向政府施压，要求政府给予特别优惠时，它们那些相对富有的高管和股东实际上是在从其他人手中窃取利益。在一些国家，政府并不关注保护其公民或促进平等，而是更关注与商业和利益集团合谋，以便从它们那里榨取资源。这堪称官商勾结。

富有的少数人经常阻碍公共福利的提供，如养老金或医疗保险福利，因为他们不想为这些福利缴税，他们自己或家人也不需要这些福利。制药公司游说政府扩大专利保护，以保持高药价。私募股权公司富有的合伙人游说政府，通过将收入记为资本收益来获得收入的税收减免。银行业游说政府制定规则，允许它们保留利润但将与公众分担损失。美国医学会（American Medical Association）限制医学院的招生名额并阻止外国医生在美国工作，这两者都使医生的工资高于竞争市场中的工资。最高法院同样允许信用卡公司阻止零售商向支付现金的人提供折扣，迫使那些不使用信用卡、相对不富裕的人支付高价，为信用卡公司向持卡人提供的免费机票和其他福利买单。美国各州规定，除经销商以外的任何人销售汽车都是违法行为，因此汽车制造商不能直接销售产品。如是等等，不一而足。

如果能够限制此类游说和特殊优惠行为（同时实行竞选资金改革），那么即使不改变税收政策，不平等也会减少。

在过去 50 年中，美国的实际人均国民收入增长了一倍有余，相当于在 1971 年至 2021 年间平均每年增长 1.8%。但如果看看分配处于中间的人口的实际工资，会发现自 1970 年以来一直停滞不前。我们如果再看看没有大学学历的男性的实际工资，会发现今天的实际工资甚至比 50 年前更低。那么，为什么广大劳工阶层没有分享到日益增长的普遍繁荣？

有一种说法将这种现象归咎于势不可当的客观进程，例如全球化和技术变革等等，这些进程降低了低技能劳动力的价值，并有利于接受过良好教育的人。但还有另一种更令人细思极恐的说法，那就是大多数人经济收入增长的停滞是最富有阶层收入和财富增加的直接结果。从这个角度来看，富人正在以牺牲其他人的利益为代价而变得更加富有。经济金融化程度的提高就是一个很好的例子。银行、对冲基金和其他金融机构规模不断扩大，目前已经占了经济总量的大约五分之一，而在二战后，这一比例仅有十分之一。与此同时，资本配置的效率并没有明显提高。更直接的是，如果随着产业更加集中，垄断和买方垄断变得更加普遍，那么价格就会高于其应有的水平，而工资则会低于应有水平。这样，钱就会从工人和消费者手中转移到管理者和资本所有者的口袋里。

虽然全球化和技术变革颠覆了传统的工作安排，但经济学家喜欢强调，全球化和技术变革都可能带来潜在的收益，前提是政策得当。也就是说，政策会补偿遭受损失者。然而，我们并没有制定得当的政策，这主要是因为政治更多地受制于那些因此受益、本来应该支付补偿的人。对此，得克萨斯州参议员菲尔·格拉姆（Phil Gramm）辩称：此类补偿政策是社会主义国家才会做的事，甚至现在连社会主义国家也试图停止这样做了。即使没有补偿，被摧毁的工作岗位也会被其他工作岗位取代，后者往往更好，只是位于其他地方。由于我们不完全理解的原因，也许是美国人不像从前那么愿意搬家了，流动性确实已经显著降低，这使得破坏和更替的过程变得更加缓慢，也更加痛苦。

工资正在因为其他不当社会安排而被压低。其中之一是医疗保险的缴纳方式对工资和就业的灾难性影响。大多数在职美国人的医疗保险是由雇主提供的，而如果不用来缴纳医保，这些钱本来可以用来支付工资。在现有医疗保障体系中，这些本可以用作工人工资的钱实际上被用来支付医疗行业的利润和高薪，并供养了超出我们需要的庞大医疗体系。美国每年在医疗保障上浪费的超额费用高达 1 万亿美元，平均到每个家庭大约是 8 000 美元，美国的超额医疗保障费用远超其他富裕国家，而美国人的健康状况却几乎比所有富裕国家都糟糕。选择任何一种欧洲国家的医保安排，都可以避免这些资金浪费，但无论采用其中哪一种，都会引发既得利益者的强烈抵制。单一付款人制度，像竞选资金改革方案一样，就其本身而言相当有效，同时还可以降低税前不平等。

类似的论点还适用于许多经济部门愈演愈烈的市场整合。例如，由于医院合并，医疗价格迅速上涨，但医护人员的工资却没有上涨，尽管护士短缺现象已经持续了几十年。过去，美国的电话费低于欧洲，现在却比欧洲更贵。[26]市场集中度提高还会阻碍生产力的发展，通过寻租和垄断获取利润比通过创新和投资更容易。更好的反垄断执法，如采用单一付款人制度的医疗体系和竞选资金改革，将有助于经济更好地运转，并有助于减少不平等。

类似的改进措施还可以列出许多，包括提高最低工资、禁止低技能职业中的竞业禁止条款或强制仲裁、废除反工会法、削弱司法系统日益增长的亲商偏见，也许还可以包括减少移民（虽然许多经济学家并不同意这一条）。2021年，美国人口中有13.6%的人出生在国外，在1970年，这一比例仅为4.7%。外国出生人口比例上一次达到今天的高水平，恰好是一个世纪前的"镀金时代"。许多美国工薪阶层认为，如果移民减少，他们的工资会更高，而今天外国出生的人口数量居高不下加剧了不平等，就像上一个"镀金时代"一样。大多数经济学研究并未发现减少移民有这样的效果，但也不是每个人都相信这些研究的结果。

辅以适当的政策，资本主义民主有可能更好地服务于所有人，而不仅仅服务于富人。我们不需要废除资本主义或是有选择地将生产资料国有化，但确实需要让竞争的力量重新为中产阶级和工人阶级服务。如果继续维持一个让少数人掠夺多数人的经济制度，我们将面临令人恐惧的风险。对富人征税是有益之举，而且肯定是一个应为之举。但最关键的，是要阻止掠夺行为。

第 6 章

收入之外的
不平等

巨大的财富和收入不平等固然令人不安，并且往往是不公正的，但与另一种不平等，即因民族、种族或性别等无关道德的特性而遭受的不公对待相比，财富与收入不平等则相形见绌。如果一个社会拒绝给予某些成员尊严和尊重，那么意味着在这个社会中并非人人都是"完全的公民"（full citizen）。我们可以争论社会是否应该允许出现亿万富翁，或者他们的巨大财富是否造福了其他人（这种争论也确实存在）。但推行种族隔离的《吉姆·克劳法》不值得任何辩护。

如果必须有钱才能获得完全公民身份，那么财富本身就会带来压迫。如果金钱掌控了立法机构并剥夺了无财富之人发声的权利，或者如果某些职位（例如政治职位）只对有钱人或受金钱支持的人开放，又或者，如果只有富人才能获得良好的医疗保障，那么民主也会失灵。然而，除此之外还有一些形式的歧视和不平等并不完全取决于钱。本章所讲述的，正是此类不平等的故事。

本章的第一部分与非公民移民有关，这也是我30年来的身份。对像我这样的许多人来说，成为落地移民是向公民身份过渡的一个阶段，但在实现这一目标之前，移民还不是拥有完全身份的社会成员，并且面临着成为迈克尔·沃尔泽（Michael Walzer）^① 口中"住家仆人"的风险。[1]第二部分的内容是关于美国的种族问题，关于黑人和白人在健康水平方面的差距，这种差距自从我们有数据开始一直存在。在这个部分我还探讨了收入不平等与种族不平等之间的联系。第三部分探讨了关于气候变化以及我们对子孙后代的亏欠，此处的不平等存在于我们和他们之间。最后，我讨论了精英制度这个棘手的问题。我一直认为自己是英国第一代精英中的一员，并一度认为精英制度的实施将开启一个更美好的新世界。但到了今天，这个制度看起来并不是那么有效。

美国的移民

对于非公民，甚至包括那些合法入境的人来说，身份往往是其焦虑的根源。唐纳德·特朗普从首次竞选开始就一直在妖魔化和侮辱移民，他的政府奉行有时堪称残酷的反移民政策。他试图禁止来自部分国家的访客，正如我在第一章中指出的那样，这种做法会将许多杰出的科学家和作家排除在外，而这些人本可以用自己的才能造福美国。

然而，右翼政治派别中有部分人认为，1965 年后的大规模移民是一场巨大的灾难。1965 年后进入美国的移民比以往任何时候都多，特朗普反移民政策的支持者声称，这些新移民不仅令白人工人陷入贫困，而且与以前的移民（其中大多数是欧洲人）不同，因此改变了美国的本质，并破坏了其最初的自由主义宪法。[2]对这些人而言，为了扭转这种大灾难，把孩子从父母身边带走或是把幼童关进笼子又算什

---

① 迈克尔·沃尔泽是美国当代著名的政治哲学家和公共知识分子，研究领域涵盖战争伦理、分配正义、政治义务、身份认同、政治哲学方法论、社会批评理论以及社群主义和自由主义的论战等诸多方面，对许多问题都提出了独创性的见解。——译者注

么大事？

特朗普绝不是第一个对移民施暴的美国总统。令他自叹不如的是，在1942年至1945年间，富兰克林·罗斯福总统曾拘留了超过10万名在美日裔，其中许多人已经是美国公民。我在上一章中提到过的沃尔特·奥伊就是其中之一。他于1929年在洛杉矶出生，是一位经济学家，主张将市场机制引入军队。又过了半个世纪，在野蛮的"9·11"恐怖袭击发生后，美国颁布了多项反移民政策。根据2001年10月的《美国爱国者法案》（USA PATRIOT Act），美国当局可以在不经审判和不承认的情况下，无限期拘留任何非美国公民的恐怖主义嫌疑人，包括当年大约2000万名长期纳税的美国合法居民。

多年来，美国大学的经济学院系一直拥有大量非美国人。2001年，在我任职的普林斯顿大学经济学系，一半教职人员出生在美国境外，而在年轻（未获得终身教职的）教职人员中，四分之三以上的人出生在美国境外。我们的大多数研究生都出生在美国境外，在我最后一次教授一门研究生入门课程时，学生们在课前聊天时经常讲普通话。根据《美国爱国者法案》的条款，大学和其他雇主可以应联邦调查局的要求向后者公开非公民的个人文档（或是书籍、记录、论文和文件）；大学不仅不需要征求事主的许可，而且有法律义务不得向包括事主在内的任何人透露他们收到的要求或是提供的信息。这些法规，还有暂停对非公民的人身保护令，至少当时得到了美国人的广泛支持。抗议活动被斥为是在帮助敌人，而时任乔治·布什政府司法部长的约翰·阿什克罗夫特（John Ashcroft）很喜欢说的一句话便是：恐怖分子不值得保护。对于许多移民来说，这听起来很像移民不值得保护。

特朗普政府曾尝试在2020年的人口普查问卷中增加一个有关公民身份的问题，但这一企图最终失败。其他一些大型官方调查则提供了有关公民身份的许多信息。许多人认为，增加这些公民身份相关问题的唯一目的是帮助移民和海关执法机构锁定甚至围捕个人，就像日裔美国人在第二次世界大战时经历的情况一样。这些问题肯定会吓到非公民，使其不敢参加人口普查，这将减少他们居住地区的选举代表比例以及联邦拨款。这一切做法都打着帮助"修复宪法"的旗号。

部分由于上述态度，我一直没有放弃自己的英国公民身份，直到2012年才成为美国公民。我之所以会这样做，部分是因为在奥巴马就任总统之前，我并不热衷于宣誓效忠美国及其领导层。但随着时间的流逝，拒不承认我的家，以及子孙后代的家就在这里（孩子们已经在芝加哥和纽约有了自己的生活），似乎不大通情达理。

虽然我从未因《美国爱国者法案》而受过苦，但确实曾因为不是美国公民而饱受磨难。某次我从加拿大重新进入美国时，一位粗鲁的移民官员似乎看我不顺眼，于是用魔术记号笔污损了我的绿卡，以确保我再也不能使用它，而一位移民如果没有绿卡，几乎和一名罪犯没什么区别。于是，这次绿卡损毁事件使我像生活在一个官僚主义的地狱，而且时间长达一年有余。一次又一次地被困在不许使用电话，甚至没有书籍的房间里，无休止地等待面谈。在纽瓦克机场的一间等候室里，一位官员命令一名哭泣着苦苦哀求的人返回迈阿密。"但在迈阿密他们告诉我，我必须来这里。""这不是我的问题，回迈阿密去。"另一位官员，在一个开放的房间里，当着几十个人的面，咄咄逼人地大声逼问一名男子最后一次同性性交是什么时候。正如奥巴马总统在自传中所写，移民"总是担心自己辛辛苦苦建立起来的生活可能会在一瞬间崩塌"[3]。甚至在我终于熬过了自己的崩塌之后，我申请绿卡的进程仍然面临一大障碍，那是一个不可能达到的要求：我需要如实填报过去三十年来每一次出国旅行记录。不过，我最终意识到，至少对于早期的旅行而言，移民局的记录并不比我自己的记性更好。而且，安妮在地下室找到了我的旧护照。

在我决定申请公民身份之后，那个曾经令我畏惧并被我视为迫害者的机构变成了"朋友"。粗鲁的人变得彬彬有礼，暴徒化身天使。官僚机构极其乐于帮忙（看来选票确实十分重要），我甚至有资格获得特殊的老年豁免，要求我只需要正确回答出 20 个问题中的 12 个（而不是 100 个问题中的 60 个）即可通过入籍考试，而且其中许多问题有相同的答案。（美国的首都是哪个城市？谁是美国第一任总统？哪座城市因跨越特拉华河而闻名？这三个问题的答案均为"华盛顿"。）成为公民的最后一关是，在没有机会事先做准备的情况下，在仪式当天，站在大厅门口的一名官员问我，是否在通过入籍考试后两周的时间里曾经有过卖淫行为（没有具体说明是同性恋还是异性恋）。据说我已故的同事乌韦·莱因哈特当时是这样回答这个问题的："我很长时间以来一直想从事这方面的工作，但到目前为止还没有成功。"在仪式上，负责欢迎新美国公民的移民官员首先告诉我们，投票权并非公民身份的重要组成部分，而我已经知道这种说法是错误的。在提问环节，我竭力忍住了举手的冲动。

我拖延了如此之久才申请公民身份，这个事实极好地体现了贯穿本书的矛盾心理。

健康、医疗、隔离和种族

经常有人声称，美国与英国不同，是一个没有阶级的社会。其实，英国存在的阶级不平等在美国只是换了一种形式，体现在种族和民族不平等上而已。

与白人同胞相比，美国黑人面临着一系列劣势，这些种族上的差别对待超越了整体收入的不平等，同时也加剧了收入不平等。2022 年末，美国黑人男性的收入中位数比白人男性的收入中位数低了 19%。[4] 2020 年，39% 的白人男性是经理或专业人士，而黑人男性中这一比例只有 29%。（亚裔男性中，60% 是经理或专业人士。[5]）在 2020 年的贫困统计数据中，19.5% 的黑人家庭处于贫困状态，与此相对应的是，（非西班牙裔）白人家庭的贫困率仅有 8.2%。[6] 白人家庭的净资产中位数几乎是黑人家庭的 8 倍，两者分别为 180 200 美元和 24 100 美元，[7] 这一惊人的差异在目前有关给予黑人赔偿的讨论中发挥了重要作用。黑人的阅读和数学考试成绩远低于白人。[8] 2020 年，非西班牙裔白人女性的非婚生育率为 0.276%，而非西班牙裔黑人女性的非婚生育率为 0.549%。[9] 黑人死于谋杀的可能性是白人的 5 倍左右，同时成为杀人犯的可能性也是白人的 5 倍。[10] 根据美国司法部的数据，2019 年有 1.1% 的黑人被关押在州或联邦监狱，而白人人口中在押人员比例为 0.2%。[11]

在所有种族不平等现象中，最令人不安的莫过于黑人和白人在健康和寿命方面的差别了。2020 年，新生黑人男性的预期寿命比新生白人男性短了 7 岁（分别为 68.0 岁和 75.0 岁），新生黑人女性预期寿命则比新生白人女性短 4.5 岁（分别为 75.7 岁和 80.2 岁）。[12] 由于新冠疫情，这一差距在 2020 年进一步扩大，黑人的预期寿命缩短了 2.9 岁，白人则"只"缩短了 1.2 岁。事实证明，移民的健康状况都相对较好，因为生了重病的人不会或不能够移民。也许因为西班牙裔人口中许多人是移民或移民的子女，所以西班牙裔人口和总体移民一样，均比白人更长寿。但是，这种领先差异在新冠疫情期间几乎被抹除，换言之，疫情对西班牙裔和黑人的伤害要大于白人。

许多认为经济上的不平等可以容忍的人也认为，上述健康方面的差别是不可接受的。例如，乔治·H. W. 布什政府显然并没有把减少经济不平等作为优先事项，但它把少数族裔的健康作为美国卫生与公众服务部的研究重点，并于 1990 年设立了一个中心，这个中心最终在 2010 年发展为少数族裔健康与健康差异研究所（Institute on Minority Health and Health Disparities），正式隶属于美国国立卫生研究院。

有一种观点认为，不同种族在健康方面的不同表现至少部分归咎于医疗保障，美国国家科学院下属医学研究院的专家小组在 2003 年编写的报告《治疗中的不平等》（*Unequal Treatment*）中阐述了这种观点。[13] 根据该报告，主体是白人的医生群体会歧视少数族裔，这既可能表现为直白的种族主义行为，也可能表现为统计歧视，即针对不同种族的患者采取不同的疾病模式，这一过程在《治疗中的不平等》报告中被称为"偏见、刻板印象和不确定性"。有证据表明，医生在治疗黑人患者的某些病症时不够认真，疼痛就是一个例子，不过这也可能让患者因祸得福，因为这帮助黑人患者逃过了 20 世纪 90 年代末和 21 世纪前几年阿片类药物过度使用之灾。在美国，对一个人疼痛的治疗总是会取决于这个人是谁，这被历史学家基思·怀洛（Keith Wailoo）称为"疼痛政治"。[14] 这份报告还指出，黑人接受（理想的）预防性治疗或心脏搭桥手术的概率较小，虽然他们比白人更有可能接受下肢截肢或双侧睾丸切除手术等（极度不理想的）治疗（如果感兴趣的话，可以搜索相关详情）。怀洛表示，曾经，医疗界甚至相信黑人不会得癌症，癌症被认为是白人女性专属的疾病。[15]

许多证据表明，这种健康水平的不平等与收入不平等关系密切。一个显而易见的解释是，一个人越富有，就越能得到好的医疗保障，尤其是在美国，金钱在获得医疗保障方面发挥着巨大作用，因此在财富和收入差距特别大的地方或时期，健康水平差距也非常大。任何需要花钱的地方都会存在这种差距，不仅是医疗保障，还包括住房、食物、健身房会员资格等等。但英国流行病学家和社会活动家理查德·威尔金森（Richard Wilkinson）和凯蒂·皮克特（Katie Pickett）长期以来一直宣称还有另一种更有趣的机制。[16] 根据他们的观点，不平等毒化了整个社会，就像空气污染一样，会让每个人都生病，无论是贫是富。说起上面那个"显而易见的解释"，即金钱会影响健康，收入和财富的不平等导致了健康的不平等。在威尔金森看来，收入不平等会影响社会整体健康水平。因此，收入不平等所伤害的，不仅是病患和穷人；如果美国不是如此不平等，甚至连马斯克、贝佐斯和盖茨等大富豪也能活得更长。

威尔金森提出了一个很好的进化论观点。纵观人类的整个进化史，几乎全部时间都处于狩猎—采集的部落阶段，这些部落的成员每天步行十几英里或更远，主要以水果和蔬菜为食，几乎不摄入脂肪或糖，这恰好是医生建议人们遵从的健康膳食。此外，大多数狩猎—采集群体都坚持不懈地奉行平均主义，分享得来的一切，这也是我们的身体在长期进化过程中形成的期待。[17] 因此，一旦成为素食主义者并经常去健身房，那么一个人就会考虑搬到一个收入分配更加平等的州或者城市。

物质上的不平等不同于其他关系上的不平等，如健康水平的不平等，但两者之间无疑存在着联系。事实上，如果我们对收入不平等程度不同的美国各州加以比较，就会发现，与不平等程度较低的州相比，在不平等程度较高的州，居民的预期寿命也较低，或者至少曾经是这样。这种相关性在 20 世纪八九十年代很明显，但到了 2000 年左右开始消失。根据我的计算，到 2018 年，这种相关性几乎完全消失。与上面所述故事的简单版本相反，过去 40 年间，收入不平等程度加剧最严重的州，如纽约州、加利福尼亚州和康涅狄格州等，也是居民预期寿命增长最快的州。

声称不平等导致了我们不健康的说法听上去很不错，并可以成为支持我们约束收入不平等的有力论据，但我并不相信这种说法。相反，造成美国各地不平等现象和健康格局的罪魁祸首，是种族问题和种族相关政策。回到 1980 年，美国不平等程度最高的州都在南部，尤以密西西比州为甚。当时，密西西比州超过三分之一的人口是黑人（今天的人口构成依然如此）。与白人相比，美国黑人的收入较低，预期寿命较短。因此，黑人人口众多的州收入不平等程度较高，平均预期寿命较短（这在今天仍然如此）。与之相对的，在 1980 年，美国预期寿命最长的州位于北部平原地区，如明尼苏达州、艾奥瓦州、犹他州和北达科他州，这些州的黑人人口比例非常低，分别为 1.3%、1.4%、0.6% 和 0.4%。除此之外，鉴于美国种族主义的历史，无论是过去还是现在，黑人人口众多的州在公共卫生、教育和福利方面均十分落后。简言之，某些州的大多数白人不喜欢缴税并资助和他们长得不一样的人。美国国内各州的不同模式放到国际上，恰好对应了美国和欧洲国家的不同模式，尽管由于种族问题和种族主义的历史，美国没有一个州能达到欧洲国家的福利水平。[18] 无论美国作为一个国家（与欧洲国家相比），还是美国南方各州（与美国其他地区相比），较低的医疗和福利水平都伤害了每一个人，无论是黑人还是白人。因此，危害所有人健康的罪魁祸首是种族主义，而不是收入不平等。

收入高度不平等和健康水平欠佳的现象在美国南方持续至今，但其他地方的情况发生了变化。金融业和大型科技产业已经成为收入不平等的根源，尤其是在纽约、康涅狄格、新泽西和加利福尼亚。与此同时，这些地区也是健康水平改善最明显的州，这主要得益于州政府推行了促进健康和福利的政策。香烟税只是此类政策中最明显的例子：纽约州针对每包香烟征收 4.35 美元的税金，而密西西比州仅征收 1.04 美元。到 2019 年，美国已经有一些州在高度不平等的同时，其居民也享有良好的健康水平。[19]

在美国，黑人和白人通常居住在不同的区域，这是"红线政策"（redlining）① 和系统性种族歧视的后果。鉴于人们在自己居住的社区

---

① 红线政策最早出现在美国 1934 年的《国家房屋居住法案》（National Housing Act of 1934）。该法案允许社会服务机构，如房屋贷款金融机构和公众服务机构等，将城市居住区按种族、收入等因素划成不同等级的区域。对于不予投资或提高投资要求的区域用红线标出，以示区别对待。房屋贷款金融机构也根据红线所标示的区域决定是否提供贷款服务。其他社会服务，如就学、就业，甚至商业服务也随之跟进，以红线标示为参考依据提供服务。这是一种带有强烈歧视性的法规和商业运作。——译者注

就医，黑人和白人就诊的医生和医院在本质上完全不同。斯隆—凯特琳癌症中心（Sloan-Kettering Cancer Center）的彼得·巴赫（Peter Bach）领导的一个小组在《新英格兰医学杂志》上发表的一篇文章称，为黑人患者提供治疗服务的医生很少见到白人患者。[20] 阿米塔布·钱德拉（Amitabh Chandra）和乔纳森·斯金纳（Jonathan Skinner）仔细研究了不同地区的医疗服务情况。他们的研究表明，在以治疗黑人患者为主的医院中，无论是白人患者还是黑人患者，得到的医疗服务水平都比较差。[21] 这些发现适用于享受联邦医疗保险的患者，由于达到法定年龄，他们几乎可以享受完全免费的医疗。斯隆—凯特琳癌症中心的研究表明，以治疗黑人患者为主的医生资质较差，也不太可能获得先进治疗手段所需的资源。

这些发现告诉我们，如果医疗保障是决定健康水平的重要因素（至少在某些情况下确实如此），那么种族差异的影响比白人医生的差别对待更重要。这个结论也与下面的事实相一致，即某些种族和族裔群体，如西班牙裔和亚裔，预期寿命比白人更长。这两项研究都不支持所谓"匹配性"医疗体系的建议，即患者由同种族或族裔的医生提供治疗。但真正令人震惊的是，美国的医疗体系近乎种族隔离，黑人和白人患者在极度不平等的医疗环境中接受医疗服务。美国城市中不同种族分区而居的现实支持了这种状况，使以黑人居民为主的地区只能获得由资质较差的医生和资金不足的医院所提供的较低水平的医疗保障服务。这些水平较低的服务损害了生活在这些地区的每一个人的健康，无论他们是白人还是黑人。

不同城市和州之间的收入不平等并不是决定健康水平的根本性因素，导致收入不平等与死亡率之间相关性的，是美国更深层次的种族隔离和不平等进程。

最近几年来，不同种族健康水平上的差别不断缩小，至少在新冠疫情之前是这样，这是一个好消息。当然，如果白人健康状况恶化不是导致差距缩小的原因之一就更好了。除此之外，前面已经谈过的教育水平差距也正在日益影响不同种族的健康水平。无论是黑人还是白人，他们中拥有大学学历者的死亡率一直在下降，而没有大学学历者的死亡率并没有下降。不过，无论有没有大学学历，黑人的死亡率一如既往地高于同等学历的白人。但是，在有大学学历的人口中，黑人和白人的死亡率比过去更接近，没有大学学历的白人和黑人死亡率差异同样日渐缩小。20 年前，黑人中拥有和没有大学学历者的死亡率差别不大，但现在情况已经不同。在健康方面，教育水平不平等比种族不平等的影响更加显著。[22]

代际不平等

还有一点可能并不明显，那就是气候政策也和不平等密切相关。阻止全球变暖意味着现在就要采取一些代价高昂的行动，比如改用电动汽车或使用可再生能源，或者实施相应措施来保护地势低洼的城市，这些行动需要我们这些现在活着的人做出一些牺牲，以便造福我们的子孙后代。把一个不适宜居住的星球留给未出生的子孙后代是一种极度自私的行为。然而，那些未出生的子孙后代可能比我们更富有，就像我们比我们的祖先更富有一样，他们可能能够获得我们现在只能梦想的技术，在这种情况下，我们可能并不想让自己受太多苦来造福这些更富有的后人。当然，这一切都存在很大的不确定性，但我们面临一个根本的问题，即应该如何在当代和后代之间分配资源，是考虑他们还是我们。

只要活得够久，你就一定会认识一些人，这些你已经认识了一辈子（或者至少从大学开始便相识）的人功成名就，对世界做出了重要贡献。我的朋友尼克·斯特恩（Nick Stern）是我在英国剑桥大学读书时的本科同学。我们都成为经济学家，并且一直是朋友。得益于在印度班加罗尔举行的一场冗长的板球比赛，我们两人对彼此有了深入的了解。那场比赛中的球员行动如此迟缓，以至于球场上空已经盘旋着几只寻找攻击对象的饥饿秃鹫。在那种无聊的氛围中，我们除了聊天和成为朋友之外别无选择。斯特恩的另一个杰出职业是公职人员，他最终于 2006 年出版了《斯特恩气候变化经济学报告》(*The Stern Review on the Economics of Climate Change*)，一份英国政府委托编写的报告。[23] 大西洋两岸对斯特恩这份报告的不同反应在很大程度上揭示出，对于不平等以及我们应该在多大程度上允许市场解决不平等问题，大西洋两岸持有迥然不同的态度。

这份报告甫一发表，即在英国和世界其他大部分地区引发了巨大争议，但美国对这份报告的关注较少。尽管斯特恩成功吸引了狗仔队埋伏在他温布尔登居所附近的灌木丛中，受到了世界各地国家首脑和国家学院院长的礼遇，获得了大学授予的荣誉学位，并被封爵（他成为布伦特福德的斯特恩勋爵），但这份报告在美国只获得了有限的新闻报道。《纽约时报》在报告出版时刊登了两篇简短的事实报道，然后发表过一篇社论，并偶尔在其非新闻版面对报告进行过讨论。不出意外，《华尔街日报》对此充满了敌意。当然，在随后几年中，人们对气候话题的兴趣大大增加，拜登政府也采取行动，最引人注目的是《2022 年通胀削减法案》(*Inflation Reduction Act of 2022*)。虽然这部法案的名称中带有"通胀削减"，但主要内容是关于气候问题的。

气候变化引发了一系列难题，包括如何预测未来，如何权衡成本和收益，还有道德方面的难题。对于所有这些问题，美国和英国的经济学家往往持有不同的立场。2007 年，（由美国经济学会出版的）《经济文献杂志》(*Journal of Economic Literature*)发表了两篇针对斯特恩报告的极其精彩的评论。其中一篇由耶鲁大学的威廉·诺德豪斯（William Nordhaus）撰写，他于 2018 年因在气候领域的研究获得诺贝尔经济学奖。另一篇评论的作者是已故的哈佛大学教授马蒂·韦茨曼（Marty Weitzman）。与其他许多评论家一样，他们关注贴现的核心作用，即未来的收益和成本相对于当前收益和成本的重要性。如果未来被严重低估，那么发生在后代身上的事情在今天就会显得无关紧要。按 1% 的贴现率计算，从现在算起一年后的 100 美元在今天价值 99 美元，看上去并没有贬值多少，不过，从现在算起一个世纪后的 100 美元在当前的价值仅有 37 美元。而按照 3% 的贴现率计算，这两个数字分别是 97 美元和 5 美元。较高的贴现率意味着后代福祉的重要性很小，我们不需要关注他们和我们之间的不平等。

斯特恩报告中使用的贴现率接近于零。这是一个公平的论点，即在气候问题上所有人都应该受到平等对待，而无论他们出生在什么时间，日期在此并不具备道德意义。事实上，提出贴现的唯一理由是，如果地球某一天遭到一颗大彗星的撞击或是自爆，那么整个行星毁灭的可能性是存在的，在这种情况下，今天的牺牲将毫无意义。如果没有未来，我们也就无须考虑未来。斯特恩选择较低的贴现率意味着，要避免未来（即使是在遥远的未来）的伤害，现在做出重大牺牲也是值得的。根据美国的主流舆论，斯特恩提出的贴现率不可能是对的，因为市场贴现率，即我们在股票和债券上看到的利率，（通常）远大于零。另一种持相同论点的说法是，斯特恩的贴现率不可能是对的，因为如果人们真的如此关心自己的后代，那就会有更高的国民储蓄率，而我们并没有看到这么高的储蓄率。

面对斯特恩在当代人对尚未出生后代的义务问题上所采取的明确道德立场，诺德豪斯和韦茨曼[24]都表示了不安，认为斯特恩无权将自己的道德立场强加给他人。诺德豪斯和韦茨曼都认为，接近于零的贴现率虽然在理论上可能有道理，但通常只有英国经济学家和哲学家才会捍卫这一观点，他们这么说显然并不是想认可英国的哲学思想有任何优越性。事实上，诺德豪斯提到了"总督府"（Government House）式的道德，在这样的社会里，精英高高在上地实施统治，成员的个人偏好遭到忽视。他还暗示，斯特恩正在试图"复燃大英帝国的垂死余烬"。[25] 说回班加罗尔，在那场板球比赛中，英国队的一些队员看上去的确死气沉沉，并（最终）输掉了比赛。

毋庸置疑，任何占据道德制高点妄加评判的家长专制都值得疑虑，针对气候政策的道德性进行民主讨论并得出结论无疑是合理之举。不过，我们仍然有必要基于一定事实做出判断。韦茨曼、诺德豪斯和其他一些人认为，我们至少可以在市场中找到一些相关证据，正如韦茨曼所写的那样，"人们在日常储蓄和投资行为中似乎展示了对当前效用而非未来效用的更强偏好"。[26] 即使市场没有揭示我们需要了解的有关当前和未来的所有信息，我们做出的任何道德选择也需要与市场行为保持一致，这些行为揭示了普通人对相关问题的看法。诺德豪斯和韦茨曼认为，斯特恩选择道德参数是错误的，因为市场贴现率要高于他在研究中使用的贴现率。

另一些经济学家，其中多数是美国经济学家（没有一位英国经济学家），包括汤姆·谢林（Tom Schelling）、鲍勃·福格尔（Bob Fogel）、道格拉斯·诺斯（Douglass North）、弗农·史密斯（Vernon Smith）、南希·斯托基（Nancy Stokey）、贾格迪什·巴格瓦蒂（Jagdish Bhagwati）、贾斯汀·林（Justin Lin）和布鲁诺·弗雷（Bruno Frey）（其中四位是诺贝尔奖得主）发出了一份敌意更明显的声明。他们签署了名为2004年"哥本哈根共识"的声明，宣称气候变化相对于世界其他问题而言并不重要。[27] 这批经济学家在计算时采用了债券市场通行的5%的贴现率，并得出结论称，气候变化并不是一个严重的问题。斯托基在其对计算过程的描述中辩称"这是一个合理的取值，符合各种市场利率的范围"。按照5%的贴现率计算，一个世纪后的100美元在今天的价值只有区区60美分，因此我们应该推迟针对气候问题采取重大行动，目前要做的只是积累资金以备日后应对这个问题，然后希望在此期间不可逆转的崩溃厄运不会降临。然而，某种不可逆转的崩溃确实极有可能降临。没有任何迹象表明气候变化的影响会是一个平稳的过程，这使得消极等待成为一个极其危险的建议。

如果说采用零贴现率（也许带有一点家长专制作风）是英国学术界的毛病，那么完全拒绝考虑道德问题，将一切留给市场无疑是美国学术界的弊端。尚未出生的后代的偏好如何能够反映在债券市场上？如果我们这一代人花费太多、储蓄太少，那是否意味着就算我们的子孙后代有不同的想法，我们的观点也才是唯一重要且在道德上可以接受的？我们是否真的会因为有些人晚于我们出生就要歧视他们？我们是否真的认为，储蓄率（无论是个人还是政府的储蓄率）是深思熟虑后做出判断的产物，是基于人们对自己生活的认真审视？更不用说还考虑到出生于遥远未来的后代的福祉，他们与我们的距离就像我们与乔治三世国王和乔治·华盛顿的距离那样遥远。我们是否真的认为，市场未来在收入分配上的表现会优于其今天的表现？我们是否相信，市场抛出的价格和工资水平是公正的？或者，我们是否真的认为，人们的收入如实反映了他们的道德价值？

无论是什么导致了市场行为，它都并非体现了一个拥有无限远见、"有代表性"的个人的意愿，并且其市场行为和道德行为完全一致，因而我们可以用"它"作为我们自身决策和政策的某种可靠指南。有些观点认为，政府会为我们做出选择，纠正我们的集体错误，但可想而知，最热衷于逃避和拖延解决问题的国会和政府并不会这样做。

如果说未能给出未来的合理贴现率是一个问题，那么这并不算一个大问题。相较而言，让市场来指引我们的道德更加糟糕。至于英国，如果说斯特恩对它有什么感情，我会大感惊讶。第二次世界大战期间，正是英国人将他的父亲驱逐并关押在澳大利亚，因为他是来自德国的犹太难民，一个出身敌国的外国人。

我的经济学家同行可能会指责我简单化了有关贴现率的争论。但这引出了另一个问题，即经济学界在思考气候变化问题并撰写相关文章方面做得不够。截至 2019 年，"目前经济学领域被引用最多的学术期刊《经济学季刊》从未发表过有关气候变化的文章"。[28] 其他领先学术期刊的表现也好不到哪儿去。或许各个专业的经济学家有充分的动力去研究那些专业领域最重要期刊所涵盖的主题，即使其代价是忽视当今世界面临的最紧迫的问题，但是经济学家有义务与物理科学家、社会学家和行为科学家一起，在思考和制定可能拯救我们所有人的政策方面做出应有的贡献。

精英制度与不平等

我是二战后在英国出生的，对于我们这一代人来说，通过考试是获得出头机会的不二途径，精英制度是将我们的时代与更早那个不劳而获的特权与不平等时代区别开来的一种制度。有能力的人才有资格从事好工作，这不仅从经济角度上看有道理，从道德角度上看也同样有道理。因为我们认为，特权应该向所有人开放，是通过努力而不是继承得来的。我并不是对旧的制度抱有任何怀旧之情，但现在，我对精英制度本身也不再如此狂热。在消除旧有不平等的时候，新的、不同的不平等也悄然滋生。

在英国，1944 年的《巴特勒教育法》（Butler Education Act）确保人们即使没有钱也可以上大学。教育帮助我们发展技能，使我们能够获得我们的父母无缘得到的职位。我的父亲只接受过小学教育，在约克郡的煤矿开启了他的谋生之旅。他设法帮助我获得了爱丁堡私立学校斐特思公学（Fettes）的奖学金（改变我命运的第一次考试），而当我获得剑桥的奖学金时（第二次考试），我身负通过考试不断向上走的厚望，这是常规的途径。虽然我的同龄人中只有 7% 上过大学，但其中不乏公立中学（与美国的公立学校大体相当）毕业生。剑桥大学的学生中只有十分之一是女性。

新的精英阶层常常难以适应剑桥的传统文化。历史学家托尼·朱特（Tony Judt）在 20 世纪 60 年代中期从伦敦南部的一所公立学校进入剑桥大学国王学院学习。他曾讲述自己所在社区的一位母亲的故事。这位母亲根本没办法让街坊四邻相信自己的儿子考上了名校，对这些邻居而言，她的儿子只能去青少年犯监狱。[29]剑桥大学国王学院的一位年轻数学教师经常给他住在沃尔索尔（伯明翰附近的一个工人聚居的制造业城镇）的父母打电话，而接线员总是充满歉意地告诉他，沃尔索尔的线路接不通。一位暑期研究助理被告知，他必须等到米迦勒节（Michaelmas，一个在 9 月庆祝的起源于中世纪的节日，剑桥大学仍然沿用并以此安排日程）才能拿到工资。当这位助理问米迦勒节是在什么时候，在此期间他应该靠什么来维持生计时，对方告诉他只需要卖出一些证券即可。

我曾经担任剑桥入学奖学金考试的考官。当时，我为我们开放和精英制的程序感到骄傲。我们不知道候选人的名字，也不知道他们来自哪里，我们为我们精心设计的问题而感到骄傲，因为这些问题会努力筛选出那些能够"像经济学家一样思考"的候选人，这些特性不能简单通过事实累加来确定，而是需要了解他们如何融入群体和与他人交往。当优胜者名单公布时，我们都很难过，但其实也不应该感到惊讶，因为得分最高的候选人全都来自同一所私立学校。我们建立精英制度的努力被金钱颠覆。剑桥大学最近一位经济学专业的明星毕业生便出自这所私立学校，他非常清楚怎么做才能让父母的投资物超所值。

旧制度的受益者会捍卫他们的特权，我们对此有心理准备，但我们没有想到的是，精英们自己会很快成为旧制度的捍卫者。曾经如此憎恨特权的我们如此快便学会了成为特权的"卫士"。

美国与英国的情况基本一样：大学努力扩大录取范围，力图吸引来自不同背景的聪明青年，包括女性、犹太人和黑人，利用捐赠来支持所需的"盲录取"，并强调学术成就，淡化其他特性，如体育能力，尤其是家庭背景。20世纪40年代哈佛大学校长詹姆斯·布赖恩特·科南特（James Bryant Conant）是这一转变的关键人物。他使用学术能力倾向测试（SAT）进行筛选，以录取更多学术成绩优异而非社会背景强大的学生。他和其他许多人都相信，这种考试机制是很好的调平机制，可以为所有人打开机会的大门。

这种扩招常常引起顶尖大学校友们的愤怒，因为他们看到自己的孩子无缘进入母校，为那些看起来与他们截然不同的人腾地方（尽管他们也确实乐于看到自己的儿女现在可以追随他们的脚步进入母校学习了）。此后的几十年里，许多职业的人员构成发生了变化：在医学、法律、银行和商业领域，特权阶级被专业化人才所取代。新兴人才比其所取代之人更聪明，因此这种取代似乎是一个好建议，事实也确实如此。能够拥有学过解剖学的外科医生、可以设计出不会倒塌的建筑的建筑师、懂法律的律师和会开飞机的飞行员无疑是一件幸事。

这些新兴人才开始赚钱，并且非常成功，尤其是在一个全球化和技术飞速变化的世界里，他们与那些没有通过考试选拔的人之间拉开了越来越大的差距。哲学家迈克尔·桑德尔（Michael Sandel）指出，胜利者将自己的成功归因于自己的优秀品质（毕竟这是精英制度），而对那些没有成功的人和那些明明有机会却失败了的人几乎不抱以同情。[30] 那些赚钱最多的人（无论这些钱赚得合法与否）开始创办慈善基金会，试图塑造他人的行为。那些没有通过考试选拔的人，即"非精英"则可能会怀疑自己一无是处，或是可能认为自己是制度的受害者。

这种精英制度带给我们的，与人人平等的民主社会相去甚远，其稳定性甚至可能还不如基于世袭特权的社会，因为在后者中，至少人们知道自己所处的地位并接受它。当我还是一个苏格兰的孩子时，在学校和教堂里，我们会吟唱亚历山大夫人①为孩子们谱写的赞美诗："富人住在城堡中／穷人住在茅舍里／上帝造就了他们的高低贵贱／安排了他们的富有和贫穷。"

那些没能成为银行家或企业高管的人可能会被说服，暂时相信其他人的高薪符合公共利益，并且对所有人有益，因为他们创造了就业机会、纳税，发明了奇妙和有时改变生活的商品和服务。"涓滴效应"②论从表面上看有其合理性。然而，2008年的金融危机揭开了这个骗局的真相。银行家们携带巨额财富安然离场，而其他许多人则失去了工作和家园。认为涓滴效应论会因此受到致命打击可能只是我的一厢情愿。2022年10月，伊丽莎白·特拉斯（英国任职时间最短的首相）领导下的英国临时政府显然似乎已经相信了银行家的说辞。

在收入高度不平等的情况下，每一项测试都变成高风险的测试，包括终身教职、合伙人、顶级医院名额分配，以及最重要的，顶尖大学的入学选拔。[31]在不平等的精英制度下，作弊可以带来高回报，而且越不平等，这种回报就越高。当人人都在作弊时，没有人能够独善其身。我们最近看到了大学入学作弊丑闻的曝光，家长们支付了从数万到数十万美元不等的费用，通过伪造考试成绩或贿赂相关人员（这些人手中每年都有一定的招生名额），将自己的孩子送入名校。耶鲁大学和南加州大学都是涉案的大学，（出于完全披露考虑）我承认自己曾在那里担任过访问教职（但不是作为上述手中有招生名额的人员）。

美国的顶尖大学仍会对校友子女进行"传统"招生，这种机制在学校吸引资金、增加学生的忠诚度和传承方面发挥着重要作用。但许多局外人很难在校友父母和贿赂学校人员的父母之间做出道德的区分，

---

① 亚历山大夫人指塞茜尔·弗朗西丝·亚历山大（Cecil Frances Alexander, 1818—1895），英裔爱尔兰人，以写儿童赞美诗闻名。——编者注
② 涓滴效应指利益在社会阶层或体制中自上而下地传递。——译者注

尽管后者现在面临着牢狱之灾。桑德尔在他的著作《傲慢的精英》中指出，在淘汰了显然无法胜任大学学习的人之后，精英大学应该从剩下的人中随机选择学生。[32]这种做法还有一个附带的好处，那就是取消了大学官员玩弄社会工程①的权力，这些官员拥有巨大的权力，却几乎无须承担责任。只有一半的美国成年人认为大学对国家有着积极的影响，59%的共和党人认为大学正在产生负面影响。[33]

当专家越界时，我们面对的情况被比尔·伊斯特利（Bill Easterly）恰如其分地称为"专家的暴政"，而专业知识也随专家一道贬值。[34]一些人认为，经济学家属于最糟糕的罪犯之一。对于愤怒的下层阶级来说，科学是虚假的，谎言和事实具有同等的可信度。事实上，只有人才拥有机会并不比只有特定阶层或财富所有者拥有机会更平等。聪明的人知道如何将自己打造成与旧有特权阶层非常类似的永久性精英，尽管在这种新的制度下，那些被排除在机会之外的人被引导着不再抱怨自己没投好胎，或是自己的父母没能发财，而是接受了自己无才的说辞。

---

① 社会工程在社会科学领域指通过政府、媒体或私人团体大规模影响特定的态度和社会行为，以便在目标人群中产生所需的特性。——译者注

第 7 章

退休、养老金和股市

引言：养老金与不平等

谈论养老金问题往往会让人昏昏欲睡，至少年轻人对此毫无兴趣。年轻人不相信他们有朝一日会需要养老金，也不愿反复思考需要做出的乏味选择。我记得 1975 年我 29 岁的时候，布里斯托大学要求我确定自己的养老金方案。这些养老金将在 2011 年开始发放，在当年，2011 年这个时间似乎像世界末日一样遥远。然而在 2022 年的今天，我很开心自己能收到这笔养老金，并心存感激，不是感谢年轻时的自己，而是感谢当年那些行政人员，还有工会和政客们，因为是他们让我规划了自己的养老金。如果说年轻人在听到养老金问题时无聊到昏昏欲睡，那么老年人有时候则会因为担心自己的养老而睡不着觉。

在人类历史的绝大部分时间里，人们都是活到老干到老的。到了干不动的那一天，他们会依赖亲人的照料。我们的基因中并不包括规划自己的养老金，因为没有必要。即使有人尝试过这样做，他们也会面临重重困难。在许多文化中，一个人若是拥有财富，则应该与亲人分享，尤其是应该接济需要钱的亲属。财富共享为人们提供了一种互助式的保险，并能够取代养老金。不过，这同样可能让人们难有积蓄，哪怕他们希望这么做。积累一笔储备金需要很长时间，哪怕是到了最近几个世纪，世界上也几乎没有国家能够做到长治久安、经济稳定，从而确保一个人青年和中年时期的积蓄能够留到他年老之时，并且不会因为通货膨胀、战争或被盗窃而灰飞烟灭。对于像我一样在1945年后出生的人来说，长期的和平与经济稳定似乎是一种常态。但事实上，如此长时期的和平与稳定在历史上并不多见。

像其他人一样，经济学家在诸多有关养老金的问题上也一直争论不休，包括养老金应该由个人负责、由社会提供，还是由两方面共同承担，如果由个人和社会分担，其各自应承担的比例是多少，等等。右翼政治派别通常赞成养老由个人负责，让人们自行选择，而左派则倾向于养老金主要来自公共供给，并有一定的强制性。此外，社保养老金应该来自今天养老金领取者年轻时积累的财富，还是应该来自当前就业人口所缴税金，因而相当于他们承担了赡养老年人的义务？如果是后者，这是否会导致国民储蓄的减少？如果答案为是，那么这是否会导致投资减少，经济增长受到限制，并使子孙后代承担恶果？又或者，如果人们不再生孩子，从而导致没有足够数量的年轻人赡养今天的老年人，或是他们突然间生了更多孩子，导致婴儿潮一代的出现，而后者步入老年后耗尽了他们自己以及其他人子孙后代的资源，我们又该怎么办？

无论养老金由社会还是个人承担，都会对不平等状况产生深远的影响，但这个问题却没有得到应有的讨论。如果要打个比方，可以想象有一队小船在惊涛骇浪中飘摇不定。慢慢地，这些小船会逐渐散开，每条船的具体命运取决于这条船的形状大小、天气状况以及船员的技术。然而，如果将这些船用一条长长的软锁链绑在一起，或是将每条船都绑到一艘中央母船上，则船队将成为一个整体，每条船受到的冲击都会被整个船队吸收。船队仍然会四处漂浮，最终可能会远离起点，但这些船会永远聚在一起。这就是所谓的社会保险。有人反对这种制度，理由是这会让船队中那些熟练的船员受到束缚，从而被困在团体中。这些人如果不受共同保险的约束独立出来，可能会做得更好。同时，这些成功的独行侠即使不再是船队的一部分，他们的经验也可能帮助到船队的其他成员。

同样的故事还适用于医疗保险。集体医疗保险，比如单一付款人计划，并不会抹杀运气成分，仍然会有人运气不佳生重病，也会有人运气好到一直健康，还有一些人比其他人活得更长久。然而，所有人分担医疗费用并共享医疗和残疾福利的制度可以降低个人健康状况对其财富状况的影响。毋庸置疑的是，有人疾病缠身而有人身体健康往往会导致贫富差距加剧，因为生病会导致收入受损，并会加大医疗费用负担，但在有集体医疗保险的情况下，负担将不会那么重。当然，集体医疗保险同时也会降低个人为应对不时之需而储蓄的动力。

笼罩在这一切上方的还有股票市场，它的回报往往非常高，极具诱惑力，但它有时也存在巨大的风险。养老金的风险应该由谁来承担？是普通人？他们的雇主？国家是否可以代表每个人？与其他一些国家一样，在美国，曾经由雇主负担和保障的养老金已经被由雇主（部分）支付但由雇员本人负责投资的养老金计划所取代，如果股市崩溃，雇员将承担风险。如果市场繁荣，雇员则可以获得收益。原来的养老金计划也并非完全没有风险，因为永远存在雇主无法履行养老金支付义务的风险，正像航空公司或煤矿倒闭时发生的情况那样。更糟糕的是，企业有动力宣布破产，从而免除支付养老金的义务。私募股权金融机构会收购破产的公司，说服法官豁免其向员工支付养老金的义务，并借此使这些公司恢复盈利。截至目前，我们已经看到多起臭名昭著的类似案例。埃文·奥斯诺斯（Evan Osnos）在其著作《荒野》（*Wildland*）中，对发生在西弗吉尼亚州煤矿的破产案例进行了精彩的描述，[1] 而这只是众多此类案例中的一个。

就这些问题，目前尚未达成政治或经济上的共识，各方观点，尤其是政治观点，随着政府的更迭而不断发生变化。养老金问题涉及的金额巨大，据经济合作与发展组织估计，2019年，美国养老基金的总值几乎是国民收入的1.5倍。[2] 养老金财富存量是美国人拥有的总资本存量的一部分，而资本存量则是未来产出和收入的基础。因此，不仅养老金领取者必须关注养老金财富的问题，每一个希望在未来通过工作赚钱的人都必须关心这个问题。养老金是一种方式，借助它一代人可以将国家财富传递给下一代人。普通人、雇主和政府关于养老金的决定可能会对我们所有人产生巨大的影响。

本章讲述了养老金的不同形式，以及养老金如何对经济学家造成影响，经济学家反过来又如何影响了养老金政策。

"星球大战"与老家伙们

当乔治·布什在2001年实施减税时，政府丝毫没有避讳。我们这些比较富裕、有钱缴纳足够多税款的人在秋季都收到了退税支票，这是多年期减税计划发放的首笔退税款。我们事先收到了美国国税局的一封预告信，通知我们将收到这张支票，并宣布我们能收到这笔钱全都有赖于布什总统。同期，随着互联网泡沫的终结，经济增长逐渐放缓，而减税政策减少了联邦政府的资金流入，巨额联邦盈余迅速消失，虽然在几个月前还存在极高的盈余。最终，只有社会保险金尚有盈余，而这些盈余根据账目处理方式被纳入了当期联邦预算。

减税只是布什总统2000年大选的承诺之一，其他承诺包括增加军事支出，特别是发展导弹防御系统（"星球大战"计划）、维护社会保障制度以及为老年人（即本小节标题中的"老家伙们"，这是当时年轻人称呼老年人的一个俚语）提供处方药福利。这最后一项承诺是一项昂贵的福利，因为药品费用在医疗费用中所占比重越来越大，这种趋势在此后进一步加速，部分是由于技术原因，但也是因为联邦处方药福利对制药商而言无异于不限额的提款机。到 2022 年，处方药福利金的总额已经达到了 1 110 亿美元，约占医疗保险净支出的 15%，预计到 2031 年，这个数字将翻一番，达到 2 240 亿美元。在 2001 年之前，大型制药公司没有推动这种福利，担心这种大胆行为可能会引发价格管制（他们最可怕的噩梦），但随着游说力度的增强，他们决定放手一搏，力争实现不带价格管制的处方药福利。[3] 而随后的立法也确实禁止医疗保险就价格进行谈判。到 2020 年，在华盛顿，每位国会议员身边平均围绕着制药公司的三位说客。（禁止价格谈判的规定在 2022 年被部分废除。）

不过，哪怕是政府也不能想要什么就有什么。2001 年的时候，在军队和老年人之间就爆发了直接的利益冲突，而这一切是在"9·11"事件改变政府的工作重心之前发生的。

当时的国防部长拉姆斯菲尔德本是一位"冷战斗士"，后被重新起用。那时他尚未一心投入在伊拉克和阿富汗的军事冒险，而是决心开始打造一套导弹防御系统，并扩大其他军事领域的支出。这些计划的预算都出自原本指定用于社会保障的资金。毫无疑问，导弹防御系统如果建成，必将给美国带来广泛的好处，不过我怀疑养老金领取者并不认为它重要到足以弥补自己养老金削减的损失。我当时的同事保罗·克鲁格曼不无讽刺地建议，要解决这个问题，可以将五角大楼与养老金计划合并，并创建一个兼顾国防与社会保障的全新保障部。还有其他一些人也指出，美国联邦政府本质上就是一个依托军队的保险系统。

社会保障体系方面也有所动作。布什总统成立了一个高级别两党委员会，就社会保障改革提供建议。这个委员会由前参议员丹尼尔·帕特里克·莫伊尼汉（Daniel Patrick Moynihan）和时任美国在线时代华纳首席执行官理查德·帕森斯（Richard Parsons）担任联合主席，成员包括经济学家约翰·科根（John Cogan）、埃斯特尔·詹姆斯

（Estelle James）、奥利维亚·米切尔（Olivia Mitchell）和托马斯·萨温（Thomas Saving），他们都是从另一项竞选承诺（创建个人退休账户）的支持者中选出的。（科根和萨温公开宣称自己是共和党人，而詹姆斯和米切尔是民主党人。）该委员会首先要解决的，便是创建个人退休账户面临的核心困难之一，即如果今天的工作者将退休储蓄金存入自己的个人账户，那么这笔钱就不能再用来支付今天退休者的养老金，而政府在很久以前就向后者承诺过这笔钱。鉴于年轻人正在为自己储蓄养老金，很难指望他们再为今天的老年人支付养老金，更不用说人们的养老基金可能会因为不明智或不幸的投资而遭受损失。当然，如果政府预算有盈余，这些问题会比较容易解决，可当时预算盈余已经因减税政策而消耗殆尽。

根据该委员会的职责，其成员应该推荐某种形式的个人账户，因此委员会在报告中提出了三种可能的方案，并建议在立法之前至少进行为期一年的讨论。[4] 相关的立法从未出台，但正如我将在下文叙述的那样，布什总统在他的第二个任期内再次做出尝试。即便如此，截至 2023 年，美国的社会保障体系中仍然没有个人退休账户的一席之地。

早在 2001 年，人们的行为方式就已经发生了变化，这种变化趋势可能会使得改革至少从长远来看更加容易。其中一项对社会保障体系有利的调整是退休年龄的提高，这使得人口预期寿命增长的影响将由工作者和退休者分担。（在当时，我们还笃定地相信预期寿命将逐年增加。）提高退休年龄的政策遭到了工会的普遍反对，因为许多工会成员并不认为工作是他们生活中的积极部分，并认为能够在 60 多岁时退休是社会保障承诺的重要组成部分。

在更接近（我的）主要研究的领域，美国学术界人员退休的情况或许可以作为前车之鉴。20 世纪 60 年代末，婴儿潮一代开始涌入大学，促使大学聘请更多教授完成教学任务，而这些教授远远早于婴儿潮一代就步入了退休阶段。美国国会于 1986 年通过了《年龄歧视法案》（Age Discrimination Act），宣布强制退休为非法行为，但当时学院和大学获得了一项豁免，允许他们强制教职人员在 70 岁时退休，这项豁免一直延续到 1994 年。赋予这项豁免的理由是，教职人员强制退休是有必要的，因为这样可以为年轻人，特别是女性和少数族裔腾出上升空间。这项豁免最终被废除，部分是因为一项研究表明，取消强制退休政策对实际退休情况的影响不大[5]（毕竟教授们最不愿意干的就是在不必要的时候还继续上课）。

但事实证明，这样的预测（美国国家科学院也做出过类似预测[6]）大错特错了。大量教授在 70 岁之后仍然留任。奥利·阿申费尔特（Orley Ashenfelter）和戴维·卡德所做的一项分析表明，在改革之前，基本上所有年满 70 岁的教授都退休了，而在改革之后，只有 30% 的教授选择在 70 岁时退休。[7] 废除强制退休政策带来的结果是，在年满 70 岁的教职人员中，过去只有 10% 的人在 72 岁时仍然在工作（有些州自始至终一直禁止强制退休），但现在，由于可以选择继续工作，他们中 50% 的人选择了不退休。

一位年轻的学术界朋友惊讶地发现，担任他终身教职审查委员会主席的是一位长者，而他原本以为那位长者不仅早已从大学退休，而且早已经离开了人世。在一些大学，行政管理人员积极地尝试鼓励年长教师退休，包括采取灵活的兼职过渡安排，并为那些因工资水平（或投资决策）而无法在离职后维持舒适生活水平的人提供补充养老基金。阿申费尔特和卡德发现：私立研究型大学的教授退休的意愿相较于教学负担较繁重的大学的教授要低得多；同样，工资较高或养老金累积金额较少的教授也更不愿意退休。[8] 有趣的是，如果一位教授的薪资在自己所在机构中偏高，就更不愿意退休，而这与其财富状况和绝对工资数额无关；权力和地位本身就会给人带来愉悦感，而这些一旦退休便不再拥有。他们的报告声称，导弹防御计划对于人们退休的概率并无影响。

这么多教授不愿意退休，可能只是说明我们生活安逸，上几堂课不像经营公司，更不像从事低级工作那样辛苦。如果真是这样，那么解决国民养老金问题的一个好办法可能是让所有工作都像大学教授那样充实而令人愉悦。

养老金办公室之旅

过去半个世纪以来，美国人赚取和领取养老金的方式发生了巨大的变化。[9]此前，大多数能够领取养老金的人领取的都是"固定收益"养老金。顾名思义，这种养老金的金额和领取时间或是提前设定好的，或是遵守事先商定的规则（如与最终工资有关）。雇主保证支付此类养老金，如果雇主的公司倒闭，则作为政府机构的养老金福利保障公司（Pension Benefit Guaranty Corporation）至少会承担部分支付义务。养老金在雇员工作期间由雇主和雇员共同缴纳。目前，私人部门的"固定收益"养老金计划现在已经基本上被"固定缴款"养老金计划取代，后者与以前的计划一样，由雇主和雇员在雇员工作期间共同缴纳养老金，但这笔钱被用来投资，雇员在退休后以按月支取的方式领取投资收益。

包括我在内的许多大学教授都参加了"固定缴款"计划。这种计划对于一位上了年纪的教授而言绝对是使其在退休面前三思而行的强大动力。正如前面所述，大学和其他雇主一样不能强制要求员工退休。即使对于我们这些已经拥有足够积累的人来说，从每月有高额薪水可领变成完全没有薪水，这种前景想想就令人心惊。固定收益计划养老金（通常）意味着退休后的收入会下一个台阶，但并不会一落千丈。许多教授固然薪水很高，奈何人生多艰，许多和我同龄的朋友都有缺乏经济保障的成年子女，在现在和未来都需要父母的接济。因此，许多愿意在领取固定养老金的情况下离开课堂的人，面对零退休工资的情况不再愿意退休。

普林斯顿大学一位学院院长有一次曾对我说，他的大部分时间都花在了三项任务上，那就是：努力雇用少数族裔，努力为潜在新员工的配偶寻找工作，以及努力劝下属退休。他和他的助手长年追着一位顽固的85岁老教授，（大声地、一次又一次地）向他解释退休文件的内容，但他们的说服对象只是颤颤巍巍地放下笔并宣布："该死，我会争取干到90岁。"

2015年10月初，我决定在70岁生日到来之前签署退休文件，然后拿到半年工资作为激励奖金。如果我当时就知道，四天后瑞典斯德哥尔摩会打来电话（通知获得诺贝尔经济学奖），做出这个决定肯定更容易。当时，安妮和我不无担心地下定决心，我们已经有足够的钱应付未来之需。安妮无意很快退休，我们也很幸运，没有需要我们补贴的孩子。在计算退休后收入的时候，我算上了自己在英国和美国两个国家的养老福利，因此需要接触两国的养老金管理部门。我与两国养老金部门打交道的经历生动地反映了英国和美国福利安全保障体系的不同特点，而这些特点的重要性几乎不亚于财务规则本身。

没有人愿意与官僚机构打交道。我在英国一直很幸运，在我出生的年代，英国福利国家的雏形初现，我把政府视为我的朋友。半个多世纪后，事实仍然如此。在线填写表格不是件容易的事，很多要求似乎都不适用，而且一如既往地没有留出足够地方写明理由。但我尽最大努力填完表格并点击了提交按钮。我收到了几封如蜗牛般姗姗来迟的邮件，甚至设法促成了美国税务当局和英国养老金体系之间令人难以置信的成功交流。我给有关官员打过两通电话，她们给我的印象是善良而能干的中年阿姨，穿着羊毛衫，喝着茶，并且非常清楚自己在做什么。我很快就高兴地收到了来自英国的两张金额不大但仍然令人欣慰的月度支票，这两张支票都是固定收益养老金，一张来自大学养老金系统，另一张来自英国政府。它们安静地出现在我的银行账户里，没有给我惹任何麻烦。

我向美国社会保障署提交申请的过程就没那么轻松了，尽管他们承诺会提供轻松的全在线体验。开始的时候一切都很顺利，但一定是我的双重国籍公民身份引起了他们的警觉，我得到通知去一个社会保障管理中心面谈。这给我的感觉简直就像是被告知去附近的州立监狱报到一样。当我带着网络预约申请到达那里时，一位看上去不太友好的员工很快隔着厚厚的玻璃窗见了我。我出示了系统给我的号码，但被告知电脑里没有该号码或是我的记录。然后，我被告知在一间没有窗户的房间里等待接见，我在那里坐下来，尽量不去想狄更斯或卡夫卡①。我周围全都是抱怨连连的申请人，其中大部分是非裔或西班牙裔美国人，有些人还身体残疾或带有精神疾病，还有很多人显然极度焦虑。有些人弄丢了文件，被切断了养老金支持，不得不与那些反应迟缓且不愿意帮忙的官员苦苦斗争，而这些官员本身的权力也显然有限。很难说他们和申请者谁更值得同情。

也许我读狄更斯和卡夫卡的书有点多了，事实上，我很快就被带到了另一间没有玻璃屏障的办公室，并接受一位年轻女士的询问，可能她的电脑功能更强大或是网络连接更好吧。"你今年的收入是多少？"她问道。考虑到社会保障的发放规则，这个问题其实应该并不相关，但那里显然不是争论这一点的好地方。诺贝尔奖的奖金被视为普通收入，外加有我半年薪水的退休奖金、安妮和我全年的正常工资（我要到第二年7月才会正式退休），以及一些演讲费和一点咨询收入，所以当我说出包括奖金在内的荒谬金额时，我认为游戏到此结束，百万富翁可以打道回府了。我的问讯者对这一数额未做反应，但离开了她的办公桌。一两分钟后，她回来告诉我，我赚多少钱无关紧

---

① 两位作家均在作品中辛辣地讽刺了官僚机构的冷漠和低效。——译者注

要，并问我准备用哪家银行的账户接收养老金。

当我站起身准备离开时，她的一位同事站在那里，并问我是否真的获得了诺贝尔奖。"是的。"我回答说。"太棒了！"他笑着过来和我握手，当他和所有同事都围上来时，他说道，"以前还从来没有过诺贝尔奖得主来过这间办公室。"

养老金和股市

从1983年自英国搬到普林斯顿开始，我就一直按期缴纳养老金。鉴于我要到2016年才会从教学岗位退休，所以我有三十多年的时间来积累一笔钱。普林斯顿大学会为我缴纳养老金，还有我薪水的一部分也会被用来缴纳养老金。我退休后有多少钱可花取决于我的投资组合选择以及股市的表现。这与我在英国的养老金计划有很大不同，在英国，个人不能自行选择投资，我的退休收入与通货膨胀挂钩，养老金数额取决于我退休前的工资和我的工作年限。由于年轻时就得到晋升，所以和那些在退休前才得到晋升的人相比，我在工作期间缴纳的养老金更多，但我们退休后领取的养老金一样多。不过，我对此没有任何怨言，过去十年来，我每个月都会收到一笔数目不小的款项。

大多数就职于私立大学的美国学者的养老金都与我在普林斯顿大学的养老金类似，但公立大学，尤其是规模庞大的加州大学体系中的许多人，则参加了更类似于我在英国那样的养老金计划。这种选择反映了深刻的哲学和政治分歧：加利福尼亚州和英国的养老金计划以集体责任为基础，统一进行投资，收益的分配则是基于个人的工作年限，而不是个人的投资能力或是在股市中的运气。这种方法更像"按需分配"（或者也可以说是"按其应得的报酬"，因为养老金的金额取决于他们在大学的服务年限），而不像"赌运气"。与此相反，在以个人为基础的养老金计划中，最终的养老金收入取决于个人的选择和市场行情，由个人承担风险。当然，投资风险是无法消除的，因而必须有人承担风险。集体责任制养老金计划的成功有赖于中央投资机构的良好业绩。近年来，英国的中央投资机构业绩欠佳，并引发了诸多痛苦和争议，其中包括大学教师的罢工行动。对政府一直深存疑虑的保守派也担心，这笔集体资金不可避免会遭到政客的掠夺，其中也包括那些本来心怀善意的政客，这些人津津乐道于诸多可以让世界变得更美好的计划，但前提是有其他人的钱可供他们随时取用。

像许多年轻人一样，我年轻时也很少考虑多年以后的事。但我很快就充满了喜悦而不是恐惧。我刚进入普林斯顿大学工作时，道琼斯指数仅有 1 200 点，刚刚跨过 1 000 点大关。道琼斯指数在 1997 年突破了 7 000 点，年增长率达 16%，按通胀修正后的年增长率约为 13%。截至 2022 年春季，该指数自 1983 年以来的年增长率为 9%，经通胀修正后超过 6%。和其他股东一样，我们在新冠疫情期间的收益也很不错，至少在 2022 年初俄乌冲突爆发之前是这样。20 世纪 90 年代，美国许多地区的房价几乎停滞不前，因此对于大学教授而言，他们养老金中的股票组合部分取代了住房升值，成为他们致富的引擎。

学术界人士并不是美国中产阶层中唯一切身利益与股市息息相关的群体。美国的公司已经系统地以固定缴款和员工主导型计划取代了过去标准的固定收益养老金计划。其结果便是，许多白领的利益开始与股市的走势直接息息相关。对于许多在 20 世纪 80 年代和 90 年代固定缴款计划推行后才初次体验股市的美国人来说，股市一直是慷慨施恩的神明一样的存在。同时只要市场保持繁荣，公司和政客也可以获利。新泽西州州长克里斯汀·惠特曼（Christine Whitman）在 1994 年凭借降低州所得税的承诺当选，而她依赖的便是州雇员养老基金在股市上的收益（该州雇员采用的是固定收益养老金计划，并且当时资金充实）。她的成功使她（非常短暂地）成为共和党的后起之秀之一，但不久后，东北部各州的共和党派便与其他共和党温和派一道几乎绝迹。

随着股票市场和私人养老金计划的蓬勃发展，作为联邦养老金体系的社会保障资金正在迅速耗尽。面对这种情况，专家们聚在一起试图找出解决方案。由密歇根大学的爱德华·格拉姆利克（Edward Gramlich）所领导的一个社会保障咨询委员会在 1997 年提出的一份报告称，预计在 25 年内，社会保障向受益人支付的款项就将超过现收现付的缴款，社保基金将在随后十年内，即 2032 年下半年耗尽。与普遍看法相反，问题的根源并不是婴儿潮一代即将到达退休年龄（多年来人们一直很清楚会发生这种情况），而是由于一些更不起眼的原因，尤其是就业和收入增长低于预期而导致的缴款减少。如果将社会保障工资税税率从目前的 12.4% 提高到 14.6%，则社保基金将可以在未来 75 年内具有偿付能力，但这种解决方案就像全民医保、枪支管制或废除死刑的提案一样，基本上不可能获得通过。事实上，时至 2023 年，社会保障税的税率仍然为 12.4% 未变。于是，该咨询委员会建议社会保险基金也追随私营养老金保险计划的脚步，转向同一位神明——将社保基金的一部分投资于华尔街。

然而，在具体做法和应做到什么程度的问题上，委员会陷入了绝望的分裂。其中最小的派别（包括主席及一位支持者）持了中间立场，而另外两个较大的派别则分别持有更加极端的立场。其中一派的成员主要是工会代表，还包括社会保障署前署长和美国教师退休基金会主席（当时这两个职位由同一个人担任，但现在他只是美国老师退休基金会主席，正是这个基金会持有我在普林斯顿的养老金），他们对股市充满怀疑，认为当前社会保障的管理非常成功，并提议一方面由政府将目前的社保基金盈余投资于市场，另一方面在 2045 年加税以解决财政短缺问题！每个人都可以投票支持这项提议。

如果说这项提议确实如社会保障制度反对者一直指责的那样，夸张地展现了极度不负责任和只顾眼前利益，那么另一派的观点则可以看作对个人借助市场来规划自己退休生活的能力的极端认可。这一派别提议，将一半社会保障缴款投资于由个人控制的个人储蓄账户（即私有化），不对投资资产选择加以控制，并允许人们在退休时一次性提取所有投资。已故著名经济学家詹姆斯·托宾称这个提议为"疯人院"，在这里股票和债券销售人员"争抢每个老家伙的社保基金"。[10] 这两派人中的一派强调了市场的高平均回报，另一派则强调了风险，但不论是回报还是风险，在不同时间、不同人群之间都千差万别。

正如我在上文中所述，乔治·布什总统在 2001 年任命了一个自己的委员会，但该委员会对个人账户的建议不了了之。2005 年，在喜获连任的鼓舞下，布什总统试图利用自己在无须最高法院介入的情况下即合法当选的政治资本，再次推动养老金的私有化进程，但民主党在 2006 年控制了两院，从而使得这一努力戛然而止。后来，鉴于 2007 年发生金融危机，2009 年初道琼斯指数又下跌了近一半，股市这位神明的信誉被玷污，私有化的言论在一段时间内基本上销声匿迹。事实上，尽管股市在新冠疫情期间创下历史新高，时至今日仍未有任何社保基金入市。与此同时，社会保障体系也仍在跌跌撞撞地前行，虽然一直笼罩在有朝一日资金耗尽的阴影之下，但这个日子尚未到来，而且由于小幅提高了开始支付社会保障金的年龄（即社会保障界定的退休年龄），灾难降临的日子被稍稍延后一些。

那么，教授们的情况如何？回到 20 世纪 80 年代，教授们按照规则不能完全控制退休金投资组合中资产的选择，只能在股票和债券之间做出选择，并且只能分配新的缴款，不能分配累积缴款。在社会普遍趋向个人主义和市场信仰的大潮下，这种家长式作风显然已经过时。学术界现在有了更多选择，既包括绿色基金等新生事物，也有普通的老式现金产品，从而使得我们可以尽情在市场冲浪。那些对股市心存疑虑的教授们（当然不包括经济学家！）可以通过国债进行退休金投资，但斯坦福大学的约翰·肖文（John Shoven）有一次曾将这种选择比作乘地铁从纽约前往洛杉矶。后来以"助推理论"（Nudge Theory）

而出名的理查德·塞勒曾经试图了解人们如何分配自己的投资，许多人回忆说，他们选择的是默认配置，但实际上默认选项并不存在。当被追问时，他们又回忆说，他们在首次受雇并填写养老金表格时，曾咨询过递给他们表格的行政人员，行政人员则大多会告诉新加入者其他人的选择。数百万美元的养老金就是以这样随意的方式被投资，然后增值或损失掉。

这种情况不仅堪比赌场，甚至可以被比作黑心赌场，其中玩家被蒙住双眼，由送饮料的服务生建议他们赌点什么。尽管如此，总是会有人高高兴兴带着赢来的钱回家。这就是赌场的特点：每个人在进来时都一样，离开的时候却远非如此。

由于给予教职人员如此大的选择自由，普林斯顿大学和其他参与计划的大学不再能够保证其教职人员晚年的生活能够有保障，而这种保证无疑是大学参与退休金计划并限制可投资范围的原因之一。这些限制实际上提供了一种折中的方案，既不像固定收益养老金计划那样完全不受个人控制，也不像个人主义占绝对主导的固定缴款养老计划那样毫无控制。曾经一度，这样的情况绝对不会发生：拿骚厅（Nassau Hall）[1] 的大门口成为曾经的诺贝尔奖得主，但现在无家可归的老教授们最后的庇护所，他们出于谨慎相信"现金"产品是适合长期投资的"安全"资产，或是相信神明永远面带慈祥的微笑。

但无论是对大学还是对整个国家而言，这也许不会成为问题。根据咨询委员会的报告，许多美国人认为，他们的收入和股市投资的成功（或失败）都是自身努力的结果，而这是人人可得的，那些在股市上赚到钱的人对不赚钱的人没有任何亏欠。安·兰德在此再显神威。左派和右派有关分配的战争已经从古老和静态的累进税制问题转向更加动态的领域，特别是社会保险以及幸运者应在多大程度上对不幸者

---

① 拿骚厅是普林斯顿大学的行政大楼，也是其最古老、最有名气的建筑。——译者注

承担责任等问题。一路走来，承担风险的对象已经发生了巨大的变化，从原来的公司和投资经理到今天的个人，其中许多人既不擅长风险管理，也无法在犯错时得到充分的保护。自 1975 年以来从集体风险管理到个人风险管理的转变趋势使得人们被分为了赢家和输家，并加剧了不平等。[11]

太阳和月亮：金融危机之后

有一个带有性别歧视色彩的笑话，讲的是两位达拉斯妇女在月光下坐在公园的长椅上聊天：

> "你认为哪个更近？"其中一个人若有所思地问，"是月亮还是休斯敦？"
>
> "废话。"
>
> "你是什么意思，废话？"
>
> "当然是废话，你从这儿能看到休斯敦吗？"

据报道，只有不足 10% 的美国人表示，他们"看到"奥巴马总统 2009 年的刺激计划《美国复苏与再投资法案》（American Recovery and Reinvestment Act）带来了失业率的下降，尽管该法案耗资超过 8 000 亿美元以对抗经济崩溃。[12] 这种通过政府支出来降低失业率的想法可以追溯到 20 世纪 30 年代凯恩斯的理论，而该理论过去（以及现在）得到了绝大多数（尽管不是全部）经济学家的支持。随着政府加大支出，新的工作岗位被创造出来，或是旧有工作岗位再度复苏，收入与没有刺激的情况相比也会有所增长。

然而，许多当时参选高级职位的共和党候选人并不这么认为，他们中许多人的施政纲领均围绕着通过消除政府的赤字来解决失业问题，并因此而成功当选。而这，无异于通过关掉水龙头来灭火。更严重的是，许多人认为，适用于家庭的经济原则，即到最后人们必须根据自己的收入来调整自己支出的原则，同样适用于政府。这种信念在20世纪30年代大萧条期间成为多数人的信条，并且至今仍然如此，但它实际上并不正确。毋庸置疑，这种朴素且看似简单易懂的类比让这种想法深入人心。然而，政府不像个人，它永远也不会花光所有钱，因为如果需要的话，政府可以印更多的钱，而且当经济低于产能极限运行时，出现通货膨胀的风险很小。在经济衰退期间减少政府支出的做法就好比在饥荒期间减少食品进口。

对于我们这些自入行之初便熟读凯恩斯经济学理论的人来说，反赤字这条巨龙早已被杀死。我们也许可以将民众的这种"无知"归咎于美国教育的惨淡状态，但经济学家对此也确实难辞其咎。由于经济学界内部存在分歧，加之未能达成口径一致的表述，我们没能为公众关于宏观经济学因果关系的争论设定合理的边界。当然，这样说也许不对，毕竟我们很难将有关休斯敦、达拉斯和月球相对位置的争辩归咎于天体物理学家。不过，天体物理学家对太阳系结构的看法肯定比经济学家对经济结构的看法更为一致。

人们对经济学的态度类似他们如何看待达尔文的进化论，只要了解他们的政治意识形态，就能准确推断出他们会相信什么，甚至不用考虑休斯敦和月球的相对位置之争或是批判性种族理论（critical race theory）[1]，想象得克萨斯州或佛罗里达州的州政府和学校董事会可能通过立法反对学校教授凯恩斯主义经济学也并不算异想天开。虽然我

---

[1] 批判性种族理论是一个起源于美国的跨学科学术理论。该理论认为，现有的社会秩序及忽略族裔因素的法律是建立在种族主义之上且为白人优越主义服务的，所有白人皆在该体系中通过压迫有色人种获益；系统性的种族歧视已经渗透到社会生活的各方面；对所有族裔一视同仁的法律并不能消除种族歧视，反而会持续造成种族不公正的结果。——译者注

并没有天真到认为经济学具备强大的核心科学理念，可以完全独立于政治存在，但一个局外人可能会好奇，我们过去80年来一直在干什么。在刺激增长或保持充分就业等基本宏观经济问题上，这个学科甚至在内部都未能达成普遍共识，因此我们无法说服普通民众或许不足为奇。

在2008年的金融危机中，大学也受到了伤害，但许多美国人认为它们受的苦还不够多。在失业率居高不下的情况下，人们自然会对终身制教职赋予的终身就业保障感到极度愤慨（这种愤怒现在仍未消失），人们同样不理解，为什么一群所谓学者，每天工作时间不长，挣着高薪，而且显然无法预测或应对金融危机，却莫名其妙地免受困扰他人的不安全感之苦。与此同时，大学教育费用的增长速度远远快于物价上涨水平，学生贷款存量增长超过信用卡债务增长，无疑更是为这种愤怒情绪火上浇油。拥有终身教职的教授变得像银行家一样不受欢迎。最近的报纸文章有这样一篇报道：弗吉尼亚州愤愤不平的白人选民宣称，"他们觉得某些局外人屈尊降贵的行为令人不快"，并"哀叹受到了来自本地名校弗吉尼亚理工大学的'博士污染'"。[13]

金融危机发生之后，大学大幅裁员，尤其裁减了大量后勤保障人员，这并不是因为保障人员工作不力，而是因为他们没有终身职位或是加入工会，所以解雇起来更容易。此外，顶尖大学之外的大学还加速用"兼职教师"取代终身教职人员，以降低成本，这些"兼职教师"没有终身教职，教学负担沉重，没有时间做研究，并且工资较低。据估计，现在超过三分之二的大学教学任务是由非终身教职的兼职教授完成的。

与过去相比，大学现在更容易受到市场波动的影响。他们花了20世纪的大部分时间从投资债券转向投资股票，但随后只用20年时间便全面接受了由耶鲁大学开创的更激进的投资策略，包括投资于私募股权、风险投资、对冲基金和大宗商品。从1986年到金融危机前的一段时间，所有大学的捐赠基金总额从不足 500 亿美元激增至超过 3 500 亿美元，这种势头只在 2000 年至 2003 年期间有过短暂中断。尽管从 2008 年 5 月到 2009 年 3 月，标准普尔 500 指数下跌了 45%，但对于大学捐赠基金而言，也只是回吐了此前两年的回报而已。因此，即使经历了金融危机，对"绝对回报"的追求也的确带来了丰厚的回报。

享有如此丰厚的投资组合收益，也许大学面对金融风暴本该立于不败之地。毕竟，哈佛为什么能做到在 2008 年 6 月坐拥 370 亿美元，哪怕在危机过后这笔钱缩水到 250 亿美元？大学的管理层似乎更关注如何利用大学来保护捐赠基金，而不是利用捐赠基金来保护大学。本·伯南克还在普林斯顿任职时曾经抱怨说，管理层唯一关心的就是让捐赠基金看起来"像太阳一样大"，甚至看起来比月亮还要大。（伯南克曾声称，担任普林斯顿大学经济系主任比担任美联储主席更困难，不过他是在金融危机前说的这话。当然，他在金融危机后又宣称，他认为自己一生中最困难的一段公共服务经历是担任蒙哥马利镇的学校董事会主席，他居住在这座位于普林斯顿大学旁的小镇上。）

虽然没人清楚地知道管理层在面对金融市场波动时应该做什么，但在崩溃后，逐步缩减捐赠基金规模而不是重建它们似乎是合理的选择。不过，大学捐赠基金的支出通常会按照过去几年平均捐赠额的特定百分比（比如 5%）来计算。这个规则在市场处于上升趋势时相当保守，但随着 21 世纪初市场的飙升，它们仍导致大量新支出的产生，如创建贴合当前时髦主题的新投资计划，其中一些计划的内在价值很低，然而一旦建立就很难撤回。因此，虽然金融危机过后大学仍然比多年以前富裕得多，但如果不削减支出，其遵循的支出规则将无法维持。与此同时，管理层（和受托人）通常最多只会同意临时调高支出百分比。从缩水的捐赠基金中维持特定支出水平意味着，按照既定规则计算，捐赠基金的支出比例过高，这让许多基金管理者感到害怕。根据杰夫·布朗（Jeff Brown）和同事进行的一项研究，在这种情况下，基金管理者的典型做法是降低支出比例，从而重建捐赠基金，而这种做法使得捐赠基金变成了一块沉重的磨盘，而不是一个救生圈。[14] 于是，大学削减招生规模，减少对学生的财务补助，并削减除管理人员数量之外的所有东西。一些大学还借入巨额资金，以应对私募股权和风险投资活动引发的流动性危机，此前他们似乎完全没有考虑过这种可能性。

普林斯顿大学位于新泽西州，该州与大多数其他州一样，自身也面临着许多严重问题。宪法要求美国大多数州都要平衡预算，因此在危机降临时这些州别无选择，只能在收入减少时解雇员工。有一段时间，华盛顿的刺激措施提供了暂时的帮助。由于急需现金，各个州政府和大学一样，也希望通过另类投资寻求"绝对回报"，特别是用于支付退休人员养老金（仍主要是固定收益计划）的养老基金。

许多州的养老金金额受到宪法的保障，这使得它们几乎不可能修改（由于许多州政府雇员无权领取社会保障金，因此他们没有其他养老金收入来源），一些州（尽管绝不是所有州）显然将无法履行养老金支付义务。在几乎一无所有的情况下，高风险的投资项目变成了唯一令其有偿付能力的机会，尽管这个机会很渺茫。于是，各州也开始步大学后尘，将其养老基金投资于更高风险的投资产品。

金融危机改变了这一切。那些曾经可以依靠养老基金收益减税的州，现在则至少在获得高风险收益之前，面临着有可能无钱履行宪法义务并支付养老金的境况。金融危机使各州几乎不可能以谨慎的方式修复这些问题，而与个人相比，政客们无疑更有动力剜肉医疮，但求眼前过关。有一年，伊利诺伊州通过从养老基金本身借款履行了联邦政府规定的向养老基金缴款的义务。2010 年，新泽西州因在养老基金偿付能力方面撒谎而被美国证券交易委员会以证券欺诈罪起诉，还有其他一些州也同样受到了调查。

普林斯顿大学和哈佛大学无疑不会很快破产，它们的雇员"安全"地承担着自己养老金的风险（至少大学是这么看的）。当然，鉴于新冠疫情期间利率保持在接近零的水平上，股市连创新高，至少暂时看来，我们的养老金积累大大好于任何人的预期。各州的养老基金也有所恢复，部分是通过过去十年中大幅增加供款，另一部分则源于股票市场这位"神明"的慷慨，尽管这种慷慨难以持久。

世上并没有无痛或无风险的养老金提供和投资解决方案。人们经常只顾眼前，政客们更是如此，毕竟，政客们的政治生命远远短于人们的生命。股市往往具有不可抗拒的吸引力，但将普通人的命运与股市波动挂钩是愚蠢的做法。并没有什么神明。虽然人们确实有分享不断增长的经济财富的空间，但养老金需要集体管理，以避免不择手段却相对消息灵通的政客和管理者将风险转嫁给消息闭塞的个人，而后者的养老金往往只能勉强维持其退休后的生活。最近，比特币已成为最新的诱人的海市蜃楼，其风险甚至比股票市场还要大。在业界的怂恿下，[15] 尽管拜登政府发出警告，[16] 弗吉尼亚州费尔法克斯县的退休系统仍然在 2022 年投资了比特币。[17]

有权有势：婴儿潮一代的浴室来信

经济研究和经济政策之间，哪怕确实存在联系，这种联系也是非立竿见影，又不可预测的。没人怀疑学术思想从长期看拥有重要的影响，也不会有人否认，为政府工作的经济学家在关于现行政策的辩论中发挥了作用。但在实际生活中，很难找到例子证明，法律的变化可以追溯到特定的学术研究成果，并且这个研究成果不仅没有历经多年验证，甚至尚未公开发表。然而，1996 年的春天就出现了这样一个例子。

美国经济学界的开放程度令人印象深刻。有些经济学家 20 多岁就可能成为著名大学的正式教授，而这种职业上的成功不仅会为其带来学术地位的提升，还会带来丰厚的金钱奖励。由于商学院之间激烈的竞争，学院派经济学家，甚至包括非金融领域的学者的实际薪资稳定增长。超高的起薪、漫长的职业生涯和喜人的股市表现可以带来巨大的财富积累。以一位高薪教授为例（其薪资并非高到离谱），假设一位 60 岁的资深经济学教授已经担任教授 35 年，他 1998 年的年收入为 20 万美元，薪资年实际增长 5%，任职期间他所在的机构一直按照他工资的 12% 为他缴纳养老金，并将这笔钱投资于标准普尔 500 指数，那么到现在，他的养老基金按 1998 年的价格计算约为 230 万美元，按 2022 年的价格计算则达到 400 万美元。而按照相同的趋势计算，到这位自 25 岁起就担任教授的年轻巨星年满 60 岁时，其养老基金按 1998 年的价格计算将达到 2 400 多万美元（按 2022 年的价格计算为 4 135 万美元）。这些钱尚有待扣税，由于其金额相当惊人，足以触发某些当时尚存、本来只适用于富豪的特殊税种。

1996 年 11 月，斯坦福大学的约翰·肖文和哈佛大学的戴维·怀斯（David Wise）发表了一篇工作论文，其中研究了"超额积累"税和"超额分配"税的影响，并引发学术界、政策制定者和公众的广泛关注。[18] 这些税种设计的初衷是防止养老金计划被富人用作避税手段，在 1986 年《税收改革法案》（Tax Reform Act）中得到强制实施，《税收改革法案》的重点之一便是消除遭到滥用的避税手段。新的税种将抵消大部分养老基金积累时获得免税收益，特别是在本人去世后基金作为遗产传给后人时。这些"超额"税是在州和联邦所得税、遗产税之上加收的，因此，如果一个即将退休的人不幸去世，并且其已经积累了足够高的养老基金，从而触发了超额税，则其继承人可能只能继承不足 10% 的基金；如果他们更不幸，是在纽约生活（和去世）的人，那么他们留给继承人的只有基金金额的 0.25%。 并非只有超级富豪才会触发超额税，对于那些在漫长工作生涯中坚持向养老基金中储蓄的人来说，即使收入微薄，复利也有足够大的魔力。

肖文和怀斯的论文不仅引起了税务会计师和遗产规划师的广泛关注，而且吸引了媒体的广泛关注。人们普遍愤怒的一点是，婴儿潮一代中产阶层的唯一恶习就是节俭，而现在，仅仅因为他们有先见之明将钱投入股市，就要落到财产被"成功"没收的境地。米尔顿·弗里德曼长期以来正是以这种观点来支持废除遗产税的。

1997 年夏天，肖文和怀斯在亚利桑那州一个高尔夫度假酒店举行的会议上展示了他们的研究成果。这家度假酒店的房间巨大，装饰成索诺拉沙漠中巨型石窟的样子，房间四周有仙人掌守护，酒店的管家服务细致贴心，甚至在每个浴室中都备有阅读材料，包括《价值》（*Worth*）杂志。这份杂志的封面文章对来度假的高尔夫球手和美食家们（还有经济学家们）发出警告，称他们的财富正面临威胁。《时尚先生》（*Esquire*）杂志则为其口中"美国新兴'准富人口'——富裕到可以积累七位数的遗产，但又没有富到负担得起真正的富人世代享有的遗产规划"的命运发出了哀叹，并敦促读者"现在就拿起笔，写上几封直言不讳的信，寄给国会首席税务立法者，参议员比尔·罗思（Bill Roth）和众议员比尔·阿彻（Bill Archer），告诉他们，你希望这些不合理的税赋遭到废除，宛如昔日那样"。[19]

如果说昔日不可追，那么至少明日尚可期。"超额"税根据 1997 年《纳税人救助法案》（Taxpayer Relief Act）被废除，该法案将废除超额税"计入"收入增加，理由是这将激励人们提款和缴纳递延税。富裕的婴儿潮一代的声音在华盛顿很少被忽视，哪怕他们的抱怨是用铅笔写在卫生纸上的。此外，1997 年的预算实际上还废除了出售自住房屋的资本利得税。在此之前，此类收益可以展期缴税，但（除了有限的豁免情况）最终仍需要纳税；在这个问题上，我们很难不再次看到婴儿潮一代的身影，因为他们为自己的房屋缴纳资本利得税的时间点已经临近。在这样的环境下，政府很难着手应对真正的大问题，比如为社会保障体系，尤其是医疗保险体系筹措资金。但这没什么关系，只要"准富人口"的利益得到关照就行了。

经济学家携手努力，共商养老金和社会保障问题

经济学家在私底下经常悄悄地认同业外人士、记者和政策制定者对我们的指责，包括我们更关注效率而非公平，更可能回应富人而不是穷人的需求。我们还被指责薪酬过高、过于专业化和过于正式，过分沉迷于方法论，沉迷于理论（而非事实），沉迷于对不可靠的数据进行"复杂"分析。此外，已故的雨果·索南夏因（Hugo Sonnenschein）[他并非局外人，而是经济学界顶级技术期刊《计量经济学》（Econometrica）的前编辑]也曾不无讥讽地表示，也许现在应该将他的杂志按照名字一分为二了，一本叫《艰深难懂》（Esoterica），另一本叫《细枝末节》（Trivia）。

在美国以外经济学界人士的眼中，美国的经济学界经常比不切实际更糟糕。剑桥大学教授、凯恩斯的朋友和学生琼·罗宾逊就喜欢指责新古典经济学家是资本主义的辩护者，而且符合这个标签的例子并不难找到。不过，如下面所述的那样，反例也确实存在。

20 年前，我参加了美国国家经济研究局（NBER）举办的第三届年度社会保障日活动。该机构是一个无党派的研究组织，坐落在马萨诸塞州剑桥市，就在哈佛大学通往麻省理工学院的大道上，它支持和主办了大量研究项目和研讨会。每年，美国国家经济研究局都会组织"夏季学会"，这是一场研讨会云集的盛会，涵盖了几乎所有应用经济学领域。社会保障日活动正是夏日学会期间举办的一个为期一天的研讨会，由马丁·费尔德斯坦在生前组织，他当时是美国国家经济研究局主席，并已经担任这个职务多年，在塑造该组织今天的格局方面功不可没。（美国国家经济研究局也正是前面一节所述的亚利桑那州会

议的组织者。）

正如我们已经看到的那样，美国的社会保障制度一直处于需要改革的状态。因此各式各样的方案被反复拿出来讨论，包括提高退休年龄，用一系列个人账户部分取代目前的现收现付制度，将部分社保信托基金投资于股市，以及加税和减少福利的组合方案等等。这些方案有一个共性，那就是每个方案都对部分人有利，而会损害另一部分人的利益，而且都涉及严重的政治风险。在社会保障问题上，存在着尖锐的政治分歧。费尔德斯坦那样的保守派倾向于支持基于市场的解决方案并削弱政府的作用，他们主张设立个人储蓄账户，政府只负责提供一个备用安全保障体系。许多保守派人士有一种根深蒂固且并非毫无道理的担忧，即政客们会干预信托基金的投资，而且很难设立一个机构来防止这种合法的"盗窃"行为。他们还指出，历史记录表明，在任何合理的时间段内，股市的表现都优于其他投资形式。

那些对市场解决方案持怀疑态度的人则担心，任由个人自己负责投资，不可避免会导致日益严重的不平等，因为某些人会比其他人做得更好。这一派还喜欢共享系统带来的相互保险作用，并担心数百万个人账户巨大的管理成本，以及这些账户可能会遭到金融行业的滥用。有好几次，我的朋友曾找我咨询，问我投资顾问要求他们每年支付投资组合的1%作为基金管理费是否合理。当我告诉他们，30年之后，年回报率3%的投资组合的价值只有年回报率4%投资组合的75%，换言之，投资顾问最终会吃掉他们财富的四分之一，他们通常会大为惊讶，甚至难以置信。

我参加的那个社会保障日活动最显著的特点是经济学家们携手合作、集思广益，尽管他们政治立场不一，学术专长更是千差万别。费尔德斯坦本人一直公开坚定地支持设立个人账户，他的大部分学术研究围绕支持这一改革路径开展。但这并没有阻止他领导下的美国国家经济研究局履行职责，举办一场论坛供各方展开广泛的讨论，也同样没有阻止他本人坦率地将自己的观点暴露在最激烈的专业批评和质疑面前。例如，斯坦福大学的经济学家罗伯特·霍尔（Robert Hall）提出了一个令人难忘的问题：如果股市的回报率如此之高，为什么我们不发行政府债券并将收益投入股市，然后用获得的利润为所有政府活动提供资金？此外，费尔德斯坦还毫不吝啬地贡献了自己在经济理论、数据和政策制定方面的丰富经验，热心为他人提供帮助。费尔德斯坦曾担任里根政府的经济顾问委员会主席，但因为反对联邦赤字的原则性观点不容于里根其他奉行"巫毒经济学"（voodoo economics）① 的经济顾问而离职。

与支持私有化的观点相反，后来获得诺贝尔经济学奖的彼得·戴蒙德（Peter Diamond）长期以来一直公开呼吁人们关注私有化改革可能对分配造成怎样的后果，以及看似不高的管理成本将会对个人账户的最终积累产生怎样的影响。戴蒙德在宏观经济学方面的基础性工作为几乎所有涉及社会保障的严肃讨论建立了部分框架。

费尔德斯坦和戴蒙德作为经济学家均专注于研究公共财政问题（该领域现在被称为"公共经济学"），这也是多数与会经济学家的研究领域。不过，参加研讨会的人员还有健康经济学家、人口统计学家和精算师，他们的工作在很大程度上取决于预期寿命的预测以及死亡率与收入之间的关系。此外还有一些大学经济系和商学院的金融专家，他们探讨了投资组合分配、风险分担、市场成本以及投资组合管理的可能性等议题。宏观经济学家和专注一般均衡理论研究的经济学家交换了关于代际公平的（海量）精彩观点；微观经济学家和福利经济学家提醒我们，要注意激励、道德风险和尚未出生人口无法为自己发声的问题；政治经济学家和博弈论经济学家讨论了共同的担忧，即从经

---

① "巫毒经济学"指 20 世纪 80 年代美国总统罗纳德·里根的经济政策，奉行以市场化、私有化、去管制化为主要特征的新自由主义政策，"巫毒经济学"的得名是用来比喻以扩张赤字来预支国家经济有如吸食毒品。——译者注

济角度看有吸引力的解决方案在政治上是否可行；应用经济学家就储蓄、死亡率和投资组合选择的决定因素展开争论，并提出了有大数据支持的实证结果。

我们看到了新的人口普查局数据分析中心的一些初步成果，在防火墙之后，该中心已经能够将调查数据与政府的行政记录进行合并。来自大学经济院系、商学院、法学院、公共卫生学院以及政府和国际机构的经济学家们参与了讨论。大部分材料都是技术性的，而且不乏数理经济学或计量经济学领域的前沿内容，这些内容质量之高，足以令《计量经济学》的编辑满意。事实上，许多人，其中甚至包括许多经济学家，都会认为这次研讨会太过艰深难懂。不过，它的议题绝非细枝末节，恰恰相反，它呈现了清晰、严肃和切合实际的思考，并围绕一个极其复杂的问题收获了多方面的重要洞见。有一些时候，经济学家也并不需要为自己的职业感到羞愧。

第 8 章

经济学家的工作

与其他专业人士一样，学院派经济学家也有自己的组织，以及自己特有的工作方式。虽然经济学家经常出现在媒体上，但大多数人并不清楚我们每天做什么，我们的工作涉及什么，我们得到了多少报酬，我们是致力于社会公益，还是只是一帮毫无原则、只想捞快钱的江湖骗子。鉴于许多批评人士认为，经济学家对美国和全世界糟糕的政治和社会状况负有部分责任，所以了解我们从事的工作还是有一定价值的。这就是我撰写本章的目的。本章并不是为开脱罪责而写的一份辩护状，而只是对我自己所从事职业的一个清醒反思。在本书的第 11 章，也就是最后一章，我会努力对经济学家这个职业的现状、优缺点和功过是非做出一定程度的评判。本章则更多只是一种探究。

我先从经济学界两个最著名的专业学会开始：美国经济学会和英国皇家经济学会。两者都成立于 19 世纪末，创始人都认为它们是进步组织，可以运用经济学来改善社会福利。

经济学界经常举办各种会议，所以本章第二部分着眼于两个重要会议：一个是所有会议中规模最大的，即美国经济学会年会；另一个是我将近半个世纪前参加的一次小型会议，它对我有一种类似于分水岭的意义，帮助我理解了 20 世纪 70 年代中期经济学的发展方向，以及新旧经济学之间的断层线。

接下来我会谈一谈经济学期刊。这些期刊是经济学家的研究和发现初次公开登场的地方，也是所有经济学家思想沉淀的宝藏。文章得以入选期刊不仅有助于成就个人的职业生涯，而且在建立公认的经济思想体系方面也发挥着重要作用。如果期刊未能做出高水平的筛选，则整个行业及其研究主体都有可能偏离轨道。可以说，期刊不仅只对经济学家而言非常重要。

再接下来，我会介绍经济学家研究的一些课题。经济学是关于供求、价格、市场和货币的学说这一观点仍然成立，但这只涵盖了当今课题的一小部分。在这里，我将重点介绍经济学家在医疗卫生领域的工作。然后我要谈谈金钱，不过我不是要探讨经济学家对货币的研究，而是想说说经济学家是如何赚钱的，他们赚钱的方式并不仅限于通常极高的薪水，有时候有些方式也会让他们陷入困境。

最后，我会通过具体事例而非泛泛而谈，为本章画上一个较为积极的句号。我将简要描述四位风格迥异的经济学家，他们之间唯一的联系是他们在几个月内相继辞世，而他们唯一的共同之处就是经济学。我衷心希望那些可能一辈子也不会认识一位经济学家的人，或是那些将媒体笔下诸多对经济学家歪曲印象中的某一个当作真相而深信不疑的人，能够看一看我对这几位经济学家的描述。与刻板印象不同，经济学家，哪怕是学院派经济学家，有时也不乏精彩人生。

美国经济学会和英国皇家经济学会

与其他由志同道合者组成的俱乐部一样，经济学家的学会也会组织会议，供经济学家们见面交流，尝试新想法，相互褒贬，并相互间颁发各种奖项。学会出版的期刊激发了创造力，并为经济学家提供了一个平台来验证他们的工作成果，证明他们职业生涯的价值。学会可以决定什么是好的经济学、什么是坏的经济学，决定谁是主流、谁是非主流。它们既兼收并蓄，又排斥异己，把非主流人士排除在为圈内人打造的安全场域之外。如果经济学的发展不需要持续面对挑战和回答那些与眼前所做之事几乎无关的基础性问题，这些做法当然无可厚非。但正因此，这些做法极度危险，因为忽视基础可能会摧毁整个大厦。事实上，确实在一些领域，大量经济学家致力于研究最终根本无益的课题，因为真正有意义的问题和谜题都被他们随手扔掉了。

2010 年，我正担任美国经济学会的会长，曾好奇地将该学会与我母国的英国皇家经济学会进行了比较。长期以来，我一直认为英国的学会组织比它的美国同行要古老得多，就像 1660 年成立的英国皇家学会（Royal Society）比美国国家科学院早了两个世纪一样。但事实并非如此。美国经济学会是 1885 年在纽约萨拉托加成立的，比成立于 1890 年的英国皇家经济学会（成立时名为英国经济学学会）还早 5 年。

英国皇家经济学会的期刊《经济学杂志》（*Economic Journal*）于 1891 年开始出版，比《美国经济评论》（*American Economic Review*）的创刊早了 20 年。首期《经济学杂志》以编辑弗朗西斯·伊西德罗·埃奇沃思（Francis Ysidro Edgeworth）[①] 的宗旨声明开篇，宣称"首要问题是解决社会主义的难题，其次则是个人主义的难题"。[1] 这个声明一举涵盖了整个经济学领域。这一期杂志接下来记述了成立大会的情况，出席会议的人包括：埃德温·坎南（Edwin Cannan）[②]、埃

---

① 弗朗西斯·伊西德罗·埃奇沃思（1845—1926）：英国哲学家和政治经济学家，他在 19 世纪 80 年代对统计学方法做出了巨大贡献。从 1891 年起，他被任命为《经济学杂志》的创始编辑。——译者注

② 埃德温·坎南（1861—1935）：英国著名经济学家，1897 年在伦敦经济学院任教，培养了一大批经济学家，其中一些人成为伦敦学派的骨干，秉承英国经济自由主义传统，与凯恩斯的剑桥学派各领风骚。1932—1934 年任英国皇家经济学会会长。——译者注

奇沃斯、罗伯特·吉芬（Robert Giffen，后来加封为爵士）、约翰·内维尔·凯恩斯、阿尔弗雷德·马歇尔教授和他的妻子玛丽，以及乔治·萧伯纳（George Bernard Shaw）。坎南是当今经济学家中大家最不熟悉的一位，他是一位经济历史学家和人口统计学家，认为马尔萨斯是错的。罗伯特·吉芬是一位苏格兰经济学家和统计学家，今天因"吉芬商品"（Giffen good）而被人们铭记，这可能是一种神秘的商品，其需求随着价格的上涨而上涨，阿尔弗雷德·马歇尔在其著名的《经济学原理》一书中描述了这一现象。

马歇尔的工作无论是在过去还是现在都极具影响力，他和约翰·内维尔·凯恩斯的儿子、长期担任《经济学杂志》编辑的约翰·梅纳德·凯恩斯是剑桥经济学派的两位杰出代表。最近有研究表明，马歇尔广泛借鉴并深刻依赖其妻玛丽·马歇尔，即玛丽·佩利（Mary Paley）的成果。她是剑桥大学第一批学习经济学的女性之一，在考试中表现出色，但从未获得学位，部分原因是人们（包括起初对她持鼓励态度的丈夫）强烈反对女性获得剑桥学位。她自己的专著《工业经济学》（*The Economics of Industry*）被收入其丈夫的著作中，尽管他总是贬低这本书，但也有人声称原版比后来的联合版本更精彩。奥斯汀·罗宾逊（Austin Robinson）[1]曾表示："玛丽·马歇尔惨遭阿尔弗雷德驱使长达 40 年，一直处于自我否定的奴役状态，成为他用来衡量自己作品通俗易懂性的'愚蠢计量仪'，帮助他整理研究资料，并作为他与恼人的生活琐事之间的防波堤[2]。"[2] 根据罗宾逊

---

[1] 奥斯汀·罗宾逊（1897—1993）：剑桥大学经济学家，与约翰·梅纳德·凯恩斯是关系很好的同事。在凯恩斯担任《经济学杂志》编辑期间，罗宾逊任助理编辑，后来在凯恩斯于 1944 年退休后与另外一位经济学家罗伊·哈罗德（Roy Harrod）担任杂志的联席主编。罗宾逊是英国二战期间和战后初期经济政策的核心决策人物，其妻琼·罗宾逊也是著名经济学家，本书后面对她亦有提及。——译者注

[2] 一种阻断波浪冲击、维持水面平稳以保护港口，便于船舶安全停靠和作业的水中建筑。——编者注

的记叙，梅纳德·凯恩斯曾经发问："为什么阿尔弗雷德把这个女人当作奴隶，而不是同事？"³这种情绪引起了当今许多女性经济学家的共鸣。⁴

萧伯纳就不用介绍了，尽管有些人可能会对他与经济学家的交往感到惊讶。他是费边社的活跃成员，也是各种英国学会会议的常客；他是一位优生学家，约翰·梅纳德·凯恩斯和当时大西洋两岸的许多"进步派"也是如此（下文将对此进行详细介绍）。

首期《美国经济评论》以韦尔斯利学院①的凯瑟琳·科曼（Katharine Coman）关于灌溉的论文开篇，她与凯瑟琳·李·贝茨（Katharine Lee Bates）过着一种彼时称为"波士顿婚姻"（Boston marriage）②的生活。贝茨是科曼在韦尔斯利学院的同事，也是一位词曲作者，深受喜爱的赞歌《美丽的阿美利加》（America the Beautiful）即出自她手，也令她为世人所铭记。美国经济学会大约从1886年开始出版刊物，即《美国经济学会出版物》（*Publications of the American Economic Association*），其创刊号刊登了学会成立的消息及对其纲领的描述［由理查德·伊利（Richard Ely）③撰写］，其内容比英国同行更大胆、更进步，一上来就开宗明义地宣称"自由放任主义在政治上是不安全的，在道德上也是不健全的"。⁵学会早期的支持者包括

① 韦尔斯利学院（Wellesley College）：美国女子文理学院，成立于1875年。学院位于马萨诸塞州波士顿城西的小镇韦尔斯利，为美国"七姐妹学院"之首。据《美国新闻与世界报道》杂志的大学排名，韦尔斯利学院是全美排名最高的文理学院之一，稳定位列前五名。学院致力于培养改变世界的优秀女性，许多著名女性从这里走出，其中包括宋美龄、冰心、希拉里·克林顿以及马德琳·奥尔布赖特等。——译者注

② "波士顿婚姻"一词据说在19世纪末20世纪初于美国新英格兰地区使用，指两位女性共同生活在一起，不依靠男人的财力支持。——译者注

③ 理查德·伊利（1854—1943），美国经济学家。他的经济研究偏向政治，是美国政治经济学研究的开创者，同时关心劳工运动和农业运动，也参与创建了美国经济学会、美国劳动立法协会、美国农业立法协会等。——译者注

约翰·贝茨·克拉克（John Bates Clark）[①]，伍德罗·威尔逊和弗朗西斯·沃尔克（Francis Walker）。沃尔克于 24 岁即领联邦陆军将军军衔，是美国经济学会的首任会长，还曾担任 1870 年人口普查的负责人、麻省理工学院院长、印第安事务警司和美国统计协会会长。

和美国历史上的许多其他事件一样，美国经济学会的成立与当时的宗教发展脱不了干系。理查德·伊利来自一个严格的长老会家庭，但他拒绝宿命论，成了一名圣公会教徒。他认为，宿命论和自由放任主义都没有为个人和社会的进步留下足够的空间。他是"社会福音运动"（Social Gospel movement）[②] 重要的非神职代言人之一，其专著《政治经济学导论》（*An Introduction to Political Economy*）和《基督教的社会性》（*Social Aspect of Christianity*）都谈到了经济学与基督教，可谓相得益彰、互为表里。他在威斯康星大学任教多年，但他的工作受到校务委员会某个成员的质疑，理由是他支持罢工并倡导社会主义，不过刁难没有成功。美国经济学会笃行以经济学助力基督教的政策，这完美地解释了为什么其 181 名创始成员中有 23 人是新教牧师。[6]

弗朗西斯·沃尔克强烈反对美国接收更多他认定是低素质的移民。19 世纪 80 年代是移民大规模赴美的高峰期，到世纪之交，超过 14% 的美国人口在外国出生，只比现在的比例略高一点点。而沃尔克认为

---

① 约翰·贝茨·克拉克（1847—1938）：美国新古典经济学家，边际主义革命的先驱之一，也是制度经济学学派的反对者，他的大部分职业生涯是在哥伦比亚大学担任教授。——译者注

② "社会福音运动"是一场流行于 20 世纪初美国与加拿大的基督新教运动。"社会福音运动"主张人因生活在罪恶的社会而道德败坏，要使人得救首先需要对社会进行改造。因此，"社会福音运动"的目标便是将基督教中的伦理用于解决收入不平等、贫穷、酗酒、种族冲突、童工、学校教育不足、工会体系存在缺陷等实际社会问题。美国的"社会福音运动"的大部分参与者都与进步运动有很强联系，大部分持自由主义神学观点。理查德·伊利是美国"社会福音运动"主要领袖之一。——译者注

素质较低的移民越来越多地来自南欧和东欧，并非历史上占主导地位的北欧和西欧地区。[7] 如今，"新移民"来自拉丁美洲和亚洲，而且在今天的"新镀金时代"，亦如当年，许多人认为移民伤害了祖辈来自欧洲的"老"人口。沃尔克奖章（Walker Medal）设立于 1947 年，每五年颁发一次，是美国经济学会的首要奖项，但只颁发了五次。1969 年诺贝尔经济学奖设立后，该奖显得有些多余，于 1981 年停止颁发。随着经济学家人数的增加，有人建议我们需要更多的奖章，也许应该恢复沃尔克奖章，尽管考虑到沃尔克对移民和种族的看法（他对美洲原住民的看法甚至比他对移民的看法更极端），他的名字在今天肯定没有资格命名任何荣誉或奖项。用现在的名人做类比，这就好比让美国经济学会颁发一个"唐纳德·特朗普奖"，尽管我毫不怀疑即使真发这么一个奖，也会有人愿意接受。

美国的进步时代取得了许多值得称赞的成就，包括开征联邦所得税，建立联邦储备系统，赋予妇女选举权，以及通过废除州政府任命美国参议员的权力加强了民主。禁酒运动也是进步时代的产物，当时被视为保护妇女的措施。这些成就（也许不包括禁酒运动），即使放在今天的语境下，也属于进步之举。美国和英国进步思想的深层哲学是，社会科学（包括统计学和经济学）可以而且应该用于社会管制和改良。其目的之一便是限制不平等，至少在本土出生的白人人口中限制不平等。这就是进步派如此敌视自由放任主义的原因之一。

进步运动通过选择性生育、移民控制，甚至对弱者或罪犯强制绝育来支持优生学，这是其信条的一部分，在当时也是左右两派主流思想的一部分。[8] 这些想法即使到了今天也不乏附和之声，比如那些主张将人口控制作为全球贫困补救措施的人，虽然这一运动的声势早已今非昔比，但远未到消亡的地步。[9] 今天，许多人想恢复人口控制并将其作为气候议程的一部分。

经济优生学家对最低工资有独特的看法，与本书前面讨论的观点截然不同。与今天的反对者一样，他们同样认为提高最低工资会造成失业，但认为这将是一件好事，因为这将保护美国工人（前几代的移民）免受他们眼中的"劣等"种族和族裔群体的侵害，因为那些新移民随时准备着领低薪抢活干。通过这种方式，最低工资成为控制移民和人口的工具，保护白人工人免受拉丁人、斯拉夫人、亚洲人和希伯来人等"劣等"移民种族的侵害。这一观点出自美国经济学会的另一位创始成员，同时也是另一位早期会长爱德华·罗斯（Edward Ross）之口。[10]

如今的美国经济学会煞费苦心地与其创始人的观点划清界限。从1962年开始，其年会的主题演讲被称为"理查德·伊利讲座"（Richard T. Ely Lecture），与总统演讲同为会议的两大亮点。2020年，珍妮特·耶伦（时任美国经济学会会长，现任财政部长）任命了一个委员会，建议将主题演讲更名。拜登总统任命的美联储委员会成员之一莉萨·库克（Lisa Cook）①也在这个委员会里。（在2022年的年会中，它被命名为"杰出讲座"，但保留了理查德·伊利的名字，不过给加了个括号，可能是为了帮助年长的经济学家更好地找出它。）委员会指出，尽管伊利"对经济思想做出了积极贡献，但他也写过支持奴隶制和优生学的文章，猛烈抨击移民，并支持种族隔离"。他的著作"表达了与美国经济学会职业行为准则不一致的观点"。[11]该准则于2018年，也就是伊利去世六十五年后获得通过。伊利最著名的学生之一是伍德罗·威尔逊，我在前一章中讨论过他有关收入不平等的（好）观点以及有关种族的（坏）观点，他的声誉在普林斯顿遭遇了与他老师在美国经济学会相似的命运。

---

① 莉萨·库克（1964—）：美国非裔经济学家，美联储首位黑人女性理事。库克是密歇根州立大学的经济学教授，曾在奥巴马政府时期担任白宫经济顾问委员会的专职经济学家。——译者注

会议

经济学家总是有开不完的会。我已经提到了所有这些会的鼻祖——美国经济学会年会。在新冠疫情之前，每年会有多达 12 500 人参加这个在 1 月举办的系列会议。并非所有人参加年会都是为了听演讲的，这次大聚会也是一个就业市场，来自世界各地的大学院系租用套房面试新老师人选。为了让人们在演讲和面试之间快速赶场，美国经济学会需要找到一组相邻的，而且配有会议室和面试套房的酒店，而这种配置只在少数几个美国城市存在：芝加哥（1 月不太合适）、新奥尔良、旧金山、亚特兰大、圣迭戈、纽约和波士顿。此外，还必须为寻找工作的大学毕业生提供大量廉价的客房。拉斯维加斯的客房有价格补贴，以鼓励赌博，看起来似乎是一个理想的地点，但由于会议是周末举行，房价在周末又会上涨。

举办年会往坏里说是一件苦差事，往好里说，则是一个与老朋友和校友们见面并听取新想法的机会。

新冠疫情迫使年会转为线上，举办了两届，并证明线上面试的效果良好；因此，会议的科学属性和就业市场属性以后很可能会分开，会议规模也会更小。这是一个很好的例子，说明在疫情之前本就可以做出许多更好的改变，虽然需要的协调成本不菲，但一旦受到外部事件的迫使，这种调整会变成永久安排，并成为全新做事方式的一部分。

世界各地零零散散还有成百上千个规模较小的经济学会议。1972 年夏天，当我还是剑桥大学一名初级研究员时，我与几位同事参加了在布达佩斯举行的世界计量经济学会的会议。我们对访问一个社会主义国家很感兴趣，匈牙利的首都也令人着迷，但会议上的演讲就不是那么回事了。我们是应用经济学家，使用计量经济学工具，但会议内容似乎完全是关于抽象数学理论的。回想起来，我们可能还是学识不够渊博，没能找到让我们感兴趣的演讲。带着年轻人的狂傲，我们中的几个，包括默文·金（Mervyn King，现为金勋爵，英格兰银行前行长）和哈希姆·佩萨雷（Hashem Pesaran），一位令人印象深刻、爱争论的伊朗计量经济学家（现在南加州大学执教）决定，我们自己能做得更好，可以建立一个新的应用经济学社团组织。这个小插曲本来更应该发生在酒吧，但它实际上发生在弗洛斯马提广场美丽的捷波德咖啡馆。50 年后，我对这家咖啡馆的菜单记得比会议议程还清楚。

哈希姆确实建立了一个新的学会，国际应用计量经济学会（International Association for Applied Econometrics）。我们其他人认为我们应该从组织一次会议开始。我们的导师理查德·斯通（Richard Stone）明智地建议，我们不必成立新社团，而是应该利用现有的经济社团，即国际经济学会（International Economic Association），彼时这个学会的生计来源就是为小型会议提供支持。斯通同意担任组织者，1976 年，我们在意大利乌尔比诺举行了一次会议，讨论计量经济学对公共政策的贡献。斯通认识的经济学家遍布欧美各地，他们中的许多人都同意与会。国际经济学会不是经济学家的组织，而是国家经济学会的组织，这意味着有几个经济学家来自社会主义国家，包括匈牙利人和苏联人（后者当时通常不被允许"出国"，他们在会议讨论中的表现远不及身上穿着的夏威夷衬衫引人注目）。

新老结合的乌尔比诺会议暗流涌动，而年龄只是其中一条断层线。回想起来，从与会者身上就能大体看出随着主题的变化，经济学的发展现状如何。我们当年正值青春，嚣张狂傲，在使用数学工具方面得心应手，观念和眼界更加国际化（或者更准确地说是英美化），坚信未来舍我其谁。而他们是欧洲资深经济学家，在自己的国家里享有很高的地位，文字功力和法律水平要强过数学能力，他们认为我们是傲慢的恶棍，不应该质疑自己的先辈和（更）优秀的人。就连美国代表也不是铁板一块。我的长期合著者约翰·米尔鲍尔（John Muellbauer）谈到了美国消费价格指数（CPI），以及它是如何根据富人比穷人贡献更多的总支出来加权的，这意味着 CPI 本身就不民主，而是带有财阀属性，与美国经济的总体局面异曲同工。一位美国与会者要求从会议记录中抹掉这种社会主义言论。

那次会议还有一点让欧洲代表难以接受，现在看来，我认为那只是英美风格经济学研讨会臭名昭著的一个特点的雏形，那就是听众在观看演讲的过程当中随意提问，而不是等到演讲结束后再这样做，其结果往往使必要的澄清变质成为纠缠不休，甚至更糟的是，让打断者显得比演讲者更聪明。其实相比于今天美国大学经济院系的课堂，当年的乌尔比诺会议上的随意打断要少得多，欧洲人可能只是对任何质疑都过度敏感了。话虽这么说，一些人对此的确感到心烦意乱。于是，国际经济学会前主席、学会会议的长期参与者奥斯汀·罗宾逊在休息时把我拉到一边并告诫说，如果我不"叫停"我的美国朋友，会议就要开不下去了。

欧洲人也并不是未出手反击。伟大的法国经济学家埃德蒙德·马兰沃（Edmond Malinvaud）优雅地将新旧经济学融会贯通，几乎仅凭一己之力让现代经济学在法国蓬勃发展了数十年。1966 年我读本科时，老师留的作业是阅读他的计量经济学著作，直到现在我仍未走出那本书给我留下的心理阴影，那是一本足足 769 页的宏大著作，而且当时只有法语版。

在会议上，一位自视甚高但真实才华远逊的年轻美国经济学家谈论了自己在解决经济学某个关键问题方面取得的诸多成就，并在最后"自谦"说，虽然他取得了成就，但还有一些重要的问题没有解决。马兰沃用比平时重得多的法国口音做了回应，并在最后说，鉴于演讲人的非凡天赋，自己毫不怀疑他肯定会很快找到答案。在接下来的几天里，这个受到教训的年轻人一直在向其他人求证，试图搞清楚这位伟人到底是在夸赞他还是在侮辱他，并罔顾事实地抱有一线希望，觉得也有可能是前者。

经济学家们咄咄逼人的研讨会风格最近还受到另一方面的严厉批评，那就是它不能以一种不偏不倚的态度对待女性。就像乌尔比诺的欧洲人一样，女性不像男性那么喜欢炫耀，更不太可能自负到失礼或拒绝倾听的地步。这往往会导致她们在研讨会上受到不礼貌的对待。最近的实证分析表明，"女性演讲者被问到的问题更多，向女性提出的问题更有可能表现得高人一等或怀有敌意"。[12] 一些经济学组织正在关注并试图为研讨会制定行为准则。但这遭遇了一些阻力，因为有些人认为，在谈话中经常需要强有力的提问来了解演讲人做了什么，经济学家的演讲不是精心撰写的文学报告（例如历史），有时有必要深入探究，以了解发生了什么。不管怎么说，过度彰显男性的特点显然没有道理。我们如果能做得更好，则将成为另一个实例，证明经济学界有越来越多女性确实提升了这个学科。

经济学期刊：运作方式和内容

经济学期刊是经济学家发表研究成果的地方，它们塑造了经济学家的行为和想法。学术界通行的"不发表，等于零"（publish or perish）① 也同样适用于经济学研究，因而期刊成为决定何者成王败寇的把关者。任何人都可以投稿，在这个方面并没有限制，但顶级期刊在选择内容方面极度谨慎和挑剔，它们选择的内容不仅决定了个人职业生涯的成败，而且有力地塑造了经济学的内容和研究方向。对于一位年轻的经济学家来说，无论如何才华横溢，研究一个期刊上不常见的主题都是一种危险的策略。研究生院的年轻研究人员的研究会分为诸如宏观经济学、劳动力或健康等等许多"领域"，而他们的指导老

---

① 源自美国学术界尤其是研究型大学的一句俗语，意思是搞学术的人必须快速而持续地发表论文，否则就有可能失去职位或者升职机会。——编者注

师以及这一领域所关切的问题则左右了他们的研究工作，并为他们找到一份优渥的工作铺平了道路。在我刚出道的时候，英国还几乎不存在这种情况，所以现在我有时会苦于自己没有专攻某个恰当分类的领域，可能不得不面对人们的询问：他到底算是研究什么的经济学家？

我在与不长居美国的经济学家交谈时，最常听到的一个抱怨便是关于顶级期刊的。无论是在剑桥、爱丁堡、巴黎、布拉格还是在开普敦，现在晋升高级职称都需要在顶级期刊上发表文章，但其中许多期刊看上去基本不对美国以外的作者开放。奇怪的是，这些抱怨不仅来自焦虑和沮丧的年轻学者，也来自他们的系主任和院长，哪怕他们因为身份所限不能畅所欲言。虽然我同意这种做法确实有问题（后面还会详细讨论），但我的岁数已经足够大，还记得没有评估指标的日子。那时候，普普通通的教授也对自己所在院系的师资聘任拥有很大权力，而由于其他大学经常咨询他们的意见，他们甚至可以对国内的学术界产生影响。

我记得 20 世纪 70 年代初，一位已经上了年纪、肚子里灌满布鲁奈罗葡萄酒（Brunello，意大利最有名和最昂贵的葡萄酒之一）的意大利教授大发雷霆，因为一本基于评估指标刊发论文的期刊的编辑居然敢引用一位"不具名审阅人"［他咬牙切齿地把"不具名"（unknown）这个词里本来不发音的"k"狠狠念了出来，变成 un-Keh-noan］的意见而拒了他的稿。即便是在美国，国家科学院的院士在不久以前还能把他们自己的论文，以及他们朋友和学生的论文发表在享有盛誉的《美国国家科学院院刊》上。我不确定论资排辈发表论文的世界是否已经完全消失，也许在（不那么遥远的）某些地方它还存在，但评估指标的激增削弱了它的力量。

学术期刊一直待我不薄。当我还是英国剑桥大学一名年轻的研究助理时，我把自己的一些成果写了出来，一位朋友建议我将论文投给一家学术期刊。我当时甚至不知道还能这样做，而且孤陋寡闻到在

《计量经济学》接受我的文章时居然没感到惊讶。（我曾经读过那上面发表的一篇论文，但对其崇高地位一无所知，否则我可能会知难而退了。）而真正让我感到惊讶的是，这篇论文花了四年时间才正式发表。由于多年以来财务管理不善，出版这份期刊的专业学会正在破产的边缘挣扎，最终只能在薄薄的纸上印刷，而这些半透明的薄纸显然连卫生用纸品控标准都达不到。玩笑话少说，《计量经济学》和世界计量经济学学会的夏季会议为我和其他刚刚起步的年轻学者提供了一条获得专业认可的途径。专业学会提供了一个开放的晋升阶梯。如果今天的顶级期刊会变成没有名气的年轻欧洲学者无法攻克的障碍，原因仅仅是他们不是有幸从少数几所顶尖名校毕业，没有得到学校里资深学者的建议和指导，那无疑是天大的讽刺。

那么，我们需要担心什么呢？同全社会层面的发展趋势一样，指标评估体系的发展固然有很多值得推荐之处，但也带来了新的问题和新的不平等。

根据通行的观点，今天经济学排名前五的期刊是《美国经济评论》、《经济学季刊》、《政治经济学杂志》(Journal of Political Economy)、《计量经济学》和《经济研究评论》(Review of Economic Studies)。当然，如果你是金融或理论专家，这些领域的专业期刊几乎同样重要。年轻学者如果想要开启一个成功的职业生涯，需要在其中一本或多本上发表文章。这些期刊中只有一个是欧洲人控制的，其中《经济学季刊》和《政治经济学杂志》不属于某一学科专业，而分别是哈佛大学和芝加哥大学的"校办"期刊。这两所大学院系，或是院系中的一两位大佬（有时表现得更像坐镇一方的领主），对经济学科拥有巨大的权力，除了直系同事，他们对任何人都不买账。在某些情况下，某一个人会担任编辑长达几十年，扶持他们自己的学生以及他们喜欢的主题或方法论。对专业学会运营的期刊而言，编辑通常有任期限制，虽然也鼓励编辑在一定范围内依自己的好恶行事，但如果他们经常将主流范围内的其他内容排除在外，他们的位子也坐不长。

这是一个竞争激烈的领域，但专业学会通常都有能力处理好方方面面，只是偶尔会遇到激烈的斗争。我记得在一次会议中，我们的一位编辑被要求离开几分钟，以便审议和投票决定他们的常规连任。他们最终成功获得连任，但花了三个小时的时间。整个过程虽然没流血，但确实很伤感情。

多年来，这两个由哈佛大学和芝加哥大学负责的期刊刊发了许多重要、改变游戏规则的论文（在五大期刊中，《经济学季刊》的论文被引用的次数位居榜首）。与此同时，其编辑们也几乎畅行无阻地利用期刊夹带私货。尽管如此，我们仍不清楚这些编辑，或是他们的研究生（许多论文实际是由研究生审阅的，你以为自己看的是猫王演出，其实只是猫王模仿秀），为何能拥有如此巨大的影响力，这种影响力不仅仅局限于北美，甚至涵盖了全世界的经济学圈子。经济学五大期刊每年发表的论文数量只有 300 篇左右，少于 20 年前，虽然典型论文的合著者人数有所增加，但能够在这些期刊上发表论文的活跃学者的比例仍随着时间的推移而不断下降。它们的门槛实在太高，而且还在一直加高，对于北美以外的学者来说，看起来已难似登天。

少数几个期刊不合时宜的巨大影响往往会使经济学的圈子变得更窄，而情况原本不至于如此。此外，女性在经济学中的代表性偏低，有证据表明，在晋升委员会评估合著论文时，赋予女性合著者的个人权重低于男性合著者。[13]女性经济学家的兴趣点也与男性经济学家不同，在后者眼里，卫生、经济发展或经济史等领域根本不能算是"真正的"经济学，完全不能与宏观经济学、计量经济学或经济理论等核心（男子气的）领域相提并论。"我希望她能更像一个经济学家"，这样的看法我已经听到过不止一次。核心领域的工作经常得到"严谨"和"深入"之类的评语，而卫生、发展或历史领域的研究成果则没有这样的待遇。

许多重要的、本可以颠覆某个领域的论文都遭到顶级期刊的拒稿，如果它们最终没有被埋没，那已经算是万幸，但肯定有些论文最终错失机会或是被劝退。"小众"领域（例如经济史）的研究往往会被推去专业领域期刊，而在晋升时，这些期刊的权重要小得多。我已经注意到，顶级期刊上发表的关于气候变化的论文数量非常少。每一位担任过顶级期刊编辑的人都能讲出一些大人物以权谋私的故事，他们向编辑施压，要求编辑发表他们朋友的论文，不要发表批评自己作品的论文。而这种行为不会受到惩罚。所有这些都意味着，经济学期刊的开放程度远不如表面看起来的那么高，而通常是真正变革的源泉的年轻学者，则面临着巨大的压力，不敢偏离主流太远。

排除看似正确、实则谬矣的无稽之谈或结论当然是有必要的。我们都希望顶级期刊上发表的论文是正确的。然而，我认为这种筛选已经走得太远。指标评估的一个标准问题是，那些已经得到"优"评分的人将可以定义什么是"优"、什么不是。

美国经济学界最显著的变化之一是，外国出生的经济学家越来越多。多年来，普林斯顿大学经济学系可以找出 20 多个国家的代表（包括韩国、阿尔及利亚、墨西哥和白俄罗斯等非传统经济学强国），三分之一的教职员工为美国出生，但这一群体的平均年龄明显偏大。今天，美国经济学界的许多公共知识分子也是在外国出生的，从孟加拉国到牙买加不一而足，想想阿玛蒂亚·森、达龙·阿西莫格鲁（Daron Acemoglu）[1]、路易吉·津加莱斯（Luigi Zingales）[2]、

---

① 达龙·阿西莫格鲁（1967— ）：出生于土耳其伊斯坦布尔的美国经济学家，现任麻省理工学院应用经济学教授，2005 年度美国经济学会约翰·贝茨·克拉克奖获得者。——译者注

② 路易吉·津加莱斯（1963— ）：出生于意大利的美国经济学家，现为芝加哥大学布斯商学院金融学教授。——译者注

拉古拉迈·拉詹（Raghuram Rajan）[1]、阿比吉特·班纳吉（Abhijit Banerjee）[2]、马库斯·布伦纳迈耶（Markus Brunnermeier）[3]、格里高利·克拉克（Gregory Clark）[4]、埃斯特·迪弗洛（Esther Duflo）[5]、西蒙·约翰逊（Simon Johnson）[6]、丹尼尔·卡尼曼（Daniel Kahneman）[7]、乔尔·莫基尔（Joel Mokyr）[8]、恩里克·莫雷迪（Enrico Moretti）[9]和彼

---

[1] 拉古拉迈·拉詹（1963—）：印度经济学家，2013年接任第23任印度储备银行总裁。2016年因与莫迪政府意见不合不获延聘。2003年至2006年间，担任国际货币基金组织首席经济学家。此前是美国芝加哥大学布斯商学院财政学教授。——译者注

[2] 阿比吉特·班纳吉（1961—）：印度裔美国发展经济学家，麻省理工学院国际经济学教授。2019年获诺贝尔经济学奖。——译者注

[3] 马库斯·布伦纳迈耶（1969—）：德国经济学家，普林斯顿大学经济学教授，彼得森国际经济研究所非常驻高级研究员，本德海姆金融中心主任。他的研究重点是国际金融市场和宏观经济，特别强调泡沫、流动性、金融危机和货币政策。——译者注

[4] 格里高利·克拉克（1957—）：英国经济学家，资深政客。在剑桥大学麦格达伦学院学习经济学，并担任剑桥大学学生社会民主党主席。后于伦敦政治经济学院获得博士学位。2005年从政，先后在卡梅伦、梅以及约翰逊内阁担任商业、能源、金融、城市和产业战略相关部门的大臣。2019年9月因议会表决时不支持同党首相鲍里斯·约翰逊的脱欧提案而被开除党籍。——译者注

[5] 埃斯特·迪弗洛（1972—）：法裔美国经济学家，现任美国麻省理工学院发展经济学教授。2019年因"在减轻全球贫困方面的实验性做法"，而与丈夫阿比吉特·班纳吉和麦可·克雷默一起获得诺贝尔经济学奖。她是该奖继莉诺·奥斯特罗姆后第二位女性得主，也是至今最年轻（47岁）的得主。——译者注

[6] 西蒙·约翰逊（1963—）：麻省理工学院斯隆商学院教授，全球创业实验室（G-Lab）共同创办人兼主任，曾任国际货币基金组织首席经济学家。——译者注

[7] 丹尼尔·卡尼曼（1934—）：以色列裔美国心理学家，生于英国托管巴勒斯坦特拉维夫，由于在展望理论的贡献，获得2002年诺贝尔经济学奖，于2011年出版畅销书《思考，快与慢》。——译者注

[8] 乔尔·莫基尔（1946—）：出生于荷兰的美裔经济史学家，自1974年以来一直在美国西北大学任教，现为西北大学经济学和历史学教授。他还是特拉维夫大学经济学院的教授研究员。——译者注

[9] 恩里克·莫雷迪：意大利裔美国经济学家，加州大学伯克利分校经济学教授，同时也是美国全国经济研究所的助理研究员和经济政策研究中心的研究员。主要研究方向为劳动经济学和城市计量经济学。——译者注

得·布莱尔·亨利（Peter Blair Henry）[1]，他们都是优秀的学者，能够向广大听众解释他们的想法，并且他们确实一直在这样做。

这些人来到美国，其背景和观念与曾经引领美国经济学界的美国中西部农场白人男性截然不同。对于这些移民来说，来到美国会让他们更富有，但我们很难不去思考，如果他们留在当地又会怎样。这些人中有一些是在美国境外获得博士学位的，但也有许多人是美国少数几个顶尖名校的研究生毕业，所有这些研究生项目都面向全球招生，而且课程设置大同小异。如果他们待在母国，也许美国以外会有更加广泛的学派思潮可供选择。流入美国的人才比流出美国的人才多得多。

经济学就像一个物种，需要多样性来为危机时期的变革提供素材，当这么多人在少数几所大学接受几乎相同的训练时，多样性会受到限制。将这些学校和五大期刊的标准输出到世界其他地区的研究生项目，并努力使其免受多余的"旧世界余孽的荼毒"，这会造成一言堂的现象，将扼杀可能会让经济学未来更加兴旺发达的地方性方法。非正统的经济学思想已日渐式微。前文提到的乔治·施蒂格勒那篇声称出色经济学家都在政治上趋于保守的文章中还写道，劳动价值论的信徒无法找到理想的工作，不是因为他激进，而是因为招聘委员会的成员不可能让他们自己相信，这样一个人既聪明又诚实。一个现代的美国招聘委员会可能会认为，研究劳动价值理论可以学到一些东西，但他们不太可能支持这种陈旧落伍的经济学观点。不过，也许法国、德国或英国某个由外部评估人组成的委员会，在了解其指标、影响因素和引用次数的情况下，可能会"不明智"地支持这种观点。

---

[1] 彼得·布莱尔·亨利（1969—）：牙买加裔美国经济学家，纽约大学伦纳德·斯特恩商学院（Leonard N. Stern School of Business）的第九任院长，也是威廉·伯克利（William R. Berkley）经济和商业教授。——译者注

经济学与医疗业的相互影响

研究科学史的人都知道，科学发展可以改变世界，但科学的发展又总是由其周遭的世界所决定的。经济学也不例外。近年来，一个外部因素对美国经济学发展的影响就不容忽视，那就是医疗和医疗保障。如今，美国将近五分之一的国民收入用于医疗保障，因此，健康经济学家一直参与思考如何构建更好的医疗保障机制，就像他们思考其他各大行业的机制一样，包括医疗保障体系的成本如何、是否充分竞争、保障对象包括哪些人等等。经济学家在理解保险如何运作和思考医疗行业如何组织方面做出了重要贡献。一个著名的例子是始于 1974 年的兰德医疗保险实验（RAND insurance experiment）①。作为最早的大规模社会政策实验之一，它将数千名美国人随机分配到不同保障范围的保险计划中。[14] 该实验发现，即使适度自付也会减少医疗服务的使用。

近年来，一个新的关注点逐渐浮现，推动它的是当今美国生活中最基本的力量之一，即婴儿潮一代逐渐步入老龄。随着婴儿潮一代进入退休年龄，产生财务依赖，以及越来越接近疾病和死亡，政治和经济行动的压力越来越大。没有钱和没有健康是造成恐慌的一对孪生兄弟，而让人慌上加慌的，是两者都没有。既然金钱和政治压力以前发挥过作用，那为什么不用在这儿？大多数美国人对于金钱买不到长寿乃至永生的事实既难以置信，又不愿接受，而且随着宗教的衰落，也没有太多其他的法子可以尝试了。

应对这场针对发病率和死亡率的战争的"指挥控制中心"是美国国立卫生研究院，其总部位于马里兰州贝塞斯达，就在华盛顿郊外，

① 兰德医疗保险实验是美国兰德公司于 1974—1982 年所做的一项现场对照医疗保险实验。其结果表明部分自付能减少卫生服务使用和医疗费用，且不会明显影响被保险人的健康。——译者注

五角大楼以北只有几英里的一个类似于大学的庞大院落内。该研究院下属许多研究所是以身体部位（国家眼科研究所、国家心肺血液研究所）或疾病（国家过敏和传染病研究所、国家神经疾病和中风研究所）命名的，目前每年的研究开支大约是 420 亿美元。如果说与五角大楼的军费开支（7 500 亿美元）相比，这笔钱还算适中的话，那么将它与国家科学基金会（National Science Foundation）的经费做比较更能说明问题（国家科学基金会的预算约为 90 亿美元，要支撑包括物理学和经济学在内的其他许多科学的研究工作）。

即使在新冠疫情暴发前，国立卫生研究院自己提出的预算请求也经常被国会追加。在 2019 年的一份新闻稿中，国立卫生研究院"谦虚"地指出，20 世纪美国的人均预期寿命增加了 30 岁，"这一成就的实现，要部分归功于以研究为基础的卫生改善"。[15]（不过我猜这份声明本身未必是以研究为基础的。）而疫情期间预期寿命的下降反而成为一个更具说服力的筹款理由！赢了就行，谁还在乎硬币是正面朝上还是反面朝上。医疗保障支出就是这样。

最大一笔预算被拨给了国家癌症研究所和国家心肺血液研究所，用于研究对婴儿潮一代的生命威胁最大的慢性病。不过最近，领导抗击阿尔茨海默病的国家老龄化研究所和由安东尼·福奇博士领导（截至 2022 年年底）、负责应对新冠病毒感染的国家过敏和传染病研究所也加入了它们的行列，成为花钱最多的几个机构。近几十年来，人们越来越认识到社会和行为研究的作用。国家老龄化研究所和国家儿童健康与人类发展研究所一直特别支持经济领域的研究，它们提供的资金令美国经济学家研究资金的传统来源——国家科学基金会相形见绌，后者 2020 年的社会和经济科学预算仅为 1 亿美元。

经济学家们长期致力于深耕传统的卫生经济学专业领域，但不足为奇地，从科研资金的分配来看，目前的研究重点也已经发生了变化。长寿固然是一件美事，但长久活下去花费不菲，婴儿潮一代对自己财富的关心完全不亚于他们对自己健康的关心。为了应对这一局面，国家老龄化研究所资助了经济学家的大量研究工作，这些工作涉及社保、联邦医疗保险、养老金以及退休期间消费和医疗护理资金充足性等许多方面。

美国国立卫生研究院的资源也鼓励经济学家寻求新的知识合作，特别是与医生、流行病学家、人口统计学家和心理学家的合作，在他们的共同努力下，经济学作为一门学科正在被重新塑造。与此同时，反向交流的情况也开始出现：医生寻求经济学家支持的情况不再罕见，因为医生担心，如果没有经济学家的参与并针对人群行为提供洞见（例如，关于吸烟或饮酒，关于非法药物的使用，或者最近关于为什么有些人不愿意接种疫苗），自己的研究将无法获得资助。这些合作关系涉及真正的相互学习，比以往经济学对其他社会科学居高临下的单向知识输出更平衡。经济学家现在定期在顶级医学和科学期刊上发表文章，有时与医生联合发表，有时自己发表。最近，《新英格兰医学杂志》（*New England Journal of Medicine*）就发表了一项出色的研究成果，分析了以随机抽样的方式向超长候诊名单上的低收入俄勒冈居民提供公共医疗保险的影响。[16] 拉吉·切蒂（Raj Chetty）① 和他的合作者关于收入和健康的研究发表在另一家顶级医学杂志《美国医学会杂志》（*Journal of the American Medical Association*）上。[17] 打个比方，经济学可能是社会科学界一只 600 磅重的大猩猩，但放到贝塞斯达的动物园里，它只是小小一只。

---

① 拉吉·切蒂（1979—）：印度裔美国经济学家，2003 年获哈佛博士学位。先后在加州大学伯克利分校和斯坦福大学任教，现为哈佛大学经济系教授，德国波恩劳动经济研究所研究员。他是哈佛大学有史以来最年轻的教授之一，最近被《纽约时报》评为"研究现实问题的顶尖青年经济学家"之一，并被《经济学人》杂志评为过去十年最佳青年经济学家之一。其主要学术领域为公共经济学、行为经济学和劳动经济学，主题范围广泛，涉及税收政策、失业保险、教育和廉租房政策等。——译者注

国家老龄化研究所投入了大量资金建设经济学家进行研究工作所需的基础设施。它帮助将有关健康的问题添加到了以前专注于经济计量的长期调查中，并向新的国家小组投入了更多资金，这些小组收集人们从中年到死亡的经济和健康数据。一项调查甚至超越了死亡，以对死者亲属的"告别"采访结束。基于这些研究，我们现在知道，虽然美国的医疗费用很高，但大多数美国人仍能够在没有任何自付支出的情况下离开世界。

　　至少200年前，人们就已经知道社会环境对于健康有着一定的决定作用，因此经济学家或许可以与分子生物学家、遗传学家或生物化学家一起努力，帮助我们揭开长寿的秘密。人们对收入和寿命之间的联系非常感兴趣。在1980年前后接受调查的受访者中，家庭收入低于5 000美元的个人预期寿命比家庭收入超过50 000美元的个人低了25%，换言之，对那些在接受调查时25岁的人来说，到了现在，两组人的预期寿命已经相差了大约10年。[18]最近，拉吉·切蒂和同事整合了税收和死亡记录，发现分别位于收入分布图顶部的1%和底部的1%的人群的预期寿命相差了14.6年。[19]（这些估计有些夸大，因为他们假设人们的收入或收入等级不会随着年龄的增长而变化。）吸烟是造成这种差距的原因之一，但要推导出预期寿命与能否获得医疗服务存在联系并不是一件容易的事。不过，考虑到健康状况不佳会限制获取收入的机会，同时儿童时期的健康状况不佳会影响一生的收入，这无疑说明其中存在一定的联系。根据既考虑收入也考虑教育水平的研究，吸烟与医疗服务的获取能力对预期寿命的影响基本相同。近年来，即使在新冠疫情之前，美国25岁人口中，那些没有四年制大学学历的人的预期寿命也一直在下降，而有大学学历人口的预期寿命则在持续上升。在新冠疫情期间，两组的死亡率都较高，但它们之间的差距持续加大。

　　经济学这门"沉闷的科学"要做到吸纳生命科学的加入，让病人生病去找经济学家而不是医生，让相关电视剧的场景从急诊室转向研讨会，还需要很长时间才能实现。最终，经济学可能对典型婴儿潮一代的寿命贡献不大，尽管经济学家在香烟税和儿童福利方面的工作值得认可。但婴儿潮一代及其政治代表对长寿的渴望得到了充足的资金和有力的支持，这无疑改变了经济学。经济和健康之间的快乐共生关系在一定程度上被政治所破坏。2013 年，美国众议院的共和党人对社会科学家获得被用于健康用途的公共资金感到不满，并决心阻止这种行为。当时的众议院多数党（共和党）领袖埃里克·坎托（Eric Cantor）表示："政府目前用于社会科学的资金，特别是政治议题相关的资金，最好用于寻找疾病的治疗方法。"[20]（我们很难不"钦佩"一个政客的厚颜无耻，居然可以利用公众对自己这份职业的厌恶来获得支持。）虽然没有点明，但他最直接的目标有很大概率是那些可能证明"奥巴马医改"有效性的研究，因为当时共和党人已经决心废除"奥巴马医改"。从长远来看，更深层次的力量可能是制药公司和医疗设备制造商委以重金的游说机器，他们认为成本效益分析可能会导致医疗费用管控，而这是他们的宿敌。有些经济学家可能发现公共医疗保险对人们有好处，有些可能会认为一些治疗方法对患者无益但却使供应商大赚特赚，这样的人在聚会上显然是不受欢迎的，尤其是在他们的研究经费来自公共资金的情况下。（另一种防御措施是让经济学家在医疗保障行业任职，这种情况也有发生。）

经济学家和其他社会科学家组织起来反对坎托的计划，但他们的努力很难获得政客们的支持。最终，以加利福尼亚州众议员露西尔·罗伊贝尔-阿拉德（Lucille Roybal-Allard）为首的 83 名（民主党）国会议员签署了一封致时任研究院院长弗朗西斯·柯林斯（Francis Collins）的信，为健康经济学辩护，并敦促继续提供资金。国立卫生研究院对社会和行为研究的资助仍在继续，但对有些课题的投入有所削减。在增进美国老年人在财务方面的幸福感，以及帮助设计相关计划使老年人在更长的退休期内过上幸福生活上，经济学家们已经做了大量出色的工作。但这项工作被宣布超出资助范围，或者至少没有资格获得资助。为了获得国立卫生研究院的资助，经济学家必须努力了解死亡和疾病，以及身体健康，而不是经济健康。所以，最终，坎托部分实现了他的目的，而我们失去了完成很多本可以完成的重要研究的机会。

具有讽刺意味的是，埃里克·坎托在 2014 年的共和党初选中出人意料地被茶党[①]候选人赶下台。胜利者是兰道夫·麦肯学院（Randolf Macon College）的经济学教授戴夫·布拉特（Dave Brat）。虽然他也是研究经济的，但他的党派并不支持为经济学家提供卫生研究资金。

安然、大学和经济学家

20 世纪 90 年代的企业丑闻长期充斥着报纸的商业版，每天都能读到这些昔日的英雄、今日的恶棍造成的痛苦，他们以往对企业的远见卓识变成了在法庭上的供状，充满了对企业会计和问责制度规则与实践令人难以置信的短视和缺乏理解。这些丑闻引发了对公司治理的新思考，以及新的立法，特别是 2002 年的《萨班斯–奥克斯利法案》（Sarbanes-Oxley Act）。

虽然大多数大学都不是营利性公司，但包括《华尔街日报》社论版在内的一些媒体认为，"贪婪不是华尔街的专利，在问责制方面，商界有很多东西可以教给我们的大学。"[21] 这种"教学"的态势在 21 世纪初变得显而易见，令许多大学及其管理者大感难受，而经济学家

---

① 茶党不是一个政党而是草根运动，是右派民粹主义运动，发端于 1773 年的波士顿，是"革命"的代名词。——编者注

和经济院系一如既往地首当其冲。

美国大学（以及其他非营利机构）的内部财务制度已从宽松转为严厉。1983 年，在我离开英国前往美国之前，我所在的大学要求所有在下午 1 点之前拨打的电话都必须事先获得副校长办公室的授权。当时坐拥大约 80 亿美元捐赠资金的普林斯顿大学，要求除最便宜的出行方式外，其他任何出行方式都要得到学院院长的事先批准，包括铁路出行，所以全商务车厢的阿西乐特快（Acela）列车是禁止乘坐的，根本不考虑老师要不要赶时间，要不要方便一些。大学的财务总监出于工作考虑预设"教授都是罪犯"的立场，固然可以确保行政管理人员在教授真的犯罪时早有心理准备，不过，随着本该将推进教学和研究视为首要任务的行政管理人员承担起"警察"的职能，曾经一度非常良好的教学与行政管理关系日趋恶化。这是一个长期持续的过程，在这个过程中，联邦政府发布了多项规则和无财源支持的强制性措施，而大学必须执行。当然，有时也会有一些真正的问题冒出来。

经济学家可以从他们的外部活动中赚取可观的费用。查尔斯·弗格森（Charles Ferguson）执导的电影《监守自盗》[*Inside Job*，由影星马特·达蒙（Matt Damon）担任旁白]获得了 2011 年奥斯卡最佳纪录长片奖。它严厉批评几位资深经济学家在论文和报纸文章中就政策提出建议时没有披露费用。我认识大多数被点名的人，我相信这部电影煞费苦心地含沙射影，没有说出全部信息。那些真正有事情要隐瞒的人或是纯粹的聪明人，都选择不与这部电影合作，于是剩下一些傻乎乎的家伙，对这套把戏一无所知，在那里拼命对自己的"助纣为虐"深表遗憾。在一个场景中，远远谈不上置身事外的哥伦比亚商学院院长格伦·哈伯德（Glenn Hubbard）认为，不管是谁，只要进行某个课题的研究，就应该充分披露利益冲突，但随后他做出了令人震惊的声明："我无法想象有人不这样做……不这样做的人都应该受到重大的职业处罚。"如果真是这样就太好了！

无论准确与否，这部电影都极大地损害了经济学家的公众形象，人们认为他们从自己声称的中立、科学的经济研究中大获其利。电影上映后，对经济学家的财务报告要求收紧了，以至于已出版的作品只要涉及的利益达到 5 000 美元（含）以上，一般都必须披露。（在美国经济学会，有少量声音主张将该金额提升到 5 万美元。）我不反对这种透明度，但它增加了报告负担，也需要更多的行政管理人员。这一切都还罢了，我们也负担得起，但几乎没有证据表明它减少了不法行为，或改善了公众对经济学家的看法，让他们不再认为经济学家是资本主义的辩护者，或者是贪婪和不道德的公司的托儿。披露确实会造成一种公开的假象，从而使情况变得更糟。在医学领域，医生在警告患者时可以自由地提供有偏见的信息，这种行为被称为"道德许可"。[22] 确实有许多经济学家通过法律事务相关的工作，例如劳资纠纷诉讼或反垄断案，获得了丰厚的报酬。我的感觉是，利益冲突声明的涵盖范围通常有限，因此，举个例子说，只要健康经济学家的工作不会直接惠及公司，他们在制药公司董事会中占据一席之地就不会有任何障碍。当然，一个人很难对自己的衣食父母抱以恶意，这种情况导致的无意识偏见可能也更难监管。

即使不从事兼职活动，经济学家的报酬也极其优渥，至少在顶尖的私立大学是这样。2022 年，一位新获博士学位并开始担任教授的经济学顶尖人才 9 个月的起薪预计在 180 000 美元至 220 000 美元之间（商学院还要再多 40 000 美元），外加薪水九分之二以上的暑期保底工资；作为交换，他们必须在未来四年教授三门（36 小时）课程。还有一种最具吸引力的安排，新人拿到的录用条件是在最初一年按博士后研究员待遇，薪水略低一点，而三门课的授课任务也延长到接下来的五年里完成。在过去的 25 年里，金融行业的"高薪风"不仅吹进了公司董事会，也吹进了商学院。许多商学院聘请了经济学家，并使得学院派经济学家的收入也随之水涨船高。但随着工资的上升，工作量反而在下降，因为大学管理人员一直在努力通过纵容（本就非常明显的）教学中的不平等来最大限度地消解教师内部的收入不平等。"我们付不了那么多钱给你，但你的教学量也只需要是历史教授或英语教授的一半。"

大学是如何做到向新入职的员工支付高薪，同时还能向那些已经成功加入高级教师队伍的人员支付更高薪水的呢？这些钱一部分来自学费上涨，但也有一部分得益于捐赠基金（哈佛大学和普林斯顿大学的捐赠基金是规模最大的几家之二），还有捐款、联邦拨款和与包括制药公司在内的私营公司的技术合作。加州某所大学的一位朋友震惊地发现，他的校园里居然有上锁和有警卫把守的建筑。（校园集中营？）自由的跨学科思想和经验交流止步于此。从似乎与高等教育机构初衷无关的活动中赚钱的，可不仅仅是教职员工。

几位经济学家的剪影

自 20 世纪 60 年代末以来，我一直在经济学领域的一线工作，我见过，并且也认识许多已经不在我们身边的经济学家。其中不乏重磅经济学家，他们的名字仍然广为人知。我的年纪还不够大，未能有幸认识约翰·梅纳德·凯恩斯，但我认识他杰出的弟子费迪·卡恩（Ferdie Kahn）[1]、尼古拉斯·卡尔多（Nicholas Kaldor）[2]、奥斯汀·罗

---

① 费迪·卡恩：即理查德·斐迪南德·卡恩（Richard Ferdinand Kahn，1905—1989），犹太裔英国经济学家，毕业于剑桥大学国王学院，是凯恩斯的学生，也是"凯恩斯剑桥马戏团"的五名成员之一，在凯恩斯撰写《就业、利息和货币通论》的过程中是其最密切的合作者之一。卡恩对经济学最显著的贡献是他的乘数原理。1960 年成为英国科学院院士，1965 年被授予男爵头衔，获得英国终身贵族资格。——译者注

② 尼古拉斯·卡尔多（1908—1986）：生于匈牙利布达佩斯，英国著名经济学家，剑桥大学教授，专长为经济成长理论。1974 年被授予男爵头衔，获得英国终身贵族资格。——译者注

宾逊和令人敬畏的琼·罗宾逊。[在第九章中，我会提及詹姆斯·米德（James Meade）和理查德·斯通，他们是同一代人，也曾与凯恩斯共事。]1972 年，在莫斯科，我曾遇到过当时已逾古稀的科努斯[1]，他于 1924 年（用俄语）发表了一篇关于价格指数如何与生活成本指标联系起来的文章。也是在那次访问中，我遇到了极具魅力和博学多才的奥地利经济学家弗里茨·马克卢普（Fritz Machlup）[2]，经济学家们都传说他曾与美丽的电影明星和发明家海蒂·拉玛（Hedy Lamarr）[3]约会过。1980 年，在普林斯顿的一次聚会上，我想知道为什么我们邀请的女性全都不见了，直到我发现她们聚集在另一个房间里，在当时已经 78 岁的马克卢普身边围成一个紧密的圈子，不放过他的每一句话，这也算是给那个传说提供了一点间接证据。

　　我在这里想做的，当然不只是闲谈名人八卦或罗列我认识的著名经济学家。相反，我想记录几位杰出的经济学家，他们在几个月内相继去世，有些引起了公众的巨大关注，但有些则默默无闻。我之所以要写他们的故事，部分原因是他们对我很重要，也是因为经济学家（像会计师一样）在外人眼中往往毫无个性、无聊乏味，而这些人和乏味丝毫不沾边。当然，还有其他许多经济学家也并不乏味（其中有些人比他们更有名，也有些人不如他们有名），我选择下面四位经济学家，只是希望圈外人得以一见几位迥然不同的经济学家的真实面貌。

---

① 科努斯（1895—1990）：即亚历山大·亚历山德罗维奇·科努斯（Alexander Alexandrovich Konüs），苏联经济学家、统计学家。——译者注
② 弗里茨·马克卢普（1902—1983）：奥地利裔美国经济学家，最早提出知识经济概念的学者之一。马克卢普注意到一些货币当局热衷于增加其所管理的货币储备。他把货币当局这种追求货币储备最大化的行为，比喻为他太太对衣橱中更多新衣服的追求。后人将这种现象戏称为"马克卢普夫人的衣橱"。——译者注
③ 海蒂·拉玛（1914—2000）：原名海德薇·伊娃·玛丽亚·基斯勒，出生于奥地利，匈牙利犹太人后裔，后改信天主教，20 世纪三四十年代美国电影明星。她同时也是一位发明家，是跳频扩频技术的共同发明人，被称为"跳频扩频之母"，这项技术在后世的 Wi-Fi 和 CDMA 等无线通信技术中发挥了很大作用。——译者注

与奥斯卡·王尔德发出的玩世不恭之语不同，他们不仅知道价格，而且知道价值。①

　　我的朋友埃斯拉·本内森（Esra Bennathan）就是一位一点也不乏味的经济学家，他于2016年去世，享年93岁。埃斯拉职业生涯的大部分时间都在英国伯明翰、剑桥和布里斯托尔大学度过，但他出生在柏林，后来逃到巴勒斯坦，最终在第二次世界大战中参加了抗击隆美尔的北非战役。他之所以被军队当作宝，是因为他通晓德国各个地区的方言，这一点在审讯那些除了姓名、军衔和入伍序列号之外不愿透露任何信息的被俘士兵时特别有用。他后来研究交通经济学和发展问题，经常与来自伯明翰的老朋友艾伦·沃尔特斯（Alan Walters）一起工作。（沃尔特斯是另一位不乏味的经济学家，曾是英国前首相玛格丽特·撒切尔厨房内阁②的一员，他曾有一次形容有"铁娘子"之称的撒切尔夫人"像小猫一样"，让人大跌眼镜。）

　　本内森是一位知识渊博（有些知识甚至鲜为人知）的老派知识分子。他睿智而充满乐趣，堪称一位良伴益友。他有一个极其难得的本事，无论是在学术界还是后来的世界银行，他都能劝说人们去做他们本来决心不做的事情，并且依然感到开心。有一天，他向布里斯托尔大学的教授同事们（很多人在我还没出生的时候就已经开始上班了）兜售他的想法，宣称我这个初出茅庐的29岁剑桥博士有朝一日会成为一名优秀的计量经济学教授。他在布里斯托尔大学被称为"能言善辩"的教授。一次，一个任命委员会想要拒绝一位英语虽然流利但几乎没人能听懂的候选人，本内森装出一副特别不情愿的样子（满口胡言）地对委员会解释说，该男子刚刚做了一次牙科大手术，但他太好面子，所以不愿意以此为借口。本内森在德文郡的布兰斯科姆（Branscombe）有一栋迷人的小房子。在那里，他喜欢穿上惠灵顿靴子，戴一顶贝雷帽，一路步行，经过古老的教堂，走到英吉利海峡，沿途和奶牛打打招呼，与农民聊聊闲天。

农民对另一位令人难忘的经济学家汉斯·宾斯万格-姆赫兹（Hans Binswanger-Mkhize）来说也很重要，他和本内森一样，职业生涯的大部分时间都在世界银行度过。汉斯是一位杰出的农业经济学家，最为人们所熟知的是他在农业风险方面做了许多影响深远的工作。许多经济学理论取决于人们如何应对和处理风险，典型的例子就是农民，其收成取决于不可预测的天气情况。金融经济学也全是关于市场风险的。汉斯是 20 世纪 70 年代第一批对印度农民进行实地实验，借此来测量人们对风险的态度的人之一，后来他又用自己的研究结果来观察他测量的态度值是否影响了他们的耕作方式。

汉斯公开表示自己是同性恋，并发现自己艾滋病毒抗体呈阳性，而在当时这相当于被判了死刑。他卖掉了所有资产，捐出了大部分收益，但新疗法出现了，他又活了 25 年。汉斯搬到津巴布韦，在世界银行工作期间，他爱上了这个国家，在那里他创办并经营了一所艾滋病孤儿寄宿学校。后来，一名偷东西并被抓到的员工心怀不满，检举他是性变态，导致他被津巴布韦政府驱逐。于是，汉斯搬到南非，在那里他与伴侣维克多结婚，还按照祖鲁族传统一连庆祝了好几天。他继续在夸祖鲁-纳塔尔（Kwa Zulu Natal）经营他的孤儿院。

经济学家经常被指责自视过高，认为自己是一个优越的"物种"，是"政策大师"，甚至是"宇宙大师"。劳动经济学家约翰·迪纳尔多（John DiNardo）可不是这类人。他关心弱势群体，经常感觉自己像弱势群体。他英年早逝，2017 年去世时年仅 56 岁，早得令人难以置信。约翰（偶尔）有一种按捺不住、经常是尖刻的幽默感，喜欢用一种无礼的态度来戳破许多经济学家最爱的做法，即借助复杂的方法论来彰显浮夸和自负。他与史蒂夫·皮施克（Steve Pischke）共同撰写过一篇令人难忘的论文，对早前证明计算机使用能力会带来收入（在工作中使用电脑的工人比不使用电脑的人赚得更多）的研究进行了调侃。约翰和皮施克的研究表明，拿铅笔的工人也比不拿铅笔的工人获得更高的工资，坐着工作的工人比站着工作的工人获得的工资也更高。他们的论文长期以来被亲切地称为"铅笔论文"。他还因对史蒂芬·列维特和史蒂芬·都伯纳的畅销书《魔鬼经济学》写了三篇（大多是负面的）评论而闻名。[23]

当他在普林斯顿大学完成博士学位时，我发现美国也有我自己以为离开英国就不会再体会到的那种阶级偏见，而且还不轻。他是一个来自底特律的意大利裔美国工薪阶层的孩子，一个烟民，这样的成长环境让他不太在乎着装是不是讲究，也不太给人面子，除非他觉得对方值得给面子。所有这些都让他很难找到一份可以配得上他优异的博士研究成果的工作。不过最终，他的才华还是脱颖而出，在经济学院系的阶梯上迅速攀升。

比本内森、宾斯万格或迪纳尔多更广为人知的是英国经济学家安东尼·阿特金森，他于 2017 年去世，享年 72 岁，直到去世前还埋头于重要的研究工作。他的最后一本书《不平等：我们能做什么？》（*Inequality: What Can Be Done?*），成为他一生都在思考和测量不平等的证明。他在书中的一个论点引起了争议，至今仍具有重要意义。他建议，创新（比如自动驾驶汽车或健康监测可穿戴设备）要先通过"社会称许性"（social desirability）[①] 的审查，然后再颁发许可。这不

---

① 社会称许性：应答者按照通行社会价值判断做出表现而非自己实际情况反应的倾向。——编者注

是什么卢德主义 ①，因为机器是被淘汰的，而不是被砸碎的，但对于大多数认为技术创新是兴旺繁荣之源的经济学家和历史学家来说，这个建议可谓异端邪说。我自己的关注点更多在于由谁来进行审查，以及防止这个过程被那些想保护自己创新的人控制。然而，正如阿特金森所写的许多其他内容一样，我预测这个想法在不久的将来也会被广泛讨论。

1969 年，我在剑桥参加了有生以来第一次经济学专业讲座，阿特金森展示了一篇关于测量和解读不平等的具有里程碑意义的论文。这让我觉得经济学是一门很酷的学科。我以为所有的经济学研讨会都是这样的，从此将我的一生困在这个领域。当他 26 岁就成为埃塞克斯大学的教授时，我们这些年轻的研究人员备受激励和鼓舞，这并不是因为我们也有可能成为像阿特金森那样有学问或有创造力的人，我们也知道那是遥不可及的，而是因为这让我们意识到，不需要熬到退休前夕才能获得学术认可。几年后，我读了他与约瑟夫·斯蒂格利茨关于公共经济学的书的初稿，并发表了我现在认为颇为愚蠢的评论。但对于我的评论，阿特金森表现出来的不是轻蔑，而是礼貌和感激。在后来的几年里，阿特金森阅读了我两本书的初稿，并写了大量的评论，这些评论使我写作的终稿与之前大为不同。在一条评论中，他抗议说，我当时提倡的一种方法（经济学家称之为工具变量）很少能达到预期效果。这在当时对我来说是"异端"，对今天大多数经济学家来说也是如此。但他是对的，尽管我花了十年乃至更长的时间才真正理解了这一点。阿特金森就是这样的人，当你努力赶到他们原来的位

① 卢德主义（Ludditism）：19 世纪英国民间对抗工业革命、反对纺织工业化的社会运动。在该运动中，常常发生毁坏纺织机的事件。这是因为工业革命运用机器大量取代人力劳作，使许多手工工人失业。后世也将反对任何新科技的人称作卢德主义者。1779 年英国莱斯特一带一位名叫内德·卢德的织布工曾怒砸两台织布机，后人以讹传讹说成所谓卢德将军或卢德王领导反抗工业化的运动，遂得此名。——译者注

置时，他们的身影正消失在下一座山上。

我经常在想，为什么没有一个美国的阿特金森呢，甚至连一个类似的人也没有，如果有的话，美国的经济学又会是什么样子呢？诚然，英国经济学家，乃至普遍意义上的英国社会，长期以来一直以一种美国人认为不正确的方式（至少直到最近还是这样）担心收入不平等。但我以为，如果过去的半个世纪阿特金森在美国工作，恐怕不平等早就会成为一个公共问题，甚至不平等加剧的速度可能变慢也不会只是一种异想天开。

第 9 章

诺贝尔奖
和诺贝尔奖得主

自 1969 年以来，每年都会有经济学家获得诺贝尔经济学奖。本章讲述的就是诺贝尔奖的故事，包括它们是如何产生的，以及关于一些获奖者的记述。本章第一部分是概述，第二部分讲述了两位诺贝尔经济学奖得主，理查德·斯通和詹姆斯·米德之间的友谊，第三部分是关于我自己 2015 年的获奖经历。前两部分是为本书写的新内容，第三部分则是对我在 2016 年所写的一篇旧文的修订和更新。

诺贝尔奖与诺贝尔经济学奖

　　当阿尔弗雷德·诺贝尔散尽家财设立诺贝尔奖时，他并没有提到经济学。诺贝尔靠炸药发家致富，但他不想以商人的形象被人铭记，而是希望以其他贡献而被大家永远铭记。为此，他设立了诺贝尔奖，奖项涵盖物理学、化学、生理学或医学、文学以及和平奖。诺贝尔奖于 1901 年首次颁发，此后每年颁发给那些在各个领域为人类做出最卓越贡献的个人。

　　1968 年恰逢瑞典央行——瑞典国家银行成立 300 周年，当时的瑞典央行行长帕·阿斯布林克（Per Åsbrink）在经济学家阿瑟·林德贝克（Assar Lindbeck）的建议下设立了"纪念阿尔弗雷德·诺贝尔经济学奖"（Sveriges Riksbank Prize in Economic Sciences in memory of Alfred Nobel）。该奖项由瑞典政府批准，与除和平奖外的其他诺贝尔奖一样，由诺贝尔基金会管理。虽然经济学奖不在最初的诺贝尔奖之列，但它的颁奖方式和时间都与其他奖项相同，都由瑞典国王在斯德哥尔摩一个壮观的颁奖仪式上颁发给获奖者。

1969 年，挪威的拉格纳·弗里希（Ragnar Frisch）和荷兰的扬·丁伯根（Jan Tinbergen）获得了第一届经济学奖。第二年，它被授予了美国人保罗·萨缪尔森。弗里希和丁伯根是计量经济学的应用先驱，使用统计方法和数据来了解经济如何变化。萨缪尔森比弗里希和丁伯根年轻一代，可以说是 20 世纪下半叶经济学的主导人物。他 1947 年的著作《经济分析基础》奠定了现代经济学的数学基础，在漫长的职业生涯中，他对经济学几乎所有领域都做出了重大贡献。

在 1901 年第一届诺贝尔奖颁发后的几年里，评选委员会手上有一大批 19 世纪科学界的巨擘可供选择。[1] 借助他们的声望和名气，这个新的奖项建立起自己的声望和名气。当时，以及此后的大多数年份，诺贝尔奖的丰厚奖金足以吸引全球关注，而诺贝尔设立诺贝尔奖的初衷便是不仅对获奖者的价值给予认可，还能够支持他们在不需要外部资金的情况下继续其工作。经济学奖设立之初，经济学界也活跃着诸多巨擘，首批获奖者以及其后的西蒙·库兹涅茨、约翰·希克斯（John Hicks）和肯尼斯·阿罗等均声望卓著，这使得该经济学奖当之无愧成为学术界的最高荣誉。委员会成员在评选获奖者的过程中花费了大量精力、时间收集提名和评估，进行阅读和讨论，并最终撰写评估获奖者成果的详细报告以在宣布获奖时发表。这项细致的工作对斯堪的纳维亚的经济学家们来说肯定是一个沉重的负担，但对于保持奖项的声望来说无疑是必要的。同样需要坦率承认，这些决定也不能免俗，必然会受到经济学界流行思潮的影响。毕竟，委员会的成员都是业内专家，和我们其他人一样，也往往会被业内具有说服力的热门课题或方法论左右。指望一个由大活人组成的委员会能做出流芳百世的判断是愚蠢的，哪怕你相信他们曾经碰巧做出过这样的判断。

经济学比物理学、化学和医学更接近政治和公共事务，因此经济学奖会为（一些）获奖者提供一个公共平台，而其他奖项得主很少有机会获得这种优势。最著名的例子是1974年的弗里德里希·冯·哈耶克①。他曾在20世纪30年代与凯恩斯论战，但最终失败了（至少我们在英国剑桥学到的说法是这样的），并就此湮没无名。如果有人在1970年左右向我打听他的下落，我会回答说他可能已经去世。但在1974年，诺贝尔奖令哈耶克"起死回生"。我这么讲不是说他本人死而复生，而是说他的思想和学说获得了新生。他本人也因此名声大噪，其作品再度影响了许多人，其中最著名的当数英国前首相玛格丽特·撒切尔。凯恩斯于1946年去世，所以他无法用自己的观点来回应。他也不可能被授予诺贝尔经济学奖，尽管他在出版了著名的《和约的经济后果》(*Economic Consequences of the Peace*)后，于1922年、1923年和1924年分别获得诺贝尔和平奖提名。[2]

经济学奖背后的政治角力一直颇受争议。有一种说法认为，之所以设立这样一个奖，是因为阿斯布林克和林德贝克试图推动瑞典采取更利于市场的姿态。[3]彼时的经济学正处于一个划时代的时刻，凯恩斯主义政策在许多国家都受到挑战，市场的优点正在被重新评估。回想起来，用今天的专业语言来说，这是凯恩斯主义或新政秩序的终结，也是新自由主义秩序的开始。[4]经济学家确实倾向于更强调市场的优点而忽略其他方面，而且诺贝尔奖在瑞典的声望足够高，所以上述说

---

① 哈耶克被广泛誉为20世纪最具影响力的经济学家及社会思想家之一，被视为奥地利经济学派最重要的成员之一，坚持自由市场资本主义、自由主义，主要代表作包括《通往奴役之路》《致命的自负》和《自由秩序原理》等。——译者注

法也有一定道理。哈耶克也许可以被视为这一策略的胜利，但他是与贡纳尔·缪尔达尔（Gunnar Myrdal）①一起获奖的，而他们二人的政治立场分歧巨大。在后来的几年里，左右两派学者都有得奖，很难从中找出一个系统性的规律。

与缪尔达尔和哈耶克一样，1979 年分享经济学奖的阿瑟·刘易斯爵士（Sir Arthur Lewis）和西奥多·舒尔茨（Theodore Schultz）对经济发展的看法也非常不同，与观点相左的学术同行分享奖项肯定会让人感到不舒服。在最近的 2013 年，当尤金·法玛（Eugene Fama）、拉尔斯·彼得·汉森（Lars Peter Hansen）和罗伯特·塞勒因各自在金融领域的工作而获得联合提名时，他们之间的分歧，尤其是法玛和塞勒之间的分歧在斯德哥尔摩的公开演讲中暴露无遗，这些演讲作为颁奖的条件是必须做的。法玛相信市场，认为市场善于处理信息，而塞勒则对投资者和市场的行为持更加怀疑的态度。

像诺贝尔奖这样的奖项都旨在表彰对学术领域的贡献，而我们从（部分）不一致的观点中也确实可以学到很多东西，每一种观点都为我们呈现了通过努力探究得来的真知灼见和重大发现。经济学家面对同一现象通常会从不同角度加以思考，最优秀的经济学家则有能力知道在什么情况下选择哪个角度。[5] 有些人，包括许多"硬核"科学家，虽不认同，但认为奖项应该表彰真理的发现。经常与下属经济学家唱对台戏的世界银行前行长罗伯特·佐利克（Robert Zoellick）曾以赞许的口吻复述过一句评论，这句话出自某位他没有点名但被他誉为"杰出物理学家"的人，声称"在物理学领域，获得诺贝尔奖是因为做对了，而在经济学领域，获得诺贝尔奖往往是因为你够聪明"。[6]罗伯特·索洛据说也表达过类似的意思，他曾说过，在经济学研究中

---

① 贡纳尔·缪尔达尔（1898—1987）：瑞典经济学家，政治家，是瑞典学派和新制度学派以及发展经济学的主要代表人物之一。——译者注

脱颖而出的方法是提出一个精彩的论点来支持一个荒谬的结论。正如我稍后将在最后一章讨论的那样，并不是所有在斯德哥尔摩得到表彰的经济学成就都造福了人类，有些甚至连帮助提升经济政策的有效性都没有做到。

长期以来，少有女性获奖一直是引人关注的问题，而且这个问题不仅存在于经济学领域。也许最臭名昭著的案例是天文学家约瑟琳·贝尔·伯奈尔（Jocelyn Bell Burnell）夫人，她在剑桥读研究生时发现了脉冲星，但遭到导师的贬低和掩盖，然后导师因此获得了诺贝尔奖，而她则被忽略。[7]第一位获得诺贝尔经济学奖的女性是埃莉诺·奥斯特罗姆（Eleanor Ostrom），她的主攻专业是政治学；第二位女性诺贝尔经济学奖得主是埃斯特·迪弗洛，她是有史以来最年轻的经济学奖获得者，于2019年与他人分享了该奖项。琼·罗宾逊本应因其在不完全竞争方面的学术成就而获奖，"垄断"一词就是她发明的，而这一理论在今天再次变得越来越有影响力。不过，也许是因为长期以来一直声援中国，琼·罗宾逊并未得到诺奖委员会的青睐。

凯恩斯是众多因去世而被排除在诺贝尔奖提名外的著名经济学家之一。担任评选委员会主席多年的林德贝克曾列举了一些经济学家，包括分别于1970年、1970年、1972年和1978年去世的雅各布·瓦伊纳（Jacob Viner）、迈克尔·卡莱基（Michael Kalecki）、弗兰克·奈特（Frank Knight）和罗伊·哈罗德（Roy Harrod），并表示他们如果能再长寿一些，很可能会获得诺贝尔经济学奖。[7]阿莫斯·特沃斯基也是一位被认为可以与丹尼尔·卡尼曼分享2002年诺贝尔经济学奖的心理学家。还有我前面提到的前同事艾伦·克鲁格，他与戴维·卡德合作的成果使后者在2021年获得诺贝尔经济学奖。

获得诺贝尔奖是一件足以影响人生的重大事件。乔治·施蒂格勒以纯粹的芝加哥学派风格指出，这种激励会以一种并不有益的方式扭曲人们对研究主题的选择。另外也有证据表明，获奖后的喧嚣使得获奖者此后几年的科学成果有所减少。不过获奖仍然能够带来幸福感，而且不只是对获奖者本人而言。2002年，我在普林斯顿大学的同事丹尼尔·卡尼曼在获奖后表示，随后举行的庆祝活动令他一直铭记在心的，是他身边所有人那种纯粹的幸福感。我自己的经历也差不多。你可以做个实验，试着告诉一位出租车司机你刚刚获得了诺贝尔奖，你最好在10月，也就是当年诺贝尔奖揭晓的月份做这个实验。获奖当然还会引发嫉妒，有两位经济学家从研究生院开始就一直互为对手，当其中一位获奖时，另一位抱怨委员会把"他的"奖颁给了他的对手。1995年，罗伯特·卢卡斯获奖时，他的前妻也分得了部分奖金，因为她颇有先见之明地在离婚协议中加入了相应条款；卢卡斯有一个杰出的榜样，那就是阿尔伯特·爱因斯坦，他同样与前妻分享了1921年获诺贝尔奖的奖金。①

值得一提的还有奖金。2021年，每项诺贝尔奖的奖金为1000万瑞典克朗，略少于100万美元。这笔奖金有时是一人独得，有时要两人平分，也有时候会由三人分享，分配方式或是三人均分，或是其中一人拿走一半，另外两人平分另一半。三人均分的情况在诺贝尔经济学奖历史上只发生过一次，那就是2021年。这些奖不仅直接导致了不平等，而且还为那些尚未老到不能出差和讲学的获奖者提供了丰富的演讲、写作和工作机会，从而造成了另一种不平等。大学为本校的获奖者大做广告，以拉开其与不拥有诺奖得主的大学之间的差距。也许这些不平等还能接受，毕竟这是对成就的奖励。但许多人骨子里就不喜欢不平等，或者至少想知道这种不平等的公正性何在。

---

① 爱因斯坦于1919年与原配米列娃·马里奇离婚。米列娃是爱因斯坦在瑞士苏黎世联邦理工学院学习物理时的同学，对爱因斯坦的学术成就比较了解，因此在离婚时与爱因斯坦约定，对方如果获得诺贝尔奖就必须将一半奖金分给她（也有说是全部奖金）。1921年爱因斯坦获奖后，确实按约定给了米列娃一笔钱。——译者注

诺奖得主"双雄记"：理查德·斯通和詹姆斯·米德

理查德·斯通生于 1913 年，于 1991 年去世，是一位英国经济学家，以其在消费者行为和国民收入核算方面的工作而闻名，并在 1984 年因为后者获得了诺贝尔经济学奖。1971 年获诺贝尔经济学奖的西蒙·库兹涅茨也是国民收入核算发展的先驱，是该领域最重要的代表人物。不过，斯通建立了国民账户体系，为当今的国民账户体系架构奠定了基础。他的朋友詹姆斯·米德比他大 4 岁，一直活到 1995 年。两人均一直在英国剑桥附近生活和工作，作为同事共度时光，并经常一起吃饭。米德因其在国际贸易方面的研究于 1977 年获得诺贝尔经济学奖。

斯通是我的导师，也是我最想成为的人，虽然他从未教过我（事实上他几乎也没教过别的什么人），但他的著作以及他的生活态度都成为我的榜样。我也认识米德，一方面是通过工作上的接触，另一方面则通过偶尔的社交聚会，包括斯通的妻子乔万娜（娘家姓萨菲）[1]在自家举办的晚宴。乔万娜曾是一名钢琴演奏家，1944 年 6 月参加了庆祝罗马解放的活动，在卡罗·马里亚·朱里尼（Carlo Maria Giulini）[2]的指挥下演奏了巴赫大键琴协奏曲。（罗伯特·索洛那时还是一名中士，也参加了这场音乐会，他在这本书中还会多次出场。）我和斯通夫妇相熟那会儿，他们的客厅里摆着一架贝森朵夫牌三角钢琴，而这种乐器我以前只在书本上看到过。晚宴喝的红酒承蒙国王学

---

[1] 乔万娜·萨菲（Giovanna Saffi）是斯通的第三任妻子，两人于 1960 年结婚。乔万娜本人也属名门之后，是意大利爱国者奥雷利奥·萨菲（Aurelio Saffi）的曾孙女。奥雷利奥·萨菲是一位罗马和意大利政治家，活跃于 19 世纪意大利统一时期。——译者注

[2] 卡罗·马里亚·朱里尼（1914—2005）：意大利指挥家，20 世纪重要的指挥大师之一。1944 年 6 月罗马解放，在庆祝解放的音乐会上，朱里尼欣然应邀执棒，开始了他正式的指挥生涯。——译者注

院的酒窖惠赐，堪称珍酿。彼情彼景，如犹存人间，亦恍若隔世了。

第二次世界大战开始时，约翰·梅纳德·凯恩斯满脑子想的是如何为战争支付费用，他的同事兼朋友奥斯汀·罗宾逊，也就是前面提到的琼·罗宾逊的丈夫，说服内阁办公室雇用人手，改善对国民账户估计不充分的问题。（"国民账户"正如它的名字所显示出的，提供了对经济生产、进口、出口和收入的估计。它们构成了衡量和指导经济的"仪表盘"，尤其是在战时。）

米德和斯通的任务是改进国民账户的估算，在 6 个月的紧张工作中，他们提供了数据，在此过程中创建了支撑现代国民账户体系的完全平衡的复式记账框架。这个概念框架最初来自米德，但是在用数字填满一个又一个空格子的过程中，必须处理无穷无尽的概念问题，而斯通装备了一台父母在他 21 岁生日时送给他的门罗手摇计算器，所以到最后，两个人谁都无法把自己的个人贡献单挑出来了（不过米德记得他是负责转动计算器手柄的那个人）。他们这份同甘共苦的情谊发展成了终生的友谊。两人都把这几个月视为人生中最美好的时光，他们为了更高的目标从事重要的创造性工作，惺惺相惜，渐成密友。

1977 年米德被授予诺贝尔经济学奖时，他正在前往当时新成立的白金汉大学演讲的路上。他从公交车上跳下来，从一群记者那里得知自己获奖了。1977 年还没有手机。狗仔们都翘首以待，聆听他的获奖感言。他后来说自己很失望，因为这个奖是颁给他和瑞典人贝蒂·俄林（Bertil Ohlin）的，用以表彰他们一起在国际贸易和国际资本流动方面的研究工作，与他和斯通在国民账户方面的工作没关系。对于获奖带来的知名度和公众的赞誉，米德从来也没有陶醉其中或坦然笑纳。我记得他半开玩笑地说，20 世纪三大最烦人的特点是"地狱般的"内燃机、人口爆炸和诺贝尔经济学奖。

还是在那次谈话中，他告诉我，在斯通获奖的那一年，评奖委员会在酝酿人选时曾经问过他，是否支持颁奖给理查德·斯通，以表彰他在国民收入账户处理方面做的工作，而这令他备感为难。他完全赞成斯通获奖，但又担心如果他给出了一个无条件的"是"，并且斯通真的拿了奖，本来属于他们两人共同的工作成果可能就会将他的名字抹去。他知道诺贝尔奖有能力改变历史，事实上后来也发生过几个著名的案例，包括上面提到的约瑟琳·贝尔·伯奈尔的事。但米德也不愿意说"不"，更不想提醒委员会，他自己和斯通在国民收入账户方面的贡献完全混在一起，根本无法分开。米德说，如果自己这么做了，委员会可能会再给他一个诺贝尔奖，从而让本来就已经是灾难的状况雪上加霜。他告诉我，最后，他写信给评奖委员会说，如果有哪个人配得上因国民收入账户的工作而获得诺奖，那么这个人无疑是理查德·斯通。结果，斯通确实因此而获得了诺贝尔经济学奖。

斯通于 1991 年 12 月去世。我在葬礼上做了简短的发言，米德说他在这个时候无法平静地开口讲话。第二天早上，当我等待飞回普林斯顿时，我在《泰晤士报》上读到了斯通的讣告。这是对他本人和他的工作的深情致敬。尽管《泰晤士报》上的讣告没有署名，而且是事先准备好的，但我相信它只可能出自米德之手。不过当我向乔万娜询问此事时，她却说不是，因为如果真是米德写的，他会告诉她，但他没有。她认为也许是统计圈里的某个人写的，斯通深受这群人的喜爱。

几个月后，我终于有机会直接问米德对讣告的看法。"我觉得那个太过分了。"他回道。我接着说："但它是如此亲切友善，如此旁征博引，如此真情流露，我以为是你写的。""是我写的。"他说。

事后发生的一切恰如米德一直担心的那样：讣告是他写的，但是所有权归报纸，所以报纸做了一些小删改。他用寥寥数语解释了他们在 1940 年冬天的合作经历。结果这段文字被编辑删掉了米德的名字，他就这样从国民账户的研究历史中被除名。

这很可能并不涉及任何阴谋，只不过是报纸的编辑们早就练就了这样的本事，把那些可能在他们看来属于自抬身价的内容从委托撰写的讣告中挑出来并删去。然而，诺贝尔委员会的历史记录仍然负有责任，他们也非常认真地对待这一责任。这就是为什么瑞典经济学界会花这么多时间力图确保自己做出正确的选择。他们，以及其他委员会的选择，经常（甚至可以说绝大部分）确实是正确的。当然，考虑到诺贝尔奖的声望，历史被涂改也许是不可避免的。理查德·斯通本人师从现在几乎被遗忘的科林·克拉克（Colin Clark）教授，他是国民和国际账户处理的先驱，但他的工作没有给他带来荣誉。[9]安格斯·麦迪森（Angus Maddison）关于历史国际账户的相关工作，或者欧文·克拉维斯、艾伦·赫斯顿和罗伯特·萨默斯的相关工作也没有得到认可，正是这三位学者构建了国际账户（佩恩世界表），佩恩世界表成为经济学中使用最多的数据之一。

说起师承关系，戴维·卡德和乔舒亚·安格里斯特在普林斯顿大学读研究生时曾得到过奥利·阿申费尔特的指导，后者长期以来对实验和可信实证分析的看法在两位学生的工作中留下了深深的印记，而大部分现代经济学实证实践最终都可以溯源到阿申费尔特。有时候，教学的回报就在教学本身。

获得诺贝尔奖是什么感受？

2015年10月，我接到了那通著名的凌晨电话，高兴地得知自己获得了2015年诺贝尔经济学奖。正如此前许多获奖者所报告的那样，这样的经历既令人兴奋欲狂，又让人感到手足无措。我经常想起那条喜欢追公交车的狗的故事，它喜欢追车，但对于万一真追上了会是个什么结果基本一无所知。获得诺贝尔奖可不仅仅是追上了公交车，而是被它碾过去。一次又一次。

就在公共汽车在我身上来回碾轧期间，一个月后，安妮·凯斯和我的一篇论文在《美国国家科学院院刊》上发表了，这篇论文揭示了美国中年白人死亡率长期下降的趋势已经逆转，尤其是在那些没有四年制大学学历的人中死亡率逆势上升，而增长最快的死因为自杀、意外中毒（主要是合法和非法的药物过量使用）和酒精性肝病。[10] 这些死亡后来被安妮称为"绝望的死亡"，而这个词现在已经成为一个术语。[11] 我们在 2015 年 5 月发现了这些结果，每次我们把它们展示给经济学家或医生时，对方都会大吃一惊。但即便如此，我们还是没办法引起任何一家主要医学杂志的兴趣，其中一家杂志拒绝得如此之快，我甚至以为自己一定是写错了电子邮件地址。但当 11 月初《美国国家科学院院刊》发表了这篇论文后，宣传风暴一下子就比仍在进行的诺贝尔奖获奖宣传超出了一个数量级。现在，在我们两人身上来回碾轧的已经不止一辆公共汽车了。虽然我们很开心能得到这样的认可，但我们真的几乎连气都喘不上来了。

当然，诺贝尔奖和"那篇论文"开始搅在一起。虽然论文作者的署名排序（有意地）为安妮·凯斯和安格斯·迪顿，但媒体通常会颠倒这一顺序，有几次甚至变成了"获诺贝尔奖的经济学家安格斯·迪顿及其妻子安妮·凯斯，她也是一名研究员"，这种轻慢让安妮这位"1886 年亚历山大·斯图尔特经济学和公共事务教授"颇为不爽。经济学家贾斯廷·沃尔弗斯（Justin Wolfers）曾经在《纽约时报》上写过一篇文章，列举了一些经济学领域公然进行性别歧视的类似案例，其中包括拉尔夫·纳德（Ralph Nader）那个离谱的暗示，他说珍妮特·耶伦（时任美联储主席，现任财政部长）在决定如何调整利率之前，会先征求自己的丈夫、诺贝尔经济学奖得主乔治·阿克洛夫的意见。不过，获奖和论文的双重加持有时候也相当不错。

如前所述，美国的一个辉煌传统是邀请美国诺贝尔奖得主到总统的椭圆形办公室做客。不过这一传统在 2016 年被废弃，后来也没有再恢复。与我们同赴白宫之约的有两位从事 DNA 修复工作的杰出化学家（其中一位名叫阿齐兹·桑贾尔，出生于土耳其，父母均是文盲），以及出生于爱尔兰、魅力四射的威廉·坎贝尔，他发现了盘尾丝虫病的治疗方法（并发明了伊维菌素，最近因治疗新冠病毒感染而出名）。我们四个人中有三个人是移民，第四个人——保罗·莫德里奇（Paul Modrich）则是移民的儿子。对安妮和我来说，高潮是奥巴马总统打开椭圆形办公室的门，当我试图介绍安妮时，他说"凯斯教授就不用向我介绍了"，并继续说道，"我们必须谈谈你们写的那篇论文"。当时，论文发表不过几天时间，但显然他已经详细读过了。他对非裔美国人社区早期发生的类似事件发表了评论，并提出了一些建议，其中一些建议被纳入了我们2020年出版的书中。我们很高兴地对总统的帮助表达了感谢。一篇学术论文受到如此关注是不寻常的，而这一切都发生在我们前往斯德哥尔摩之前。

许多人描写过斯德哥尔摩的辉煌，诺贝尔奖官网上的视频和照片充分展示了斯德哥尔摩的五光十色、鲜花盛景，还有各式各样的礼服裙（安妮的大红色礼服醒目到外太空都能看得见）、珠宝、国王和王后，以及王子和公主。获奖者得到国家元首般的接待，哪怕只有一个星期，也都是一段难忘的经历。获奖者首先在飞机舱门口接受瑞典国家科学院院长的恭迎，然后到一个安静的休息室，等待其他人处理好护照之类的事情，最后乘坐一辆由专职司机驾驶的可供他们使用一周的豪华轿车驰往大酒店（Grand Hotel）①。

获奖者可以带客人参加典礼，所以我可以邀请并借此答谢与我共事过的许多杰出学者。家人当然也在受邀之列，而对我来说最大的惊喜是，这一周成了我和两个孩子以及三个孙辈共度的大家庭假期。我的孙子、孙女是2015年获奖者家庭中仅有的小孩子，这三个迪顿家的小宝贝成为电视报道的宠儿。我9岁的孙子朱利安身穿燕尾服，充

---

① 大酒店是位于瑞典首都斯德哥尔摩的一座五星级酒店。大酒店成立于1872年，是由一位法国人设立，在1872年6月14日开业。自1901年开始，参加诺贝尔奖颁奖典礼的嘉宾及其家人下榻在大酒店。——译者注

满童真地接受了瑞典电视台的采访，而且还公然与电视台的采访记者挤眉弄眼。对瑞典人民来说，诺贝尔颁奖典礼以及随后举办的宴会有些类似于美国的奥斯卡颁奖典礼。人们与朋友约会，买点食物和饮料，在电视上观看整个过程。我在宴会上告诉我的邻座，时任财政部长、后来成为瑞典首相的玛格达莱娜·安德松（Magdalena Andersson），这类宴会于我而言并不常有，但作为内阁部长，她一定觉得这一切都已经是例行公事，甚至很乏味了。她告诉我绝对不是：这场宴会对瑞典人来说是如此重要，只有今晚，当我母亲在电视上看到我在这里，她才会相信我是一个大人物。

神奇的是，所有这一切，既不是向电影明星的魅力，也不是向运动员的能力致敬，而是为了彰显智力成就。阿尔弗雷德·诺贝尔本人决心以智力成就为世人所铭记，而瑞典人民长期以来一直以他的远见为荣。虽然瑞典也存在自杀的人，但他们是世界上全因死亡率最低的国家之一，而且中年死亡率没有任何上升的迹象。

第 10 章

搞坏经济的
是经济学家吗？

2008 年，雷曼兄弟公司倒闭引发的金融危机是一个关键事件，不仅令很多人在随后的衰退中深受其害，也刺激人们开始讨论，美国和全球的经济体制是否适得其用。危机过后很久，这场讨论仍在持续。许多评论家依然真心感到忧心忡忡，认为民主与资本主义，至少是美国现行的资本主义，格格不入。造成危机的富人窃取了数以亿计的金钱，却从未受到惩罚，与此同时，许多普通人则失去了工作和家园。绝大多数经济学家，甚至包括国际货币基金组织和经济合作与发展组织这样的预测机构，都对这场危机茫然无知，这一显而易见的失误促使英国女王在访问伦敦经济学院时发问："为什么没有人预见到危机的到来？"而在危机前，许多经济学家曾不遗余力地推动导致市场崩溃的金融工程向着精密复杂的方向发展，并对金融市场创造财富和自我监管的力量充满信心。

在危机爆发之后，经济学家们对于如何应对危机也莫衷一是、难有共识。

艾伦·布林德在 2022 年曾写道："金融危机是私营部门公司和个人一系列严重错误、误判乃至欺诈行为的结果，而这离不开乔治·布什和艾伦·格林斯潘等领导人的帮助和怂恿，他们过度迷恋自由放任，发自内心地笃信大肆吹嘘的所谓市场智慧。"[1] 我们必须不断提醒自己，警惕得到市场原教旨主义理念支持并由政府默许的寻租和破坏行为。并非所有经济学家都支持这种理念，但确有许多人，无论过去还是现在，都是该理论的忠实信徒。

安妮·凯斯和我所说的"绝望的死亡"，即自杀、药物滥用和酗酒导致的死亡，在金融危机之前就已开始流行，并一直流行至今。对于没有大学学历的 25 岁年龄组美国人来说，他们的预期寿命自 2010 年以来持续下降。这个故事中最大的恶棍之一是富得流油的制药公司，在这个已不再为大多数人提供服务的经济体制和社会中，它们利用人们的绝望情绪，通过促进成瘾和死亡来为自己谋利。这种绝望情绪产生的背景，是美国经济在几十年来一直未能为没有四年制大学学历、占人口三分之二的美国人提供良好的生活。正是在这种大环境下，很多人嗑药成瘾，让制药公司赚得盆满钵满。

这些事件多多少少促成了美国民粹主义的高涨，而这股民粹主义不但在 2016 年推动唐纳德·特朗普当选，还使他在 2020 年拒不承认自己被乔·拜登击败，更对美国的选举民主持续构成威胁。鉴于美国目前运转的这套民主机制长期以来一直未能为民做主，那么在它面临威胁时有这么多人无动于衷也就情有可原了。

经济学家没有造成金融危机，也没有带来绝望的死亡。但许多人仍然会怪罪他们，认为他们需要对整个市场，特别是金融市场不计后果的狂热负主要责任，而且他们往往冷淡面对市场所导致的日益严重的不平等。谈到医疗保障问题，任何时候都能找到一大批经济学家谴责政府对医疗保障系统进行干预或实行价格控制，而正在摧毁健康的就业市场并散播绝望情绪的，恰恰是现行医疗保障体系的高昂成本。

最大的问题是，当今美国的资本主义是否依然可以与自由民主和谐共容，同样的问题也适用于其他富裕国家的资本主义，但这些国家的问题不像美国那么严重。我并不知道这个问题的答案，但确实想探讨，在推动我们踏上这条道路的过程中，我所在的行业究竟应承担怎样的责任（如果我们确实需要承担责任的话）。

在本章，我想首先探讨金融危机以及经济学家面对这场危机的反应。在整个危机期间，经济学遭到很多批评，这些批评既来自内部，也来自外部。接下来，我会简要阐述"绝望的死亡"以及当今美国资本主义制度的缺陷，正是这些缺陷导致了"绝望的死亡"的发生。最后，在下一章（也是本书的最后一章），我会重提本书开头提出的问题，那就是：在造就今天这股随时准备吞噬我们的力量的过程中，经济学家扮演了怎样的角色。

苦苦挣扎的经济学家

长期以来，商业周期一直是经济学的一个中心话题。在比我早一代，即成长于大萧条时代的人中，许多人投身经济学就是为了更深刻地理解可怖的大规模失业，并将自己的职业生涯奉献给确保这样的事情永远不会再发生。在很大程度上，他们（还有我们），都以为自己已经获得了成功，即使并不完美，也已经足够好。然而，2008年秋天的大崩溃让人们大吃一惊，仿佛得到通知，瘟疫即将卷土重来。然后，在2020年春天，瘟疫确实卷土重来（当然那又是另一个故事）。

因此，遭遇金融危机，或者大衰退（这么称呼它是因为这既可以呼应大萧条，又能与大萧条区分开来），无异于亲眼见到活的恐龙或是亲自参加莎士比亚新剧的首映式，而不是在历史书中读到它们。像以往一样，教科书总是会遗漏一些东西，于是亲历危机似乎成为前所未见的体验。当我还是一名剑桥大学的本科生时，我的老师解释说，本来只要那些愚昧的政策制定者理解约翰·梅纳德·凯恩斯的见解，即政府支出（刺激政策）可以解决失业问题并重新启动工厂，大萧条就永远不会发生，就像糖尿病患者只要知道有胰岛素就永远不会死一样。可惜在我们所学的经济学里，有太多时候根本不会提及政治，而在 2007 年和 2008 年，政治卷土重来，一雪前仇。

在美国，共和党清一色都是反凯恩斯主义者，因此强烈质疑危机后的刺激政策。共和党人指责奥巴马政府印钞，让美元贬值，窃取子孙后代的财富，并将 USA（美利坚合众国）变成 USSA（第一个 S 代表社会主义）。2009 年 3 月，英国的"社会主义分子"首相、工党领袖戈登·布朗（Gordon Brown）对华盛顿的访问甚至被解读为用心险恶，尽管他此前曾是一位秉持正统资本主义的成功的财政部长。80 年前，这样的言论并不陌生。许多政治家和媒体都认为，股市显然就是用来衡量社会福利的，而任何政府的工作都是要保持股市的高价位。因此，奥巴马政府初期的市场下跌被视为其政策失败的标志。

大多数美国经济学家，包括许多曾为共和党政府提供建议并与之共事的经济学家，对于政府刺激性支出政策本身并无异议。不过，经济学界对此一直没有达成共识。哈佛大学的罗伯特·巴罗（Robert Barro）是世界上观点被引用最多的十位经济学家之一，他写过一篇关于"乘数的巫术"（Voodoo multipliers）的文章，其中谈到一个被反复提及的观点，即这场危机"并没有使我们自 1936 年以来所学的所有宏观经济学知识全部失效"。[2] "乘数"是指刺激支出将使国民收入增加多少的一个系数，政府的经济学家们认为乘数大于 1；毕竟，经济崩溃之后有大量失业劳动力和资本等富余资源可以拿来使用。但巴罗对此持截然相反的观点，他认为乘数为零，因为政府所做的任何事情，市场都能做得更好，因此政府的刺激性支出只会取代原本会发生的私人支出。巴罗最著名的观点是，赤字支出会抵消消费者的储蓄。他认为，人们意识到，最终政府还是需要还钱，并不得不提高税收以获取还债资金，所以人们需要存钱，因为总有一天他们或他们的后代不得不通过纳税把这笔钱还回去。

对于包括我在内的大多数经济学家来说，这种疯话令人尴尬，但巴罗是哈佛大学的教授，不是什么不入流的博主，而他的言论被严肃对待的事实明确表明，宏观经济学自 1936 年以来实际上是在退步，而不是进步。当然，我们可以声称，任何政策都有可能得到一些资历良好的经济学家的支持，但巴罗的上述观点得到业界重视并没有增加经济学的信誉。

巴罗建议，解决危机的"绝妙"方式是取消企业所得税，而非采取刺激措施。已故的亚利桑那州立大学的爱德华·普雷斯科特（Edward Prescott）曾表示，并非所有经济学家都同意财政刺激的有效性，虽然"如果你下到那些三流学校，可能人人都同意，但他们不是推动经济学这门科学发展的人"。[3] 普雷斯科特由于推动了经济学这一科学的发展，特别是对"商业周期背后的驱动力"的理解而荣获 2004 年诺贝尔经济学奖。但就算他获了奖，也无法将亚利桑那州立大学带入一流大学的行列。在《美国新闻与世界报道》排名中，亚利桑那州立大学的经济学研究生项目排名第 38 位，远远落后于哈佛大学、麻省理工学院、斯坦福大学和普林斯顿大学，而后面这几所大学中的许多经济学家都是财政刺激政策的拥趸。[4]

由查尔斯·科赫[①]联合创办的（自由意志主义的）卡托研究所（Cato Institute）曾召集 200 名经济学家共同签署了一份整版声明，声称政府支出在过去没能刺激经济，以后也做不到这一点。签署者中明显缺席的是哈佛大学、麻省理工学院和普林斯顿大学等"三流学校"的经济学教授，或许这是因为这些学校的许多教授都正在华盛顿帮忙制订刺激计划。目前尚不清楚这 200 名签署者中有多少人同意巴罗或普雷斯科特的经济分析，他们中的许多人可能只是对美国当前政治环境下大型政府计划的有效性持怀疑态度。然而，许多经济学家似乎没

---

① 查尔斯·科赫（Charles Koch，1935—　），美国企业家、石油巨头和富豪，美国科氏工业集团董事长兼 CEO。科赫家族的政治立场较为保守，是共和党和茶党派别的重要资助者。——译者注

有认识到，这些计划在经济衰退时的表现可能与在充分就业时的表现有所不同（这正是凯恩斯的观点），这样的知识在当今多数宏观经济学研究生课程中也不会学到。

我认识并交谈过的大多数经济学家并不将普雷斯科特或巴罗的研究视为严肃的政策指南。他们承认这些研究很讨巧，非常新颖，并且另辟蹊径，尽管也许这些路径最好不要去探索。最近的其他宏观经济学创新方法也是如此，其中一些方法获得了诺贝尔经济学奖，但对华盛顿的政策制定影响很小或根本没有影响。[5] 如果它们能产生更大的影响，也许会带来积极作用，但说实话我并不这么认为。不管怎样，无论要谴责的是经济学这个学科还是政策制定者，经济学都要面对一个令人痛苦的事实，那就是，宏观经济学领域的研究工作已经开展了 80 年之久，其中很多研究还赢得了最高荣誉，但它们对政策的影响却微乎其微，而政策恰恰又是这门学科天天要研究的对象。我还发现令人深感沮丧的一点，那就是，至少就宏观经济政策而言，没有一项共识可以说服聪明但持怀疑态度的圈外人。事实上，情况比这更糟糕。保罗·克鲁格曼曾论述过经济学家为何铸下如此大错，而我在很大程度上对此心有戚戚，他指出宏观经济学家之间的巨大分歧难辞其咎，但也坦承，那些与巴罗和普雷斯科特意见相左的经济学家也一样无法提出对总体经济合乎逻辑的解读，并为稳健的决策提供支持。[6]

请不要误会，我并不是以为只有宏观经济学陷入了困境，其他领域的情况同样糟糕。2008 年 12 月，我参加了世界银行一个"庆祝"经济发展研究三十周年的会议，紧接着又参加了美国经济学会在旧金山举行的若干会议。（我负责组织美国经济学会会议的议程。）两次活动都弥漫着一种危机感。在世界银行，很明显，通过援助或优惠贷款实现经济发展的模式已经被打破，支持发放这些贷款并受到资助的研究议程已经不再有任何机会促进全球发展。会场气氛压抑沉闷。第二次世界大战后经由凯恩斯等人之手诞生的理念，即以经济学为指导的国际组织能够促进全球增长、消除贫困，似乎已经活力不再。

也许是因为会议议程在危机爆发前 9 个月就已经拟定，美国经济学会会议的设计初衷并不是要讨论金融市场或经济学学科存在的各种危机。当然，很多议题都可以在最后一刻临时安排。会场上的气氛也不再是沮丧和压抑，而是充满活力，整个会场洋溢着一种时不我待、摩拳擦掌准备大展身手的气氛。一次又一次，人们开心地争论说，宏观经济学终于要有所改变了。或许是这样吧，在我 2023 年初撰写本章时，争论仍在激烈进行，许多主流经济学家对 15 年前根本不会受到质疑的想法提出了质疑。

"绝望的死亡"

当今美国最重要的一种割裂存在于拥有四年制大学学历和没有四年制大学学历的人群之间。学士学位日益成为一种通行证，有了它，不仅可以找到一份好工作，就是那种值得去干且报酬在过去半个世纪里稳步增长的工作，还可以拥有一个健康、长寿，以及丰富的社交生活。没有它，则很有可能沦落为"二等公民"，进而影响家庭生活、职场生涯以及与他人相处的时光。迈克尔·桑德尔指出："有一种想法认为，大学学历是获得有尊严的工作和社会尊重的前提条件，这种想法对民主生活产生了腐蚀作用。它贬低了那些没有文凭的人的贡献，助长了对受教育程度较低的社会成员的偏见，实际上将大多数劳动人民排除在代议制政府之外，并引发了政治反弹。"[7]

在我们的书《美国怎么了：绝望的死亡与资本主义的未来》中，安妮·凯斯和我讲述了没有大学学历的美国人的故事，包括他们平均而言在许多方面都被拥有大学学历的美国人抛在后面。[8] 这种差距在50 年前（1970 年左右）开始出现，并一直持续至今，包括最近几年的疫情期间。请记住，即使在接受教育程度比以前更加普及的今天，也只有三分之一的美国成年人拥有四年制大学学历。

也许最显著的差距体现在死亡率和预期寿命上。正如许多人所说，预期寿命不仅是健康指标，而且是经济和社会状况的一个敏感性指标[9]，而经历了一个世纪之久的预期寿命不断增长之后，从2014年到2017年，美国人的预期寿命连续下降。这种现象自1918—1919年，也就是上一次大流行（西班牙流感）以来，在长达一个世纪的时间里从未发生过。死亡率之所以上升，不仅因为因绝望而死（即自杀、药物滥用和酒精性肝病）的人数增加，还因为因心血管疾病死亡的人数下降趋势放缓并最终停止，而心血管疾病导致的死亡率下降是20世纪最后25年总体死亡率下降的主要原因。

值得注意的是，这一波不断蔓延的死亡大潮几乎完全没有波及那些拥有四年制大学学历的人。而那些没有这一学历的人的命运，恰如法国社会学家、社会学奠基人埃米尔·涂尔干（Emil Durkheim）在对自杀进行分析时所说的，人们发现自己所处的经济和社会体制不再为他们服务，也不再为他们提供必要的支持，从而让他们觉得自己不值得活下去。

即使在正常时期，无论在受教育程度较高的人口中还是在受教育程度较低的人口中，都会出现自杀或因滥用药物和酗酒而死亡的情况。事实上，直到20世纪下半叶，人们还一直认为自杀在受教育程度较高的人群中更为常见。但自20世纪90年代中期以来，仅仅在那些没有大学学历的人中，因绝望而死的人数就以每年大约10万的速度不断增加。这就好像那些没有学历的人必须佩戴猩红色的徽章来表明他们的低等地位。现在，自杀在那些没有大学学历的人、那些佩戴徽章的人中更为常见。

死亡是漫长的绝望之路的尽头。而这条路的起点，则是一个将那些没有四年制大学学历的人日益排除在好工作之外的就业市场。半个世纪以来，受教育程度较低的中青年男性的就业比例一直在下降；

自 2000 年以来，受教育程度较低的中青年女性的就业比例也开始持续下降。工作参与率在经济繁荣时期有所上升，在衰退时期有所回落，但下一个繁荣时期的上升从未达到过前一期的峰值。实际薪资水平的变化也是如此，围绕下降趋势上下波动。对于男性来说，即使是在疫情暴发前的经济繁荣时期，那时人们也曾为受教育程度较低的男性工资上涨而感到欢欣，无学历男性工资的购买力也比 20 世纪 80 年代的任何时候都要低。

劳动力市场的惨淡状况也蔓延到了生活的其他方面。现在私营部门几乎不存在工会。工会不仅为其会员以及许多非会员争取更高的工资，密切关注工作环境（联邦当局在防止非法行为方面并不总是那么有效），而且还是他们社交生活的中心。罗伯特·帕特南（Bobert Putnam）[①]笔下那位著名的孤独的保龄球手，可能就是在工会大厅里打保龄球的。[10]工会不仅在工作中，而且在地方和国家政治中为劳动人民提供了抗衡的力量。[11]如今，工会在华盛顿几乎没有什么势力，即使是最强大的工会游说团体，在游说上的花费也比不上脸书和谷歌等企业单独一家的支出。

在受教育程度较低的人口中，结婚的人数也有所下降，这种情况在拥有大学学历的人口中同样不存在。许多美国人不结婚，而是选择连续与不同的人同居，而且往往育有子女，其结果是，许多中年男子虽然经常是几个孩子的父亲，但却不认识自己的孩子，因为这些孩子与母亲或其他男人住在一起。这些非传统的家庭和生育模式似乎为年轻人带来了个人的性自由，但对于中老年人来说，它们无法提供传统

---

① 罗伯特·帕特南（1941— ），美国哈佛大学公共政策学教授。曾任哈佛大学肯尼迪政府管理学院院长、美国政治学会主席。他的主要研究领域是政治学理论和社会理论，其代表作有《使民主运转起来》《独自打保龄：美国社区的衰落与复兴》等。《独自打保龄》是关于美国公民社会兴衰的社会科学著作。作者用"独自打保龄"（Bowling Alone）这个词来形容和概括美国社会的这一变化，并将"独自打保龄"这一现象解读为美国社会资本的流失。——译者注

生活方式（至少是在这种生活方式运作良好的情况下）能够带来的舒适和稳定。

与死亡率同步上升的是患病率。现在，美国中年人中报告饱受疼痛之苦的人数高于老年人，这是对自然规律的一种异常颠覆。[12] 再次强调，这种情况仅仅发生在那些没有四年制大学学历的人身上，而且这也不是衰老过程的逆转，之所以如此，是因为当今的中年人在其一生中比当今的老年人经历了更多的痛苦。

导致"绝望的死亡"人数增加最多的，是阿片类药物过量使用。对此，制药公司负有巨大责任。阿片类药物致死人数逐渐增多，是追求财富的制药公司通过使人们上瘾来获取利润的结果。制药公司知道以受教育程度较低的人为目标，因为这群人的生活过得一团糟。把范围再扩大一些，历史上的阿片类药物泛滥也都发生在社会动荡和解体的地方及时期。政客们公然支持制药公司及其分销商并为其辩护，其中一些政客"代表"了受影响最严重的地区。金钱在美国政治中的作用非常大，当需要在选民利益和竞选资金之间进行选择时，被选中的往往是后者。

与此同时，美国的自杀率上升到惊人的水平，这在过去只出现在地球上最糟糕的社会中。但现在，这些社会的自杀率同世界其他地方一样，也在持续下降，而美国的自杀率，尤其是受教育程度较低的美国人的自杀率，则成为一个值得关注的可耻例外。

经济学家和"绝望的死亡"

对于"绝望的死亡"的成因，经济学家们的分歧可能小于在金融危机成因上的分歧。然而，不同的观点很快就出现了。事实本身没有争议，美国国家卫生统计中心（隶属于疾病控制与预防中心）在我们的著作首版后不久就证实了安妮·凯斯和我的计算，但不同的研究者将这一事实归咎于不同的原因。

我们自己的论述认为，受教育程度较低的美国人找到好工作的机会减少是关键，原因是全球化以及技术变革（机器人），其中技术变革的作用更为重要一些。在美国，由于医疗费用高得出奇，机会下降的程度比其他地方更加严重。由于大部分医疗费用是通过雇主承担的健康保险费来支付的，而低收入工人和高收入工人的保费大致相同，这就使得低收入工人的保费相对于他们对公司的贡献要昂贵得多。除此之外，当不幸发生、人们需要帮助时，与其他富裕国家相比，美国的安全保障体系显得支离破碎。

其他人则将责任归咎于受害者本人。虽然著名政治学家、社会史及科技史学家查尔斯·默里（Charles Murray）没有明确写过有关"绝望的死亡"的话题，但他也曾指出，在受教育程度较高和较低的人口之间，存在着一条不断扩大的鸿沟。不过，他将这归因于后者不再拥有前辈那样的美德，特别是勤奋的美德。[13] 他们找不到工作是因为他们懒惰。默里此前曾对 20 世纪六七十年代的非裔美国人社区做出过同样的论断。[14] 但著名社会学家威廉·朱利叶斯·威尔逊（William Julius Wilson）提出了一个更具说服力的观点，他认为工作机会的消失才是关键，这与安妮·凯斯和我现在的主张基本契合。[15] 事实上，如果工人真的越来越懒，并拒绝工作，那么我们便可以预计工资将会上涨，而不是下降，因为工人相对于空缺工作岗位而言变得越来越稀缺。政治经济学家尼古拉斯·埃伯施塔特（Nicholas Eberstadt）则讲述了一个与默里讲的类似的故事，即受教育程度较低的工人选择不工作，而他们之所以敢如此选择，是因为有政府福利，尤其是残疾福利的支持。[16]

没过多久，这些观点又被用在论述阿片类药物导致的危机上，某些右翼人士又一次声称，是政府的福利让事情变得更糟。这套说辞在艾伦·克鲁格关于就业长期下降的研究成果发表后开始出现。他报告的调查证据显示，半数失业者正在服用止痛药，其中三分之二服用的是处方类止痛药。[17]尼古拉斯·埃伯施塔特在《评论》的一篇文章中引用了这项研究，在文中他质疑称，这些没了工作的人怎么会有钱让自己"飘飘然"呢，毕竟像奥施康定这样的止痛药并不便宜。[18]根据埃伯施塔特的说法，答案是联邦医疗补助。正是政府，通过联邦医疗补助为人们提供了有补贴的阿片类药物。他语带讽刺地评论道："在21世纪的美国，'政府依赖'已经有了全新的含义。"

特朗普总统的经济顾问委员会虽然认识到制药公司在迫使医生开处方方面扮演的角色，但却把关注的焦点放在了阿片类药物的价格上，认为政府医疗保险计划的扩张，特别是联邦医疗保险中涵盖处方药的那一部分，使得阿片类药物更便宜并鼓励了对其的消费。[19]由恶意满满的威斯康星州参议员罗恩·约翰逊（Ron Johnson）担任主席的参议院国土安全和政府事务委员会发布了一份164页的报告，其想传递的信息从标题一看便知：《美元换毒品：联邦医疗补助如何为阿片类药物的泛滥推波助澜》。[20]然而，根据一家领先的医疗信息公司的数据，2006年至2015年间，只有8%的阿片类药物处方是由联邦医疗保险支付的。[21]我们还可能要问，富裕的欧洲国家又是如何设法避免阿片类药物滥用的呢？毕竟这些国家也提供补贴甚至免费的处方药物。原因也许是这些国家的政府不允许在医院或临床环境之外使用阿片类药物，同时还禁止制药公司派代表到医生办公室说服他们开具阿片类药物的处方，因为这样做往往会带来误导性信息。美国政府确实对药物滥用的发展负有很大责任，但其责任在于屈服于制药公司及其分销商在充足资金支持下开展的无休无止的游说，制定了有利于后者的法律并阻碍试图打击滥用药物行为的调查。在更好的监管环境下，向消费者提供更便宜的药品无疑是一件有百利而无一害的好事。

等到新冠疫情袭来，"绝望的死亡"又被用来作为不实施封控的理由。特朗普总统认为，居家令对人们健康的影响比病毒更糟糕：

"将会有成千上万的人自杀。"包括卫生部长亚历克斯·阿扎尔（Alex Azar）在内的其他人指出，酗酒和过量使用阿片类药物可能会造成大规模伤亡，并警告推迟医疗筛查和治疗会导致死亡。[22] 但事实上，疫情之初的自杀率反而有所下降，不仅是美国，世界各地都是如此。当然，我们也许无法预测到这一点，但那些认为失业和自杀有关联的研究早在疫情之前（如在金融危机期间）就已经被证伪了。[23] 在疫情期间，美国过量使用药物的人数迅速增加，因酒精性肝病和自杀而死亡的人数也迅速增加。担任特朗普总统经济顾问委员会主席的凯西·穆里根（Casey Mulligan）长期以来一直认为，这场疫情以及政府的抗疫措施在很大程度上对此负有责任。然而，虽然 2020 年 1 月和 2 月过量使用阿片类药物的人数迅速上升，但在紧急情况下，上升趋势并没有明显的加剧。到了后期，当然可能会有一些福利支票被用于购买街头毒品。

穆里根认为，失业和失业救济金与酗酒导致的死亡有关，而他通过只有经济学家才会喜欢的那种夸张故事阐明了自己的观点。[24] 这个故事是这样的。在疫情前，人们喜欢去酒吧喝上一杯，并与朋友和其他酒友一起嬉闹。但现在酒吧关门，人们没法这样做了，只能待在家里喝酒。在家喝酒比去酒吧便宜，既没有加价，也没有外出的时间成本。当饮酒的价格下跌时，人们会喝更多的酒，从而导致特朗普政府预测的那种"封控伤亡"。也许实情确实如此。但人们，或者至少大多数人，真正在意的是喝酒的体验，要不然他们的行为就和"街头醉汉"没什么区别了，后者醉醺醺地露宿街头，疯狂灌下他们能找到的最便宜的烈酒。如果使用穆里根版本的价格理论，我能得出什么结论？现在，虽然酒的"价格"降低了，但借酒社交的"价格"却比以前更高了，因而酒的消费应该下降。我该相信这个结论吗？我不知道，但这套理论的问题在于，我们一旦偏离了商店或酒吧中实际可观察到的价格，就可以编造任何我们喜欢且认为相关的有关"价格"的故事。

我发现，在这些关于"绝望的死亡"的另类叙述中，最令人沮丧的一点是，责任从制药公司和助纣为虐的国会议员那里被推卸到受害者身上。政策无能为力，政府永远是问题所在，从来没有解决方案，我们能做的最好的事情就是告诉人们要更有道德。而这本不是经济学应有的样子。

第 11 章

终章：经济失败
是经济学的失败吗？

我在本书中花了很多篇幅对经济学家加以描述，但并非一味吹捧拔高。如果读者由此得出结论，认为我们是只关心自己经济利益的欺世盗名之辈，也实属情有可原。我们是富人的说客和卫道士，而他们对我们的工作给予慷慨的奖赏。我们的行业摆脱了早期优生学、本土主义和种族主义的罪恶根源，却又变成一个厌女症患者聚集的部落，其核心圈子几乎不接纳女性进入，并且无礼地对待闯进来的少数女性。我们几乎不关心气候变化。我们是一群"逐利而行的随军营妓"，从我们的政治主张中便完全可以预测出我们的经济学观点。每当数百名经济学家签署请愿书支持某项政策时，几天之内就会有另外数百名经济学家联名谴责该政策。我们常常摆出深谙政策之道的样子，但其实名不符实，并不出意料总是会造成灾难性后果。我们从事的工作对改善世界毫无帮助，如果受到认真对待反而可能会损害世界，然而我们却要求高薪，并互相颁奖吹捧。最糟糕的评价是，经济学似乎缺乏科学性，只会紧盯政治分歧。

我们在本应进行科学探究的核心政策问题上确实没有什么进展。更高的税率是否会损害经济增长？如果是这样，那么这种损害又是如何发生的？美国人口中出生在外国的移民数量接近历史新高，这是否会损害美国人，尤其是受教育程度较低美国人的生活水平和工作机会？许多经济学家认为他们已经解决了这些问题，但他们还没有围绕自己的答案建立起全社会甚至全行业的共识。也许人们只是不想接受威胁自身利益的研究成果，但我相信，行业本身同样负有责任，因为过分坚持方法论的纯粹性，从而人为地限制了经济学家研究成果的适用性以及人们的接受度。

不过，我们并不乏一些经济学家做了优秀的科学家应该做的一切，我在本书中介绍了其中几位。许多经济学家都有完善的道德体系，充满了正义感。许多人对不平等现象忧心忡忡。他们致力于更好地了解世界，真诚地致力于客观解读证据，以求做出正确的分析。这些经济学家会因自己的研究成果而改变想法，他们的发现也常常令自己感到惊讶，而且他们得出的实证结果并不能仅凭其政治信仰便加以预测。他们会提出新的、以前未知的事实和发现，这些事实和发现能够强有力地应对各种意见的质疑，甚至能改变全国性大讨论的结果。经济学领域还有一些思想家能够提出新的理论，擅长解构人们长期笃信不疑的叙事，以充分的思考证明这些叙事不合逻辑之处，或者能够证明，即使是公认的好做法也可能带来令人惊讶和意想不到的影响，而这些影响前人从未想到过。

经济学家群体也良莠不齐，这一点并不令人诧异，但这不能成为他们可能对当前经济困局负有责任的理由。如果河上的大桥坍塌或是太空中的火箭爆炸，我们肯定会向工程师严厉问责，所以没有理由不去质问，在我们一步步陷入当前困境的过程中，经济学家发挥了什么作用。显然，经济学家难辞其咎。现行的美国民主资本主义只服务于少数人，大多数人无论对民主还是对资本主义都怨声载道。让金融家先富起来以促进经济发展，造福所有人的神话已经被金融危机的现实戳穿。与此同时，"绝望的死亡"已经（并且正在）杀死受教育程度较低的美国人，迫使他们转而拥抱民粹主义，并抛弃了对他们冷漠以待的政治制度。许多人认为经济学家既是市场专家又是市场的卫道士，但他们却没有预测到这场危机，而且根据一些合理的解释，他们还对这场危机推波助澜。他们是全球化和技术变革的信徒，这些变革使精英阶层越来越富有，并将收入和财富从劳动者手中夺走，然后分配给资本家。与此同时，数以百万计的就业机会被摧毁，从而使社区空心化，居民的生活日趋恶化。而当人们饱受"绝望的死亡"之苦时，他们反而责怪受害者和那些试图帮助受害者的人。

许多经济学家曾在华盛顿任职并提供政策建议。我的朋友和同事艾伦·布林德就曾以多种身份为政府工作。他在自己的著作《当灯光暗淡之后》（*Advice and Dissent*，这本书的英文书名更直白）中提出了"灯柱理论"的比喻。[1] 他认为政客们很少按照经济学家的建议去做，有时理由充分，有时则心怀鬼胎；他们使用经济分析就像醉汉使用灯柱一样，只是为了靠一靠，而不是为了照亮。对于自己无论如何都要做的事情，政客们会非常开心地接受任何来自智力或技术面的认可，但他们很少被经济学家的观点左右。这不是说所有经济学家都是一心赚钱的捉刀文人，替自己的金主发声（尽管这样的人有很多），这只是想表明，即使好的研究成果也可能被有选择性地误用。奥巴马总统经济顾问委员会主席杰森·福尔曼曾撰文反驳当代社会学者、密歇根大学组织研究和社会学教授伊丽莎白·波普·伯曼（Elizabeth Popp Berman）的观点，后者称经济学家的影响力过大[2]，对此福尔曼写道，经济学家据说拥有的那些"权力"，对他而言"只有做梦才能拥有"。[3]

福尔曼指出，哪怕是杰出的专业知识也可能被忽视。他讲述了2015 年与肯尼斯·阿罗——伟大的经济学家和最伟大的健康经济学思想家的一次对话。阿罗对他讲，尽管在 20 世纪 60 年代初设计联邦医疗保险和联邦医疗补助时，他是总统经济顾问委员会的成员，但他没有参与这一进程。其他政府经济学家声称，他们充其量只是起到了唱反调的作用，阻止坏事的发生。我确信这是真的。即使政客也会面临预算限制，但他们喜欢生活在幻想世界中。在这个世界中，他们钟爱的计划可以自己为自己买单。总统经济顾问委员会或国会预算办公室的经济学家们在为这些幻想增添一丝现实因素方面发挥着宝贵的作用。2022 年 9 月，英国新政府推出大规模无资金支持的减税政策，当时其引发的一个主要批评便是该计划没有对其可能的影响做出任何详细的成本核算。[4]

我相信布林德和福尔曼的说法是正确的，华盛顿的经济学家确实权力有限，不过，情况并非总是如此。劳伦斯·萨默斯在 1999 年至 2001 年担任财政部长期间，运用自己杰出的才智、知识和说服力，使得政府放宽了对投机性基金的国际流动，以及华尔街的衍生产品和其他更新奇的金融工具的限制。这些决定招致了包括布林德和斯蒂格利茨在内许多杰出经济学家的强烈反对。[5]根据多方评估，正是这些政策变化导致了亚洲金融危机和（全球）金融大危机。在那之前，当罗伯特·鲁宾担任财政部长、萨默斯担任财政部副部长、自由主义商业经济学家艾伦·格林斯潘担任美联储主席时，三人作为"拯救世界经济委员会"成员出现在《时代》周刊的封面上，文章描述了"'这三个火枪手'如何阻止了全球经济的崩溃——至少到目前为止"。[6]坦率地说，在 1999 年 2 月《时代》周刊刊登这篇封面特稿时，经济学界的大多数人更多是感到钦佩而不是担忧。我们所有人都或多或少地相信，现代经济学为我们提供了工具，可以将以往限制增长的监管清除，因为其中许多是基于偏见和神话，而不是科学。我错了。

我需要说明，我认识萨默斯已有 40 余载，在我所认识的经济学家中，没有人像他那样博学多闻，也没有人比他更能提供创造性的原创思想。他有好几次针对我的专业领域提出了一些我自己根本想不到的思路，并改变了我思考的方式。与萨默斯共进一次午餐比几个月的独自思考更能快速推进研究工作向前走。也许看在我们废寝忘食和神魂颠倒的分上，我们可以得到原谅，但也许我们更应该为犯下一个学术界普遍认同的谬误而受到批评，我们本以为高超的智力（"最优秀和最聪明"综合征 ①7）可以抵消制定国家政策所需的其他品质。

不过鲁宾、萨默斯、格林斯潘时期只是一个例外。珍妮特·耶伦是一位非常杰出的经济学家，在我撰写本书时担任美国财政部长，但她并没有同等的影响力或权力。根据美国记者、政治分析家、《纽约时报》专栏作家埃兹拉·克莱因（Ezra Klein）的文章，耶伦"在内部讨论中拥有真正的分量，其他一些人也是如此，但经济学家只是谈判桌上的众多声音之一，而且并不是占主导地位的声音"。8 乔·拜登不像奥巴马或克林顿那样听取经济学家的意见，这一点也许能使他成为一个更好的总统，也许不能。奥巴马的标志性成就，也就是可能会产生持久收益的"奥巴马医改"，正是在其经济顾问的大力推动下落实的，而这些顾问往往与那些更关注政治的人意见相左。还要注意一点，耶伦和萨默斯都是杰出之才。学院派经济学家能当上财政部长并不常见。

凯恩斯一生大部分时间都在为政策制定者提供建议，他对经济学家拥有的权力有着不同的看法。他说："经济学家和政治哲学家们的思想，不论是正确的还是错误的，都比一般所设想的更有力量。的确，世界就是由这些思想而不是别的什么所统治着。"9 请注意这句话中的"错误"二字，不是只有好的思想才能流传于世。我在本书中多次讲述政客们的故事，他们被坏的经济学束缚，或者更常见的是，经济学本来是好的，但人们只是一知半解，如果能够充分理解，人们可能会得出完全不同的结论。得克萨斯州共和党人杰布·亨萨林（Jeb Hensarling）就是一个很好的例子，他于 2013 年至 2019 年担任众议

---

① 原文为 the "best and the brightest" syndrome，借用了记者戴维·哈尔伯斯坦关于越南战争起源的专著《出类拔萃之辈》（*The Best and the Brightest*）的书名。该书反思了肯尼迪政府中被誉为"出类拔萃之辈"的一批精英学者和知识分子如何制定错误外交政策，以及这些政策如何在越南造成灾难性后果。——译者注

院金融服务委员会主席，并成为一名"进一步推动自由市场事业"的政客，因为"自由市场经济为最多的人提供了最大的利益"。[10] 亨萨林的观点是康涅狄格大学法学院教授郭庚信（James Kwak）所说的"经济主义"的一个例子，这种观点认为，世界的运行方式与基础经济学教科书中描述的完全一样。[11] 并非偶然的是，亨萨林的经济学师从彼时担任教授，但后来成为参议员的菲尔·格拉姆。

当然，左派也不是毫无过错。如果说右派的问题是看不到市场的缺陷，那么左派的问题则是对政府的缺陷视而不见，正是这些缺陷阻碍了政府采取可靠行动来修复市场缺陷。政府，至少美国政府，根本不能说是一种良好的代议制机构（由完全知情的公民选举产生），良好的代议制机构以纠正市场缺陷为己任，无论是垄断倾向、剥削工人还是过度的收入分配。在实践中，政府的行为常常让事情变得更糟，同时政府还会在一定程度上臣服于制度的既得利益者和它无意约束的那些人。当然，那些人也很乐意用布林德经典的灯柱理论来证明政府不进行干预是正当与合理的，因为毕竟自由市场才能带来最大的益处。

如果说根本不可能管制未来"灯柱"的出产，或许我们可以更仔细地善用我们的基础教科书。鉴于 40% 的大学生会至少修读一门经济学课程，因此经济学的教学极其重要，尤其是在精英大学，因为它们将培养出众多未来的律师、立法者和首席执行官。[12] 事实上，目前在大学已经兴起了一场声势浩大的教学大纲扩容运动，这场运动最初由对教学不满的学生主导，他们从网络上搜索高质量的免费教科书，这些课本涵盖了标准教材上没有的广泛的主题。[13] 与此同时，还有一些经济学研究也值得一提，这些研究不是着眼于当下，而是旨在指明未来的方向。米尔顿·弗里德曼认为，真正的变革只有在危机时期才会发生，并向他的经济学家同行指出，"我认为，我们的基本职能是：制订现行政策的替代方案，保持其活力和可用性，直到政治形势变化，使得这些替代方案从不可为之变成不得不为之"。[14] 弗里德曼在说那句话的时候本意是指保持新自由主义的活力，静待凯恩斯主义经济学崩溃，不过他表达的基本意思确实是真知灼见。

在我看来，现代主流经济学的一个核心问题是，其研究范围和主题存在着局限性。经济学学科已经背离了它的立身之本，即对人类福利的研究。阿马蒂亚·森[15]认为，英国新古典经济学家莱昂内尔·罗宾斯（Lionel Robbins）对经济学的著名定义，即在相互竞争的目标之间分配稀缺资源，将经济学引入了歧途，相较于美国哲学家、数学家与计算机科学家希拉里·普特南（Hilary Putnam）所说的"亚当·斯密认为，经济学家的根本任务是理性和人道地评估社会福祉"，罗宾斯的定义大大缩小了经济学的研究范围。[16]亚当·斯密的观点为其后继者所接受，他们既是哲学家也是经济学家。阿马蒂亚·森还将罗宾斯的定义与英国经济学家、剑桥学派创始人阿瑟·塞西尔·庇古（Arthur Cecil Pigou）的定义进行了对比，后者写道："经济科学的开端不是奇迹，而是面对污秽的穷街陋巷和无趣的枯槁人生奋起反抗的社会热忱。"[17]经济学理应探究与理解贫困和匮乏所带来的污秽和无趣背后深层次的原因，并努力消除它们。凯恩斯也提出了一个很好的总结："人类的政治课题是如何将下面三件事整合为一体：经济效率、社会正义和个人自由。"[18]

社会学家伊丽莎白·波普·伯曼雄辩地论证并详细记录了我们如何以牺牲对自由和正义的关注为代价来追求效率，并痛惜于公共政策领域其他哲学方法的边缘化。[19]波普·伯曼的书极具说服力，而且我发现将主流经济学家粗略划分为两大派别非常有用。我将第一派称为"保守派经济学家"，他们关心效率并相信市场促进效率的力量，担心干预市场的尝试会损害当前或未来的繁荣。这些保守派承认，要求采取行动解决贫困问题有其合理性。我将第二派称为"进步派经济学家"，他们同样关心效率并相信市场促进效率的力量，担心干预市场的尝试会损害当前或未来的繁荣；但与此同时，他们也关心贫困问题。

这两派的不同之处在于（请记住我在这里谈论的是主流经济学家），进步派担心不平等，并愿意利用再分配来纠正市场失灵，不惜以牺牲部分效率为代价。他们还比保守派更怀疑市场的自我调节能力，基于这些理由，虽然他们也建议谨慎行事，但更愿意对市场进行干预。

对于进步派来说，效率和平等之间需要权衡，阿瑟·奥肯（Arthur Okun）称之为"重大的权衡"。[20] 不过，这两派有很多共同之处，特别是他们都支持效率以及市场在提高效率、聚合信息和实现繁荣方面的有效性。两派都将己方视为国家利益（不无道理地被定义为"人均国民收入"）的守护者，进步派愿意从总量中拿出一部分来换取更加平等的社会。当然，他们希望以最有效的方式做到这一点，以最少的放弃来换取最多的收益，并且已经就如何做到这一点有了一些思路。

经济学家喜欢经济增长，因为它可以实现让每个人都拥有更美好物质生活的目标。虽然尚未对如何实现增长在所有方面达成一致，但人们普遍认为新的、更有效的做事方式是关键。这种变革会对现有工作岗位造成很大破坏，例如，用机器取代工人、关闭整个产业以建立新产业，或者将生产从美国转移到世界其他地方以从源头降低成本。现在，我们的问题来了。进步派经济学家通常赞成补偿利益受损的人，要么直接补偿那些因贸易而失业的人，要么扩大我们相对薄弱的安全保障体系，以便能为那些遭受损害的人兜底。然而，这种补偿几乎从未发生过，因为其受到下列两派人的联合阻挠：其中一派是痛恨对市场进行干预的保守派经济学家，另一派则是既得利益者，例如在全球化和自动化的情况下凌驾于劳动力之上的资本，后者不想放弃任何因为上述变革而获得的利益。

我们该怎么办？过去，也许直到半个世纪前，尽管缺乏补偿机制，问题似乎也已经自行解决，至少是最终得到了解决。总之，这就是经济学家过去一直在讲的故事，许多人现在仍然在讲着同样的故事。这个故事的一个论点是，每个人都至少能从效率提升中获得部分好处，例如通过购买沃尔玛或塔吉特（美国第二大零售商）中售卖的中国制造的廉价商品。更重要的是，当 NAFTA（北美自由贸易协定）、全球化或技术进步摧毁人们的工作时，他们虽然会感到愤怒和沮丧，但最终会搬到其他地方并找到更好的工作，或者重回学校进修，又或者提升自己的工作技能。实际上，南卡罗来纳州的家具制造工人可以变身成为西雅图的飞机制造工人，就像工业革命前英国的手工织布工在工业革命后成为工厂工人一样（更符合实际的情况是，他们的子孙后代成了工厂工人）。哪怕这个进程需要时间才能发挥作用，而且短期内不平等会明显加剧，最终，整体收益会不断向四周渗透，也许不一定每个人都能获得均等的收益，但最终的受益面足够大，从而使得整个进程在经济和社会层面都是可以接受的，同时政治层面也能够保持稳定。

但这种策略现在已经失灵，并且一坏便是几十年。继续固守这种观点的经济学家既脱离时代，又显得狭隘。虽然经济增长速度比以前要慢，但的确是有增长的，然而，那些被增长大潮抛下来的人在过了这么长时间之后仍然未能重新站起来。我们不知道这是为什么，但其中一个原因应该是移居到一个新的地方比以前更加困难，因为那些经济上成功的城市物价过高，特别是房价过高，因此技能水平较低的工人根本无法搬家。另一个原因是教育鸿沟。大多数新工作都需要失业者所不具备的：四年制大学学历。我们就这样陷入了工资下降外加就业人口比例下降的困境，而这构成了"绝望的死亡"和群起对抗无效制度的大背景。

保守派和进步派经济学家对此都没有解决方案。让事情变得更糟的是，这两派人（即所有主流经济学家）都以金钱为标准来衡量人类福祉。这就是罗宾斯对经济学的定义不同于庇古（或亚当·斯密）所带来的最大恶果。"绝望的死亡"和相关灾难告诉我们，人们在意他们的工作和他们从工作中获得的意义，更在意他们的家庭、孩子和社区。他们在意是否能够在民主社会里正常运作的社区中过上有尊严的生活，而没有大学学历的人正在慢慢失去这一切。也许我们需要更多地考虑预分配（一种在税收和转移支付之前决定市场收入分配的机制），而不是考虑再分配（这不可能实现，而且从各方面说，也不是人们想要的）。我们需要制定从源头上就不会令我们陷入困境的规则和政策，尽管所有这些都会超出经济学家的舒适区，它们包括：促进工会发展、因地制宜地制定政策、进行移民管控、制定实施关税、保全工作、制定产业政策等等。我们需要促进对政府和市场运作方式更现实的理解。我们需要放弃对金钱的过度重视，不再将其作为衡量人类福祉的唯一固定标准。我们需要更好地了解社会学家思考这些问题的方式。最重要的是，我们需要花更多的时间与哲学家相处，重新夺回曾经是经济学核心的哲学阵地。

鸣谢

本书的部分章节改编自我在 1997 年至 2022 年间撰写的文章，这些文章最初是给《皇家经济学会通讯》的供稿，另有少数章节改编自我为项目辛迪加（Project Syndicate）① 撰写的文章。已故的塞尔玛·苏厄德·利斯纳（Thelma Seward Liesner）是第一个建议我为《皇家经济学会通讯》撰稿的人，为此我对她感激不尽。她鼓励我用一种新的方式写作，从此我拥有了一批忠实的读者。她的继任者彼得·豪厄尔斯（Peter Howells）是一位资深的模范编辑，近期接替他的乔恩·坦普尔（Jon Temple）也令我受益良多。

我要感谢许多同事和朋友，他们针对原作品给予了精彩的评论。在本书出版前，海伦·爱泼斯坦（Helen Epstein）、汉克·法伯（Hank Farber）和莱夫·韦纳尔（Leif Wenar）慷慨阅读了本书的草稿，并帮助我确定了目前的形式和结构。在此，我要对他们表示诚挚的感谢。我在医疗健康领域的工作得到了美国国家老龄化研究所和美国全国经济研究所的资助，最近的研究基金编号为 R01AG05339605 和

① 项目辛迪加是一个成立于 1955 年的国际媒体组织和智库，发布和联合发布有关各种全球问题的评论和分析。所有创作内容皆发布于项目辛迪加官方网站（project-syndicate.org），同时也分发到广泛的合作伙伴出版物网络以供印刷。——译者注

P01AG00505842。我要感谢普林斯顿大学出版社的编辑团队，他们在我的编辑乔·杰克逊（Joe Jackson）及其助手艾玛·沃（Emma Wagh）的带领下出色地完成了本书编辑工作。

最重要的是，我要感谢安妮·凯斯，她在我为《皇家经济学会通讯》撰稿长达四分之一个世纪的时间里一直陪伴左右，偶尔也会成为《皇家经济学会通讯》的文章作者，阅读了每一篇《皇家经济学会通讯》的文章并发表了评论。本书中有几章的内容和我们共同完成的工作有关。她还帮助我完成了一项比预期更艰巨的任务，那就是将风格迥异的材料变成一本统一连贯的书。

注释

前言

1. John Maynard Keynes, 1936, *The general theory of employment, interest and money,* Palgrave Macmillan, ch. 24, p.383.

2. 我特别推荐如下著作：Binyamin Appelbaum, *The Economists' Hour: False prophets, free markets, and the fracture of society,* Little, Brown, 2019; Elizabeth Popp Berman, *Thinking like an economist: How efficiency replaced equality in US public policy,* Princeton, 2022; Stefanie L. Mudge, *Leftism reinvented: Western parties from socialism to neoliberalism,* Harvard, 2018; Diane Coyle, *Cogs and monsters: What economics is, and what it should be,* Princeton, 2021。

第 1 章

1. Kungl Vetenskaps Akadamien (Royal Swedish Academy of Sciences), 2021, "The Prize in Economic Sciences 2021: Natural experiments help answer important questions," https://www.nobelprize.org/uploads/2021/10/popular-economicsciencesprize2021-2.pdf.

2. Pew Research Center, 2019, "The growing partisan divide in views of higher education," https://www.pewresearch.org/social-trends/2019/08/19/the-growing-partisan-divide-in-views-of-higher-education-2/.

3. Richard Hofstadter, 1963, *Anti-intellectualism in American life,* Knopf, p. 59.

4. Congressional Record Volume 143, Number 37 (Thursday, March 20, 1997), https://

www.govinfo.gov/content/pkg/CREC-1997-03-20/html/CREC-1997-03-20-pt1-PgE541. htm.

5. Jackie Calmes, 1996, "Minimum wage hike will have minimum effect," *Wall Street Journal*, April 19. https://www.wsj.com/articles/SB829876049733093500.

6. David Card and Alan B. Krueger, 1995, *Myth and measurement*, Princeton University Press.

7. David Card and Alan B. Krueger, 1994, "Minimum wages and employment: A case study of the fast food industry in New Jersey and Pennsylvania," *American Economic Review*, 84(4), 772–93.

8. Paul Craig Roberts, 1995, "A minimum wage study with minimum credibility," *Business Week*, April 24.https://www.bloomberg.com/news/articles/1995-04-23/a-minimum-wage-study-with-minimum-credibility#xj4y7vzkg.

9. Thomas Sowell, 1995, "Repealing the law of gravity," *Forbes*, May 22, 82.

10. Finis Welch, 1995, "Review symposium," *Industrial and Labor Relations Review*, 48(4), 827.

11. James A. Buchanan, 1996, "Minimum wage addendum", *Wall Street Journal*, April 25, p. A20.

12. 在 2023 年 3 月 9 日的私人信件中确认。

13. 其中最彻底和最令人信服的是：Doruk Cenzig, Arindrajit Dube, Attilla Lindner, and Ben Zipperer, 2019, "The effect of minimum wages on low wage jobs," *The Quarterly Journal of Economics*, 114(3), 1405–54。

14. Joan Robinson, 1933, *The economics of imperfect competition*, Macmillan.

15. 有关买方垄断的评论可参见：David Card, 2022, "Who set *your* wage?," *American Economic* Review, 112(4), 1075–90。

16. Adam Smith, 2021, *An inquiry into the nature and cause of the wealth of nations*, Delhi Open Books, p.652.

17. The Nobel Prize, "The Sveriges Riksbank Prize in Economic Sciences in Memory of Alfred Nobel 2021," https://www.nobelprize.org/prizes/economic-sciences/2021/summary/.

18. Kungl Vetenskaps-Akademien, 2021, "The Prize in Economic Sciences 2021: Natural

experiments help answer important questions", https://www.nobelprize.org/prizes / economic-sciences/2021/popular-information/.

第 2 章

1. Hilal Maradit Kremers, Dirk R. Larson, Cynthia S. Crowson, Walter K. Kremers, Raynard E. Washington, Claudia A. Steiner, William A. Jiranek, and Daniel J. Berry, 2015, "Prevalence of total hip and knee replacement in the United States," *Journal of Bone and Joint Surgery,* 97(17), 1386–97. https://www.ncbi.nlm.nih.gov/pmc/articles/ PMC4551172/.

2. Kristen Fischer, 2022, "How much does a hip replacement cost?, *GoodRx Health,* August 29.https://www.goodrx.com/conditions/musculoskeletal-conditions/how-much-does-a-hip-replacement-cost.

3. Uwe Reinhardt, 2006, "The pricing of U.S. hospital services: Chaos behind a veil of secrecy," *Health Affairs,* 25(1), 57–69.

4. Glenn Hubbard, 2006, "Health care, heal thyself," *National Review*, January 30. https:// www.nationalreview.com/2006/01/health-care-heal-thyself-r-glenn-hubbard/.

5. Sherry A. Glied, Dahlia K. Remler, and Mikaela Springsteen, 2022, "Health savings accounts no longer promote consumer cost-consciousness," *Health Affairs,* 41(6), 814–20.

6. Amitabh Chandra, Even Flack, and Ziad Obermeyer, 2021, "The health costs of cost sharing," NBER Working Paper No. 28439, February.

7. Organisation for Economic Co-operation and Development, 2017, *Health at a glance: Access times for elective surgery,* https://www.oecd-ilibrary.org/docserver/health _ glance 2017-28-en.pdf?expires=1678387104&id=id&accname=guest&checksum=5218223DFF A3EC6024A90722BE015131.

8. Aaron Kiersh, 2009, "Baucus-led 'coalition' receives health sector dollars," June 26. *Open Secrets,* https://www.opensecrets.org/news/2009/06/baucusled-coalition-receives-h/.

9. Ryan T. Bell, 2009, "Obama wets a line in Montana," *Outside Magazine,* August 17. https://outsidemagazine.typepad.com/blog/page/407/.

10. Kenneth J. Arrow, 1963, "Uncertainty and the welfare economics of medical care," *American Economic Review,* 53(5), 941–73.

11. National Public Radio, 2012, "Chief Justice Roberts jokes that he's headed to 'an impregnable fortress,'" June 29,https://www.npr.org/sections/thetwo-way/2012/06/29/155987648/chief-justice-roberts-jokes-hes-headed-to-an-impregnable-fortress.

12. 多个新闻频道播放了格鲁伯讲这段话的视频。CNN 的视频请参见：https://www.youtube.com/watch?v=AEjr9WchNkg。

13. 这位传记作者是丽莎·达根（Lisa Duggan），请参见：2019, *Mean girl: Ayn Rand and the culture of greed,* University of California Press；引言来自卡斯·桑斯坦（Cass Sunstein）发表的评论，请参见：2020, "The siren of selfishness," *New York Review of Books,* April 9。

14. Jane C. Timm, 2013, "POLL: More oppose 'Obamacare' than 'Affordable Care Act,'" Sep 27. NBC News, https://www.nbcnews.com/id/wbna53122899.

15. Katie Reilly, 2017, "Republican lawmaker: Buy health insurance instead of a new iPhone," March 7. *Time,* https://time.com/4693313/jason-chaffetz-health-care-coverage-iphones/.

16. Kenneth J. Arrow, 1963, *op cit,* p.967.

17. 参阅美国国立卫生研究院负责处理自杀和药物滥用问题的分支机构药物滥用与心理健康服务管理局（Substance Abuse and Mental Health Services Administration）的声明："Learn about marijuana risks: Know the risks of marijuana" updated Feb 27, 2023。https://www.samhsa.gov/marijuana, accessed March 9, 2023.

18. David M. Cutler, Jonathan Gruber, Raymond S. Hartman, Mary Beth Landrum, Joseph P. Newhouse, and Meredith B. Rosenthal, 2002, "The economic impacts of the tobacco settlement," *Journal of Policy Analysis and Management,* 21(1), 1–19.

第 3 章

1. USAID, "USAID history," https://www.usaid.gov/who-we-are/usaid-history, accessed July 13, 2022.

2. Ibid.

3. Bill and Melinda Gates Foundation, "Foundation fact sheet," https://www.gatesfound

ation.org/about/foundation-fact-sheet, accessed July 13, 2022.

4. Derek Parfit, 1997, "Equality and priority," *Ratio,* 10, 202–21.

5. John Rawls, 1971, *A theory of justice,* Harvard University Press. 有关相同观点不适用于全球的论述，请参见：John Rawls, 1993, *The law of-peoples,* Harvard University Press。支持适用全球的论述请参见：Thomas W. Pogge, 2002, *World poverty and human rights, cosmopolitan responsibilities and reforms,* Polity。

6. 世界银行的数据在 Our World in Data 网站上被绘成一系列优秀的图表和地图，请参见：Joe Hasell, Max Roser, Esteban Ortiz-Ospana, and Pablo Arriagada, 2022, "Poverty," *Our World in Data,* https://ourworldindata.org/poverty。

7. Kathryn J. Edin and H. Luke Shaefer, 2015, *$2.00 a day: Living on almost nothing in America,* Houghton, Mifflin, Harcourt. Farah Stockman, 2021, *American made: What happens to people when work disappears,* Random House.

8. Anne Case and Angus Deaton, 2020, *Deaths of despair and the future of capitalism,* Princeton University Press.

9. Kim Parker, Anthony Cilluffo, and Renée Stepler, 2017, "6 facts about the U.S. military and its changing demographics," Pew Research Center, Apr 13. https://www.pewresearch.org/fact-tank/2017/04/13/6-facts-about-the-u-s-military-and-its-changing-demographics/.

10. Kwame Anthony Appiah, 2019, "The importance of elsewhere: In defense of cosmopolitanism," *Foreign Affairs,* 98(2), 20–6.

11. Jørgen Juel Andersen, Niels Johannesen, and Bob Rijkers, 2022, "Elite capture of foreign aid: Evidence from offshore bank accounts," *Journal of Political Economy,* 130(2), 388–425.

12. William J. Easterly, 2001, *The elusive quest for growth: Economists' adventures and misadventures in the tropics,* MIT Press.

13. Joseph E. Stiglitz, 2002, *Globalization and its discontents,* Norton.

14. Kenneth Rogoff, 2002, "An open letter to Joseph Stiglitz, by Kenneth Rogoff, Economic Counsellor and Director of the Research Department, IMF," July, http://faculty.nps.edu/relooney/IMF _ Defense _ 1.

15. "Joseph Stiglitz and Kenneth Rogoff discuss *Globalization and its discontents,*" YouTube, June 28, 2002, https://www.youtube.com/watch?v=fv2N4nAqj _ I.

16. Jeffrey D. Sachs, 2005, *The end of poverty: Economic possibilities for our time,* Penguin.

17. William J. Easterly, 2005, "A modest proposal," *Washington Post*, March 13, https://www.washingtonpost.com/archive/entertainment/books/2005/03/13/a-modest-proposal/cf219afc-22f9-4f1f-97b4-ffba7f7a058a/.

18. The exchange is in the Letters section of the *Washington Post* of March 27, 2005. https://www.washingtonpost.com/archive/entertainment/books/2005/03/27/letters/a30b218f-6763-4c98-a3f1-e8bad06b3ac0/.

19. Nina Munk, 2013, *The idealist: Jeffrey Sachs and the quest to end poverty,* Doubleday.

20. 有关这一争议和教训的精彩回顾，请参见：Michael Clemens and Gabriel Demombynes, 2013, "The new transparency in development economics," *World Economics,* 14(4), 77–99。

21. 人口普查局已经制定了一个贫困衡量的补充指标，虽然不是政府的官方统计，但它更受欢迎，并显示出贫困更大幅度的下降，请参见 https://www.census.gov/content/dam/Census/library/visualizations/2021/demo/p60-275/figure4.pdf。

22. Council of Economic Advisers, 2018, "Expanding work requirements in noncash welfare programs," https://trumpwhitehouse.archives.gov/wp-content/uploads/2018/07/Expanding-Work-Requirements-in-Non-Cash-Welfare-Programs.pdf, p. 29.

23. Philip Alston, 2018, *Report of the special rapporteur on extreme poverty and human rights on his mission to the United States of America,* https://digitallibrary.un.org/record/1629536?ln=en.

24. 世界银行随后改变了计算贫困的方式，因此已经无法再复制我的计算结果。

25. Jamie Hall and Robert Rector, 2018, *Examining extreme and deep poverty in the United States,* February 20, https://www.heritage.org/poverty-and-inequality/report/examining-extreme-and-deep-poverty-the-united-states.

26. Paul Theroux, 2015, "The hypocrisy of helping the poor," *New York Times,* October 2, https://www.nytimes.com/2015/10/04/opinion/sunday/the-hypocrisy-of-helping-the-poor.html.

27. Gordon Graham, 2023, *The hope of the poor: Philosophy, religion, and economic development,* Imprint Academic.

28. Bernie Sanders, 2018, "U.N. ambassador dismisses report on extreme poverty in

America in letter to Sanders," press release, June 21, https://www.sanders.senate.gov/press-releases/u-n-ambassador-dismisses-report-on-extreme-poverty-in-america-in-letter-to-sanders/.

29. U.S. Mission to International Organizations in Geneva, 2018, "Country concerned statement in response to SR Alston's country report on the United States," June 22. https://geneva.usmission.gov/2018/06/22/country-concerned-statement-in-response-to-sr-alstons-country-report-on-the-united-states.

30. Amy Mackinnon, Robbie Gramer, and Simon Ostrovsky, 2018, "Internal documents show how Trump administration misled public on poverty," *Foreign Policy,* August 2, https://foreignpolicy.com/2018/08/02/internal-documents-show-how-trump-administration-state-department-misled-public-on-poverty/.

第 4 章

1. Catherine Rampell, 2020, "A number cruncher told the truth. He became his country's public enemy No. 1," *Washington Post,* January 2, https://www.washingtonpost.com/opinions/global-opinions/a-number-cruncher-told-the-truth-he-became-his-countrys-public-enemy-no-1/2020/01/02/06a484c4-2d8e-11ea-bcd4-24597950008f _ story.html.

2. Katharine G. Abraham, 1996, "Statistics in the spotlight: Improving the consumer price index: a statement," Economic News Release, Bureau of Labor Statistics, August 6, https://www.bls.gov/news.release/cpi.br12396.a09.htm.

3. Advisory Commission to Study the Consumer Price Index, 1996, *Toward a more accurate measure of the cost of living,* final report to the Senate Finance Committee, December 4, https://www.ssa.gov/history/reports/boskinrpt.html.

4. Jerry A. Hausman, 1996, "Valuation of new goods under perfect and imperfect competition," in Timothy F. Bresnahan and Robert J. Gordon, editors, *The economics of new goods.* Chicago. University of Chicago Press for NBERR, 207–48. https://www.nber.org/system/files/chapters/c6068/c6068.pdf.

5. Timothy F. Bresnahan, n.d., "The Apple-Cinnamon Cheerios war," https://web.stanford.edu/~tbres/Unpublished_Papers/hausman%20recomment.pdf, accessed Mar 10, 2023.

6. Brent R. Moulton, 1996, "Bias in the consumer price index: What is the evidence?",

Journal of Economic Perspectives, 10(4), 159–77.

7. Jeff Madrick, 1997, "The cost of living: A new myth," *The New York Review of Books,* March 6.

8. Advisory Commission to Study the Consumer Price Index, 1996.

9. David M. Cutler, Angus Deaton, and Adriana Lleras-Muney, 2006, "The determinants of mortality," *Journal of Economic Perspectives,* 20(3), 97–120.

10. Angus Deaton and John Muellbauer, 1980, *Economics and consumer behavior,* Cambridge University Press.

11. Louis Uchitelle, 1996, "How should the price index change when consumers pay more but get more?" *New York Times*, Dec 18.

第 5 章

1. Martin Feldstein, 1998, "Income inequality and poverty," NBER Working Paper No. 6670, October. Harry G. Frankfurt, 2015, *On inequality,* Princeton University Press. Thomas M. Scanlon, 2018, *Why does inequality matter,* Oxford University Press.

2. Amartya K. Sen, 2022, *Home in the world: A memoir*, Liveright. Kenneth J. Arrow, 1951, *Social choice and individual values,* Yale University Press.

3. James A. Mirrlees, 1971, "An exploration in the theory of optimal income taxation," *Review of Economic Studies,* 38(2), 175–208.

4. Ian M. D. Little and James A. Mirrlees, 1974, *Project appraisal and planning for developing countries,* Heinemann.

5. Lyn Squire and Herman G. van der Tak, 1975, *Economic analysis of projects,* Johns Hopkins for the World Bank.

6. Anthony B. Atkinson, 1970, "On the measurement of inequality," *Journal of Economic Theory,* 2, 244–63.

7. George Stigler, 1959, "The politics of political economists," *Quarterly Journal of Economics,* 73(4), 522–32.

8. Milton Friedman, n.d. *An open letter from economists on the estate tax,* http://friedm anletter.org/wp-content/uploads/2017/08/Milton-Friedman-Open-Letter-on-the-Estate-Tax.pdf, accessed Mar 10, 2023.

9. Eileen Applebaum and Rosemary Batt, 2019, "Private equity and surprise medical billing," Institute for New Economic Thinking, Sep 4. https://www.ineteconomics.org/perspectives/blog/private-equity-and-surprise-medical-billing.

10. 有关西弗吉尼亚州的示例，请参见：Evan Osnos, 2021, *Wildland: The making of America's fury,* Bloomsbury。

11. Binyamin Applebaum, 2019, *The economists' hour: False prophets, free markets, and the fracture of society,* Little, Brown and Company.

12. Kim Parker, Anthony Cilluffo, and Renée Stepler, 2017, "6 Facts about the military and its changing demographics," Pew Research Center, Apr 13. https://www.pewresearch.org/fact-tank/2017/04/13/6-facts-about-the-u-s-military-and-its-changing-demographics/.

13. Jason Lyall, 2020, *Divided armies: Inequality and battlefield performance in modern war,* Princeton University Press.

14. Anne Case and Angus Deaton, 2020, *Deaths of despair and the future of capitalism,* Princeton University Press.

15. Annual Review Conversations 播出了罗伯特·索洛（Robert M. Solow）与彼得·伯克（Peter Berck）的对话，参见：https://www.youtube.com/watch?v=umV81FFl1RE, accessed Mar 10, 2023。

16. Henry Aaron, 1978, *Politics and the professors,* Brookings.

17. Thomas Piketty and Emmanuel Saez, 2003, "Income inequality in the United States, 1913–1998," *The Quarterly Journal of Economics,* 118(1), 1–41.

18. The White House Office of the Press Secretary, 2013, "Remarks by the President on Economic Mobility," Dec. 4, https://obamawhitehouse.archives.gov/the-press-office/2013/12/04/remarks-president-economic-mobility.

19. Feldstein, "Income inequality and poverty," Abstract.

20. N. Greg Mankiw, 2012, "Capital income, ordinary income and shades of gray," *New York Times,* March 3.

21. Doris Kearns Goodwin, 2013, *The bully pulpit: Theodore Roosevelt, William Howard Taft, and the golden age of journalism,* Simon and Schuster.

22. A. Scott Berg, 2013, "Wilson," *Putnam's Magazine,* p. 135.

23. Kenneth Pomeranz, 2000, *The great divergence: China, Europe, and the making of the*

modern world economy, Princeton University Press. Sidney W. Mintz, 1985, *Sweetness and power: The place of sugar in modern history,* Viking. Sven Beckert, 2014, *Empire of cotton: A global history*, Knopf.

24. Philippe Aghion and Peter Howitt, 2022, "Creative destruction and US economic growth," *Capitalism and Society,* 16(1), article 2.

25. Open Secrets.org, "Lobbying, top spenders," 2021, https://www.opensecrets.org/federal-lobbying/top-spenders?cycle=2021, accessed July 28, 2022.

26. Thomas Philippon, 2019, *The great reversal: How America gave up on free markets,* Belknap Press of Harvard University Press.

第 6 章

1. Michael Walzer, 1983, *Spheres of justice: A defense of pluralism and equality,* Basic Books.

2. Christopher Caldwell, 2020, *The age of entitlement: America since the sixties*, Simon and Schuster.

3. Barack Obama, 2020. *A promised land,* Crown, 610.

4. US Bureau of Labor Statistics, 2023, "Usual weekly earnings of wage and salary workers fourth quarter 2022," Jan 19. https://www.bls.gov/news.release/pdf/wkyeng.pdf, accessed March 10, 2023.

5. US Bureau of Labor Statistics, 2021, " Labor force characteristics by race and ethnicity, 2020," November. https://www.bls.gov/opub/reports/race-and-ethnicity/2020/home.htm, accessed August 8, 2022.

6. US Bureau of the Census, 2021, "Income and poverty in the United States: 2020," Sep. 14. https://www.census.gov/library/publications/2021/demo/p60-273.html#:~:text=Among%20non%2DHispanic%20Whites%2C%208.2,a%20significant%20change%20from%202019, accessed August 8, 2022.

7. Board of Governors of the Federal Reserve System, 2020, "Disparities in wealth by race and ethnicity in the 2019 Survey of Consumer Finances," September 28. https://www.federalreserve.gov/econres/notes/feds-notes/disparities-in-wealth-by-race-and-ethnicity-in-the-2019-survey-of-consumer-finances-20200928.htm, accessed August 8, 2022.

8. Ember Smith and Richard V. Reeves, 2020, "SAT math scores mirror and maintain racial inequity," Dec 1. https://www.brookings.edu/blog/up-front/2020/12/01/sat-math-scores-mirror-and-maintain-racial-inequity/#:~:text=Portion%20of%20test%20takers%20meeting%20college%20readiness%20benchmarks&text=Of%20those%20scoring%20above%20700,or%20Latino%20and%2026%25%20Black, accessed August 8, 2022.

9. Michele J. K. Osterman, Brady E. Hamilton, Joyce A. Martin, Anne K. Driscoll, and Claudia P Valenzuela, "Births: Final data for 2020," *National Vital Statistical Reports,* 70(17), Feb 7, https://www.cdc.gov/nchs/data/nvsr70/nvsr70-17.pdf.

10. Federal Bureau of Investigation, 2016, Crime in the US 2016, Expanded homicide data Table 3, https://ucr.fbi.gov/crime-in-the-u.s/2016/crime-in-the-u.s.-2016/tables/expanded-homicide-data-table-3.xls, accessed August 8, 2022.

11. E. Ann Carson, 2020, "Prisoners in 2019," U.S. Department of Justice, October, https://bjs.ojp.gov/content/pub/pdf/p19.pdf.

12. Elizabeth Arias, BetzaidaTejada-Vera, FaridaAhmad, and Kenneth D. Kochanek, 2021, *Provisional life expectancy estimates for 2020,* Centers for Disease Control, NVSS Vital Statistics Rapid Release, Report 015, July, https://stacks.cdc.gov/view/cdc/118999.

13. Institute of Medicine (U.S.) Committee on Understanding and Eliminating Racial and Ethnic Disparities in Health Care, 2003, *Unequal treatment: Confronting racial and ethnic disparities in health care,* ed. B. D. Smedley, A. Y. Stith, and A. R. Nelson, National Academies Press, PMID: 25032386.

14. Keith Wailoo, 2014, *Pain: A political history,* Johns Hopkins University Press.

15. Keith Wailoo, 2011, *How cancer crossed the color line,* Oxford University Press.

16. Richard G. Wilkinson and Kate Pickett, 2009, *The spirit level: Why greater equality makes societies stronger,* Bloomsbury.

17. Richard G. Wilkinson, 2000, *Mind the gap: An evolutionary view of health and inequality,* Orion.

18. Alberto Alesina and Edward L. Glaeser, 2004, *Fighting poverty in the US and Europe: A world of difference,* Oxford University Press.

19. Jennifer Karas Montez, 2020, "US state polarization, policymaking, power, and population health," *Millbank Quarterly,* 98(4), 1033–52.

20. Peter B. Bach, Hongmai H. Pham, Deborah Schrag, Ramsey Tate, and J. Lee Hargraves, 2004, "Primary care physicians who treat blacks and whites," *New England Journal of Medicine,* 351, 575–84.

21. Amitabh Chandra and Jonathan Skinner, 2003, "Geography and racial health disparities," NBER Working Paper No. 9513, February.

22. Anne Case and Angus Deaton, 2021, "Life expectancy in adulthood is falling for those without a BA degree, but as educational gaps have widened, racial gaps have narrowed," *Proceedings of the National Academy of Sciences of the United States of America,* 118(11), https://doi.org/10.1073/pnas.2024777118.

23. Nicholas Stern, 2007, *The economics of climate change: The Stern review,* Cambridge University Press. (Originally commissioned by British Government and presented in October 2006 under the title *Stern Review on the economics of climate change.*)

24. Martin L. Weitzman, 2007, "A review of the Stern review on the economics of climate change," *Journal of Economic Literature,* XLV, Sep. 704–24.

25. William D. Nordhaus, 2007, "A review of the Stern review on the economics of climate change," *Journal of Economic Literature,* XLV, Sep. 686–702.

26. Martin L. Weitzman, 2007, "A review of the Stern review on the economics of climate change," *Journal of Economic Literature,* XLV, Sep. 707.

27. Bjorn Lømborg, editor, 2006, *How to spend $50 billion to make the world a better place,* Cambridge University Press.

28. Nicholas Stern and Andrew Oswald, 2019, "Why are economists letting down the world on climate change?," VOXEU, Sept. 17, https://cepr.org/voxeu/columns/why-are-economists-letting-down-world-climate-change.

29. Tony Judt, 2010, "Meritocrats," *New York Review of Books,* August 10.

30. Michael Sandel, 2020, *The tyranny of merit: Can we find the common good?,* Macmillan.

31. Chris Hayes, 2012, *The twilight of the elites: America after meritocracy,* Crown.

32. Sandel, *The tyranny of merit.*

33. Pew Research Center, 2019, "The growing partisan divide in views of higher education," Aug 19. https://www.pewresearch.org/social-trends/2019/08/19/the-growing-partisan-divide-in-views-of-higher-education-2/.

34. William Easterly, 2014, *The tyranny of experts: Economists, dictators, and the forgotten rights of the poor,* Basic Books.

第 7 章

1. Evan Osnos, 2021, *Wildland: The making of America's fury,* Farrar, Straus, and Giroux.

2. Organisation for Economic Cooperation and Development, Global pension statistics, online database, queried March 11, 2023. https://www.oecd.org/finance/private-pensions/globalpensionstatistics.htm.

3. Lee Drutman, 2015, *The business of America is lobbying,* Oxford University Press, 64–65.

4. The President's Commission to Strengthen Social Security, 2001, *Strengthening social security and creating personal wealth for all Americans,* December, https://www.ssa.gov/history/reports/pcsss/Final_report.pdf.

5. Albert Rees and Sharon P. Smith, 1991, *Faculty retirement in the arts and sciences,* Princeton University Press.

6. National Research Council, 1991, *Ending mandatory retirement for tenured faculty: The consequences for higher education,* National Academies Press, https://nap.nationalacademies.org/read/1795/chapter/1.

7. Orley Ashenfelter and David Card, 2002, "Did the elimination of mandatory retirement affect faculty retirement?" *American Economic Review, 92*(4), 957–80.

8. OrleyAshenfelter and David Card, 2002.

9. Congressional Research Ser vice, 2021, "A visual depiction of the shift from Defined Benefit (DB) to Defined Contribution (DC) pension plans in the private sector," https://crsreports.congress.gov/product/pdf/IF/IF12007.

10. David Fertig, 1996, "Interview with James Tobin," Federal Reserve Bank of Minneapolis, Dec 1. https://www.minneapolisfed.org/article/1996/interview-with-james-tobin.

11. Jacob S. Hacker, 2019, *The great risk shift: The new economic insecurity and the decline of the American dream,* 2nd ed., Oxford University Press.

12. Congressional Budget Office, 2012, " Actual ARRA spending over the 2009–2011 period quite close to CBO's original estimate," Blog, Jan. 5, https://www.cbo.gov/

publication/42682.

13. Michael H. Keller and David D. Kirkpatrick, 2022, "Their America is vanishing: Like Trump, they insist they were cheated," *New York Times,* October 27, https://www. nytimes.com/2022/10/23/us/politics/republican-election-objectors-demographics.html.

14. Jeffrey R. Brown, Stephen G. Dimmock, Jun-Koo Kang, and Scott J. Weisbenner, 2014, "How university endowments respond to financial market shocks: Evidence and implications," *American Economic Review,* 104(3), 931–62.

15. Mickey Koss, 2022, "Pension funds must adopt bitcoin or risk insolvency," *Bitcoin Magazine,* Nov 18. https://bitcoinmagazine.com/markets/pension-funds-must-adopt-bitcoin.

16. US Department of Labor, 2022, Compliance assistance release No. 2022–01, "401(k) plan investments in 'cryptocurrencies'," Mar 10. https://www.dol.gov/agencies/ebsa/employers-and-advisers/plan-administration-and-compliance/compliance-assistance-releases/2022-01.

17. Josephine Cumbo and Joshua Franklin, 2022, "Virginia pension fund invests in crypto lending to boost returns," *Financial Times,* Aug. 4. https://www.ft.com/content/7cb3f87d-7cb3-4429-952a-ba122efdda3b.

18. John B. Shoven and David A. Wise, 1996, "The taxation of pensions: A shelter can become a trap," NBER Working Paper No. 5815, November.

19. Christopher Byron, 1997, "The tax time bomb," *Esquire*, 128(1), July, 88–9.

第 8 章

1. Martin Cripps, Andrea Galeotti, Rachel Griffith, Morten Ravn, Kjell Salvanes, Frederic Vermuelen, 2015, *Economic Journal 125th special issue,* Mar 29, *Economic Journal*, 125(583), 203–8.

2. Austin Robinson, 1948, "Review of 'What I remember' by Mary Paley Marshall," *Economic Journal,* 58(229), 122–24.

3. Robinson, 1948, page 124.

4. Rohini Pande and Helena Roy, 2021, " 'If you compete with us, we shan't marry you': The (Mary Paley and) Alfred Marshall lecture," *Journal of the European Economic*

Association, 19(6), 2992–3024.

5. Richard T. Ely, 1886, "Report of the organization of the American Economic Association," *Publications of the American Economic Association,* Mar. 1(1), page 7.

6. This paragraph is based on Benjamin M. Friedman's splendid 2021 book, *Religion and the rise of capitalism,* Deckle Edge.

7. Ram Abramitzky and Leah Boustan, 2022, *Streets of gold: America's untold story of immigrant success,* Public Affairs.

8. Thomas C. Leonard, 2005, "Retrospectives: Eugenics and economics in the Progressive Era," *Journal of Economic Perspectives,* 19(4), 207–24.

9. Matthew Connelly, 2010, *Fatal misconception: The struggle to control world population,* Belknap Press of Harvard University Press.

10. Leonard, "Retrospectives."

11. American Economic Association, "Committee recommendation regarding renaming the Ely lecture series," https://www.aeaweb.org/resources/member-docs/renaming-lecture.

12. Pascaline Dupas, Alicia Sasser Modestino, Muriel Niederle, Justin Wolfers, and the Seminar Dynamics Collective, 2021, "Gender and the dynamics of economics seminars," page 1, https://web.stanford.edu/~pdupas/Gender&SeminarDynamics.pdf, accessed August 25, 2022.

13. Heather Sarsons, Klarita Gerxhani, Ernesto Reuben, and Arthur Schram, 2021, "Gender differences in recognition of group work," *Journal of Political Economy,* 129(1), 101–47.

14. W. G. Manning, J. P. New house, N. Duan, E. Keeler, A. Leibowitz, M. A. Marquis, and J. Zwanziger, 1987, *Health insurance and the demand for medical care: Evidence from a randomized experiment,* RAND, Santa Monica, CA.

15. Government Scientific Source, 2019, Trade show: NIH research festival exhibit, Sep 12–13. https://resources.govsci.com/event/nih-research-festival-exhibit/, accessed March 11, 2023.

16. Katherine Baicker, Sarah L. Tubman, Heidi Allen, Mira Bernstein, Jonathan H. Gruber, Joseph P. New house, Eric C. Schneider, Bill J. Wright, Alan M. Zaslavsky, and Amy N. Finkelstein, for the Oregon Health Study Group, 2013, "The Oregon experiment—Effects of Medicaid on clinical outcomes," *New England Journal of Medicine,* 368,

1713–22.

17. Raj Chetty, Michael Stepner, Sarah Abraham, Shelby Lin, Benjamin Scuderi, Nicholas Turner, Augustin Bergeron, and David Cutler, 2016, "The association between income and life expectancy in the United States, 2001–2014," *Journal of the American Medical Association,* 315(16), 1750–66.

18. E. Rogot, P. D. Sorlie, and N. J. Johnson, 1992, "Life expectancy by employment status, income, and education in the National Longitudinal Mortality Study," *Public Health Reports,* 107(4), 457–61.

19. Chetty et al, 2016.

20. Ezra Klein, 2013, "Full text: Eric Cantor's 'make life work' speech," *Washington Post,* Feb 5. https://www.washingtonpost.com/news/wonk/wp/2013/02/05/full-text-eric-cantors-make-life-work-speech/.

21. *The Wall Street Journal,* "Follow the money," July 19, 2002.

22. George Loewenstein, Sunita Sah, and Daylian M. Cain, 2012, "The unintended consequences of conflict of interest disclosures," *Journal of the American Medical Association,* 307(7), 669–70.

23. John DiNardo, n.d., "Reviews of Freakonomics," http://www-personal.umich.edu/~jdinardo/Freak/freak.html, accessed Mar 11, 2023.

第 9 章

1. Harriet Zuckerman, 1995, *Scientific elite: Nobel laureates in the United States,* reprint edition, Routledge.

2. Lars Jonung, 2021, "Why was Keynes not awarded the Nobel Peace Prize after writing *The economic consequences of the peace,*" *Scandinavian Journal of Economics,* doi: 10.1111/sjoe.12467.

3. Avner Offer and Gabriel Söderberg, 2016, *The Nobel factor: The prize in economics, social democracy, and the market turn,* Princeton University Press.

4. Gary Gerstle, 2022, *The rise and fall of the neoliberal order: America and the world in the free market era,* Oxford University Press.

5. Dani Rodrik, 2015, *Economics rules: The rights and wrongs of the dismal science,*

Norton.

6. Robert B. Zoellick, 2010, "Democratizing development economics," Speech at Georgetown University, Sept. 29, p. 2. https://documents1.worldbank.org/curated/en/919061521627731460/pdf/Democratizing-development-economics-by-Robert-B-Zoellick-President-World-Bank-Group.pdf.

7. Sarah Kaplan and Antonia Noori Fazan, 2018, "She made the discovery, but a man got the Nobel: A half century later, she's won a $3 million prize," *Washington Post*, Sept. 8. Ben Proudfoot, 2021, "She changed astronomy forever: He won the Nobel prize for it," *New York Times,* July 27.

8. Assar Lindbeck, 1985, "The prize in economic science in memory of Alfred Nobel," *Journal of Economic Literature* 23(1), 37–56.

9. 幸运的是，现在已经有一本他的优秀传记：Alex Millmow, 2021, *The gypsy economist: The life and times of Colin Clark,* Palgrave Macmillan。

10. Anne Case and Angus Deaton, 2015, "Rising morbidity and mortality among non-Hispanic Americans in the 21st century," *Proceedings of the National Academy of Sciences of the United States of America,* 112(49), 15078–83.

11. Anne Case, 2015, " 'Deaths of despair' are killing America's white working class," *Quartz,* December 30.

第 10 章

1. Alan S. Blinder, 2022, *A monetary and fiscal history of the United States, 1961–2021,* Princeton University Press, p. 305.

2. Robert J. Barro, 2009, "Voodoo multipliers," *Economists' Voice,* February, 1–4.

3. 这句话和其他类似的引言，请参阅布拉德·德隆（Brad DeLong）的合集：https://delong.typepad.com/sdj/2009/09/a-magnificent-seven.html。

4. *US News and World Report,* 2023 Best Economics Schools, https://www.usnews.com/best-graduate-schools/top-humanities-schools/economics-rankings?_sort=rank-asc, accessed March 11, 2023.

5. Blinder, *A monetary and fiscal history of the United States.*

6. Paul Krugman, 2009, "How did economists get it so wrong?" *New York Times,*

September 2, https://www.nytimes.com/2009/09/06/magazine/06Economic-t.html.

7. Michael Sandel, 2020, *The tyranny of merit: What's become of the common good?* Farrar, Straus and Giroux, p. 104.

8. Anne Case and Angus Deaton, 2020, *Deaths of despair and the future of capitalism,* Princeton University Press.

9. Amartya Sen, 1998, "Mortality as an indicator of economic success and failure," *Economic Journal,* 108(446), 1–25.

10. Robert D. Putnam, 2000, *Bowling alone: The collapse and revival of American community,* Simon and Schuster.

11. John Kenneth Galbraith, 1952, *American capitalism: The concept of countervailing power,* Houghton Mifflin.

12. Anne Case and Angus Deaton, 2020, "Decoding the mystery of American pain reveals a warning for the future," *Proceedings of the National Academy of Sciences of the United States of America,* 117(40), 24785–789.

13. Charles Murray, 2012, *Coming apart: The state of white America, 1960–2010,* Crown Forum.

14. Charles Murray, 1984, *Losing ground: American social policy, 1950–1980,* Basic Books.

15. William Julius Wilson, 1987, *The truly disadvantaged: The inner city, the underclass, and public policy,* University of Chicago Press.

16. Nicholas Eberstadt, 2016, *Men without work: America's invisible crisis,* Templeton Press.

17. Alan Krueger, 2017, "Where have all the workers gone? An enquiry into the decline of the US labor force participation rate," *Brookings Papers on Economic Activity,* Fall, 1–87.

18. Nicholas Eberstadt, 2017, "Our miserable 21st century," *Commentary,* March.

19. Council of Economic Advisers, 2019, *The role of opioid prices in the evolving opioid crisis,* https://trumpwhitehouse.archives.gov/wp-content/uploads/2019/04/The-Role-of-Opioid-Prices-in-the-Evolving-Opioid-Crisis.pdf.

20. United States Senate, Committee on Homeland Security and Government Affairs, 2018, *Drugs for dollars: How Medicaid helps fuel the opioid epidemic,* https://www.hsgac.senate.gov/imo/media/doc/2018-01-17%20Drugs%20for%20Dollars%20How%20

Medicaid%20Helps%20Fuel%20the%20Opioid%20Epidemic.pdf.

21. Anne Case and Angus Deaton, 2017, "The media gets the opioid crisis wrong; Here is the truth," *Washington Post,* September 12.

22. Alex Azar, 2020, "We have to reopen—for our health," *Washington Post,* May 21, https://www.washingtonpost.com/opinions/reopening-isnt-a-question-of-health-vs-economy-when-a-bad-economy-kills-too/2020/05/21/c126deb6-9b7d-11ea-ad09 8da7ec214672_story.html.

23. Anne Case and Angus Deaton, 2020, "Trump's pet theory about the fatal dangers of quarantine is very wrong," *Washington Post,* June 1, https://www.washingtonpost.com/ outlook/suicide-coronavirus-opioids-deaths-shutdown/2020/05/31/bf6ddd94-a060-11ea-81bb-c2f70f01034b_story.html.

24. Casey B. Mulligan, 2022, "Lethal unemployment bonuses? Substitution and income effects on substance abuse, 2020–21," NBER Working Paper No. 29719, February.

第 11 章

1. Alan S. Blinder, 2018, *Advice and dissent: Why America suffers when economics and politics coincide,* Basic Books.

2. Elizabeth Popp Berman, 2022, *Thinking like an economist: How efficiency replaced equality in U.S. public policy,* Princeton University Press.

3. Jason Furman, 2022, "The quants in the room: How much power do economists really have?", *Foreign Affairs,* July/August 1–14, p. 184.

4. Martin Wolf, 2022, "Kwarteng is risking serious economic instability," *Financial Times,* September 23, https://www.ft.com/content/52abf1de-10c2-4c15-a0d7-6f3f8f297fbd.

5. Michael Hirsh and National Journal, 2013, "The case against Larry Summers," *Atlantic,* Sep 13. https://www.theatlantic.com/business/archive/2013/09/the-comprehensive-case-against-larry-summers/279651/.

6. 封面文章请参见：http://content.time.com/time/covers/0,16641,19990215,00.html。

7. David Halberstam, 1992, *The best and the brightest,* Random House.

8. Ezra Klein, 2021, "Four ways of looking at the radicalism of Joe Biden," *New York Times,* April 8, https://www.nytimes.com/2021/04/08/opinion/biden-jobs-infrastructure-

economy.html.

9. John Maynard Keynes, 1936, *The general theory of employment, interest and money,* Palgrave Macmillan, ch. 24, 383.

10. James Kwak, 2016, "Jeb Hensarling and the allure of economism," *Economist's View,* December 20, https://economistsview.typepad.com/economistsview/2016/12/jeb-hensarling-and-the-allure-of-economism.html.

11. James Kwak, 2017, *Economism: Bad economics and the rise of inequality,* Pantheon.

12. John J. Siegfried, 2000, "How many college students are exposed to economics?," *Journal of Economic Education,* 31(2), 202–4.

13. CoreEcon: Economics for a changing world, https://www.core-econ.org/.

14. Milton Friedman, 2002, *Capitalism and freedom: Preface,* fortieth anniversary edition, 1982 preface, University of Chicago Press, xiv.

15. Amartya K. Sen, 2020, "Economics with a moral compass? Welfare economics: Past, present, and future," *Annual Review of Economics,* 12, 1–21.

16. Hilary Putnam, 2002, *The collapse of the fact/value dichotomy and other essays,* Harvard University Press, 60.

17. Arthur Cecil Pigou, 1932, *The economics of welfare,* 4th edition, ch. 1, 10.

18. John Maynard Keynes, 1933, *Essays in persuasion* (popular edition), Macmillan, 344.

19. Popp Berman, *Thinking like an economist.*

20. Arthur Okun, 1975, *Equality and efficiency: The big tradeoff,* Brookings.